Relative Tariffähigkeit

SCHRIFTEN ZUM DEUTSCHEN UND EUROPÄISCHEN ARBEITS- UND SOZIALRECHT

Herausgegeben von Ulrich Preis

Band 12

PETER LANG

Frankfurt am Main · Berlin · Bern · Bruxelles · New York · Oxford · Wien

Tilman Isenhardt

Relative Tariffähigkeit

PETER LANG
Internationaler Verlag der Wissenschaften

Bibliografische Information der Deutschen Nationalbibliothek
Die Deutsche Nationalbibliothek verzeichnet diese Publikation in der Deutschen Nationalbibliografie; detaillierte bibliografische Daten sind im Internet über <http://www.d-nb.de> abrufbar.

Zugl.: Köln, Univ., Diss., 2007

Umschlagabbildung:
Siegel der rechtswissenschaftlichen Fakultät der Universität zu Köln.
Abdruck mit freundlicher Genehmigung der Universität zu Köln.

D 38
ISSN 1861-4582
ISBN 978-3-631-57465-2

www.peterlang.de

Vorwort

Als sich mir im August 2004 die Frage nach der rechtlichen Zulässigkeit der relativen Tariffähigkeit stellte, nahm die Diskussion um dieses Rechtsinstitut gerade ihren Lauf. Auslöser meiner Ausarbeitung war die Feststellung des Arbeitsgerichts Stuttgarts vom 12. September 2003, die Christliche Gewerkschaft Metall sei keine Gewerkschaft im arbeitsrechtlichen Sinne. Die Arbeit wurde im Sommer 2007 von der rechtswissenschaftlichen Fakultät der Universität zu Köln als Dissertation angenommen. Zuvor war der Beschluss des Bundesarbeitsgerichts vom 28. März 2006 veröffentlicht worden. In diesem Beschluss wird die Gewerkschaftseigenschaft der Christlichen Gewerkschaft Metall rechtskräftig bejaht und das Rechtsinstitut der relativen Tariffähigkeit als nicht zweckmäßig abgelehnt. Später veröffentlichte Rechtsprechung und Literatur wurde weitestgehend bis Juli 2007 berücksichtigt.

Mein besonderer Dank gilt meinem Doktorvater, Herrn Professor Dr. Ulrich Preis, der mir bei der Anfertigung des Manuskripts alle Freiräume ließ und durch seine engagierte sowie herzliche Betreuung entscheidend zur Vollendung dieser Arbeit beitrug. Bei Herrn Professor Dr. Dres. h.c. Peter Hanau möchte ich mich für die äußerst zügige Erstellung des Zweitgutachtens bedanken.

Weiterhin danken möchte ich dem leider viel zu früh verstorbenen Herrn Professor Dr. Meinhard Heinze, dessen Vorlesungen und Seminar an der Rheinischen-Friedrich-Wilhelms-Universität zu Bonn überhaupt erst meine Vorliebe für das Arbeitsrecht geweckt haben. Für vertiefte arbeitsrechtliche Einblicke gebührt der gleiche Dank allen im Arbeitsrecht bei Freshfields Bruckhaus Deringer in Düsseldorf und bei der Kanzlei Küttner in Köln tätigen Rechtsanwälten.

Ohne die Unterstützung meiner Familie und Freunde wäre diese Arbeit nie zustande gekommen. Allen, die mich während dieser Dissertation ideell und materiell unterstützt haben, möchte ich daher an dieser Stelle herzlich danken. Hervorzuheben sind meine Mutter, Karin, mein Vater, Dr. Udo, der mir stets auch mit fachlichem Rat zur Seite stand, und mein Bruder, Justus Isenhardt. Ihnen ist diese Arbeit in Dankbarkeit gewidmet.

Köln, im August 2007 *Tilman Isenhardt*

Inhaltsverzeichnis

Literaturverzeichnis

Abendroth, Wolfgang, Die deutschen Gewerkschaften, 3. Auflage, Berlin 1977 [zitiert: *Abendroth*]

Agnelli, Giovanni, Die Europäische Sozialcharta – Weg zu einer europäischen Sozialordnung?, Baden-Baden 1978 [zitiert: Agnelli/*Bearbeiter*]

Ankersen, Per, Neues AÜG seit 1.3.2003 bundesweit in Kraft, Neue Zeitschrift für Arbeitsrecht 2003, 421 ff. [zitiert: *Ankersen* NZA 03, 421]

Bauer, Jobst-Hubertus, Krets, Jérôme, Gesetz für moderne Dienstleistungen am Arbeitsmarkt, Neue Juristische Wochenschrift 2003, 537 ff. [zitiert: *Bauer/Krets* NJW 03, 537]

Bauer, Jobst-Hubertus, Röder, Gerhard, Streik ohne Urabstimmung?, Der Betrieb 1984, 1096 ff. [zitiert: *Bauer/Röder* DB 84, 1096]

Bayreuther, Frank, Gewerkschaftspluralismus im Spiegel der aktuellen Rechtsprechung – Abschied vom „Einheitstarifvertrag"?, Betriebs-Berater 2005, 2633 ff. [zitiert: *Bayreuther* BB 05, 2633]

Bayreuther, Werner, Die Vorschläge der Hartz – Kommission, Neue Zeitschrift für Arbeitsrecht 2004, Sonderbeilage 1, 3 ff. [zitiert: W. Bayreuther NZA 04, Sonderbeilage 1, 3]

Bechtold, Rainer, Zur Anwendung des Kartellverbots auf wettbewerbsbeschränkende Tarifverträge, Recht der Arbeit 1983, 99 ff. [zitiert: *Bechtold* RdA 83, 99]

Benecke, Martina, Anmerkung zu BAG v. 25.9.1996 <1 ABR 25/96>, Sammlung arbeitsrechtlicher Entscheidungen 1998,60 ff [zitiert: *Benecke* SAE 98, 60]

Birk, Rolf, Vereinbarungen der Sozialpartner im Rahmen des Sozialen Dialogs und ihre Durchführung, Europäische Zeitschrift für Wirtschaftsrecht 1997, 453 ff. [zitiert: *Birk* EuZW 97, 453]

Birk, Rolf, Die Tarifautonomie in rechtsvergleichender Sicht, Recht der Arbeit 1995, 71 ff. [zitiert: *Birk* RdA 95, 71]

Blanpain, Roger, Schmidt, Marlene, Schweibert, Ulrike, Europäisches Arbeitsrecht, 2. Auflage, Baden-Baden 1996 [zitiert: *Blanpain/Schmidt/Schweibert*]

Bödding, Benedikt, Die europarechtlichen Instrumentarien der Sozialpartner, Dissertation, Münster, Baden-Baden 1996 [zitiert: *Bödding*]

Böhm, Wolfgang, Demontage der „Billig-Tarifverträge" in der Zeitarbeit: Wechselnde Risiken für die Kunden, Der Betrieb 2005, 2023 ff. [zitiert: *Böhm* DB 05, 2023]

Böhm, Wolfgang, Replik auf Schöne DB 04, 136, Der Betrieb 2004, 137 [zitiert: *Böhm* DB 04, 137]
Böhm, Wolfgang, „Billig-Tarifverträge" in der Zeitarbeit – Risiken für die Kunden, Der Betrieb 2003, 2598 ff. [zitiert: *Böhm* DB 03, 2598]

Brisch, Ulrich, Die Rechtstellung der deutschen Gewerkschaften, Göttingen 1951 [zitiert: *Brisch*]

Britz, Gabriele, Schmidt, Marlene, Mitwirkung der Sozialpartner an der Rechtssetzung der EG, Europarecht 1999, 467 ff. [zitiert: *Britz/Schmidt* EuR 99, 467]

Brox, Hans, Anmerkung zu BAG v. 10.9.1985 <1 ABR 32/83>, Sammlung arbeitsrechtlicher Entscheidungen 1986, 232 ff. [zitiert: *Brox* SAE 86, 232]

Brox, Hans, Rüthers, Bernd, Henssler, Martin, Arbeitsrecht, 16. Auflage Stuttgart, Berlin, Köln 2004 [zitiert: *Brox/Rüthers/Henssler*]

Brox, Hans, Rüthers, Bernd, Schlüter, Wilfried, Jülicher, Friedrich, Arbeitskampfrecht 2. Auflage, Stuttgart, Berlin, Köln, Mainz 1982 [zitiert: *Brox/Rüthers/Schlüter/Jülicher*]

Buchner, Herbert, Tarifpluralität und Tarifeinheit – einige Überlegungen zur Rechtsprechung des Bundesarbeitsgerichts in Festschrift 50 Jahre Bundesarbeitsgericht, 2004, S. 631 ff. [zitiert: *Buchner* in FS 50 Jahre BAG, S. 631]

Buchner, Herbert, Die Rechtsprechung des Bundesarbeitsgerichts zum Gewerkschaftsbegriff in Festschrift 25 Jahre Bundesarbeitsgericht, 1979, S. 55 ff. [zitiert: *Buchner* in FS 25 Jahre BAG, S. 55]

Buchner, Herbert, Leiharbeit: Ablösung der Verpflichtung zur Gewährung der im Entleiherbetrieb geltenden Arbeitsbedingungen (§10 Abs. 4 AÜG) durch Tarifregelungen, Der Betrieb 2004, 1042 ff. [zitiert: *Buchner* DB 04, 1042]

Buchner, Herbert, Tarifverträge im Wettbewerb?, Zeitschrift für Arbeitsrecht 2004, 229 ff. [zitiert: *Buchner* ZfA 04, 229]

Buchner, Herbert, Der „Funktionseliten" – Streik – Zu den Grenzen der Durchsetzungsfähigkeit Betriebs-Berater 2003, 2121 ff. [zitiert: *Buchner* BB 03, 2121]

Buchner, Herbert, Mitgliedschaft in Arbeitgeberverbänden ohne Tarifbindung, Neue Zeitschrift für Arbeitsrecht 1994, 2 ff. [zitiert: *Buchner* NZA 94, 2]

Buchner, Herbert, Die sozialpolitische Entwicklung der Europäischen Gemeinschaft im Spannungsfeld von hoheitlicher Regelung und tarifautonomer Gestaltung, Recht der Arbeit 1993, 193 ff. [zitiert: *Buchner* RdA 93, 193]

Calliess, Christian, Die Charta der Grundrechte der Europäischen Union, Europäische Zeitschrift für Wirtschaftsrecht 2001, 261 ff. [zitiert: *Calliess* EuZW 01, 261]

Calliess, Christian, Ruffert, Matthias, Kommentar zum EU – Vertrag und EG – Vertrag 2. Auflage, Neuwied, Kriftel 2002 [zitiert: Calliess/Ruffert/*Bearbeiter*]

Däubler, Wolfgang, Kommentar zum Tarifvertragsgesetz, 2. Auflage, Baden-Baden 2006 [zitiert: Däubler/*Bearbeiter*]

Däubler, Wolfgang, Neue Grundsätze im Arbeitskampf?, Arbeit und Recht 1998, 144 ff. [zitiert: *Däubler* AuR 98, 144]

Däubler, Wolfgang, Tarifvertragsrecht, 3. Auflage, Baden-Baden 1993 [zitiert: *Däubler*]

Däubler, Wolfgang, Kittner, Michael, Klebe, Thomas, Betriebsverfassungsgesetz Kommentar 10. Auflage, Frankfurt a.M. 2006 [zitiert: DKK/*Bearbeiter*]

Dauner-Lieb, Barbara, Anmerkung zu BAG v. 28.5.1997 <4 AZR 546/95>, Sammlung arbeitsrechtlicher Entscheidungen 1999,47 ff [zitiert: *Dauner-Lieb* SAE 99, 47]

Deinert, Olaf, Zur Tariffähigkeit einer Arbeitnehmerkoalition, Arbeit und Recht 2004, 212 ff. [zitiert: *Deinert* AuR 04, 212]

Dieterich, Thomas, Müller-Glöge, Rudi, Preis, Ulrich, Schaub, Günter, Erfurter Kommentar zum Arbeitsrecht, 7. Auflage, München 2007 [zitiert: ErfK/*Bearbeiter*]

Dieterich, Thomas, Flexibilisiertes Tarifrecht und Grundgesetz, Recht der Arbeit 2002, 1 ff. [zitiert: *Dieterich* RdA 02, 1]

Doerlich, Kristin, Die Tariffähigkeit der Gewerkschaft, Dissertation, Göttingen 2001 [zitiert: *Doerlich*]

Dütz, Wilhelm, Zur Entwicklung des Gewerkschaftsbegriffs, Der Betrieb 1996, 2385 ff. [zitiert: *Dütz* DB 96, 2385]

Dütz, Wilhelm, Soziale Mächtigkeit als Voraussetzung eines einheitlichen Koalitionsbegriffs, Arbeit und Recht 1976, 65 ff. [zitiert: *Dütz* AuR 76, 65]

Erman, Walter, Bürgerliches Gesetzbuch, Band I, §§ 1 – 853, Band II, §§ 854 - 2385 11. Auflage, Münster, Köln 2004 [zitiert: Erman/*Bearbeiter*]

Feudner, Bernd W., Tarifzuständigkeit der Gewerkschaften, Betriebs-Berater 2004, 2297 ff. [zitiert: *Feudner* BB 04, 2297]

Fitting, Karl, Engels, Gerd, Schmidt, Ingrid, Trebinger, Yvonne, Linsenmaier, Wolfgang Betriebsverfassungsgesetz Handkommentar, 23. Auflage, München 2006 [zitiert: *Fitting*]

Flume, Werner, Allgemeiner Teil des Bürgerlichen Rechts, 2. Band „Das Rechtsgeschäft" 3. Auflage, Berlin, Heidelberg, New York 1979 [zitiert: *Flume*]

Franzen, Martin, Tarifrechtssystem und Gewerkschaftswettbewerb – Überlegungen zur Flexibilisierung des Flächentarifvertrags, Recht der Arbeit 2001, 1 ff. [zitiert: *Franzen* RdA 01, 1]

Frey, Erich, Anmerkung zu BAG v. 19.1.1962 <1 ABR 14/60>, Arbeit und Recht 1962, 223 ff. [zitiert: *Frey* AuR 62, 223]

Friedrich, Hans-Wolf, Nachwirkender Tarifvertrag und seine Ablösung durch einen Tarifvertrag eines anderen Arbeitgeberverbandes mit einer anderen Gewerkschaft – eine Fallstudie in Festschrift Schaub 1998, S. 193 ff.
[zitiert: *Friedrich* in FS – Schaub, S. 193]

Frowein, Jochen A., Peukert, Wolfgang, Europäische Menschenrechtskonvention Kommentar 2. Auflage, Kehl, Straßburg, Arlington 1996 [zitiert: *Frowein/Peukert*]

Gamillscheg, Franz, Kollektives Arbeitsrecht, Band 1, München 1997
[zitiert: Gamillscheg]

Gamillscheg, Franz, Sozialpolitische Bedeutung und Repräsentativität der Gewerkschaften im deutschen und ausländischen Recht in Festschrift Herschel 1982, S. 99 ff.
[zitiert: *Gamillscheg* in FS – Herschel, S. 99]

Germelmann, Claas-Hinrich, Matthes, Hans-Christoph, Prütting, Hanns, Müller-Glöge, Rudi, Arbeitsgerichtsgesetz Kommentar, 5. Auflage, München 2004
[zitiert: *Germelmann/Mattes/Prütting/Müller-Glöge*]

Gitter, Wolfgang, Durchsetzungsfähigkeit als Kriterium der Tariffähigkeit für einzelne Arbeitgeber und Arbeitgeberverbände in Festschrift Kissel 1994, 265 ff.
[zitiert: *Gitter* in FS - Kissel, S. 265]

Grabenwarter, Christoph, Die Charta der Grundrechte für die Europäische Union, Deutsches Verwaltungsblatt 2001, 1 ff. [zitiert: *Grabenwarter* DVBl 01, 1]

Groeben, Hans von der, Schwarze, Jürgen, Kommentar zum Vertrag über die Europäische Union und zur Gründung der Europäischen Gemeinschaft, Band 3, Art. 98 – 188 EGV, 6. Auflage, Baden-Baden 2003 [zitiert: Groeben/Schwarze/*Bearbeiter*]

Grunsky, Wolfgang, Anmerkung zu v. 15.3.1977 <1 ABR 16/75>, Juristenzeitung 1977, 470 ff. [zitiert: *Grunsky* JZ 77, 470]

Gurgel, Hans-Joachim, Schroeter, Kurt, Schwerdtfeger, Gunther, Sozialversicherung Gesamtkommentar Loseblattsammlung, § 48a SGB IV, Band 2 Wiesbaden, Stand: Juli 1985 [zitiert: GK-Sozialversicherung/*Bearbeiter*]

Hagemeier, Christian, Das BAG zur Tariffähigkeit von Arbeitnehmervereinigungen, Arbeit und Recht 1988, 193 ff. [zitiert: *Hagemeier* AuR 88, 193]

Hagemeier, Christian, Überlegungen zur Tariffähigkeit von Vereinigungen von Führungskräften, Der Betrieb 1984, 718 ff. [zitiert: *Hagemeier* DB 84, 718]

Hanau, Peter, Verbands-, Tarif- und Gerichtspluralismus, Neue Zeitschrift für Arbeitsrecht 2003, 128 ff. [zitiert: *Hanau* NZA 03, 128]

Hanau, Peter, Adomeit, Klaus, Arbeitsrecht, 14. Auflage, München 2007
[zitiert: *Hanau/Adomeit*]

Hanau, Peter, Steinmeyer, Heinz-Dietrich, Wank, Rolf, Handbuch des europäischen Arbeits- und Sozialrechts, München 2002 [zitiert: *Hanau/Steinmeyer/Wank*]

Hanau, Peter, Kania, Thomas, Anmerkung zu BAG v. 20.3.1991 <4 AZR 455/90>, Arbeitsrechtliche Praxis Nr. 20 zu § 4 TVG Tarifkonkurrenz [zitiert: *Hanau/Kania* Anm. zu BAG AP Nr. 20 zu § 4 TVG Tarifkonkurrenz]

Hanau, Hans, Anmerkung zu BAG v. 7.11.1995 <3 AZR 676/94>, Arbeitsrechtliche Praxis Nr. 1 zu § 3 TVG Betriebsnormen [zitiert: *H. Hanau* Anm. zu BAG AP Nr. 1 zu § 3 TVG Betriebsnormen]

Hauck, Karl, Noftz, Wolfgang, SGB IV Gemeinsame Vorschriften für die Sozialversicherung Loseblattsammlung, § 48a SGB IV, Berlin 1986 [zitiert: *Hauck/Noftz*]

Hefermehl, Wolfgang, Köhler, Helmut, Bornkamm, Joachim, Wettbewerbsrecht, 25. Auflage, München 2007 [zitiert: Hefermehl/Köhler/Bornkamm/*Bearbeiter*]

Heinze, Meinhard, Rechtsgrundlagen des Sozialen Dialogs auf Gemeinschaftsebene, Zeitschrift für Arbeitsrecht 1997, 505 ff. [zitiert: *Heinze* ZfA 97, 505]

Henssler, Martin, Soziale Mächtigkeit und organisatorische Leistungsfähigkeit als Voraussetzungen der Tariffähigkeit von Gewerkschaften, Baden – Baden 2006 [zitiert: *Henssler*]

Henssler, Martin, Tarifautonomie und Gesetzgebung, Zeitschrift für Arbeitsrecht 1998, 1 ff. [zitiert: *Henssler* ZfA 98, 1]

Henssler, Martin, Willemsen, Heinz Josef, Kalb, Heinz-Jürgen, Kommentar zum Arbeitsrecht, 2. Auflage, Köln 2006 [zitiert: HWK/*Bearbeiter*]

Herschel, Wilhelm, Leistungsfähigkeit – eine Voraussetzung arbeitsrechtlicher Koalitionen, Arbeit und Recht 1976, 225 ff. [zitiert: *Herschel* AuR 76, 225]

Herschel, Wilhelm, Tariffähigkeit und Unabhängigkeit, Juristenzeitung 1965, 81 ff. [zitiert: *Herschel* JZ 65, 81]

Hoffmann, Dietrich, Zum Rechtsbegriff Arbeitsdirektor gemäß § 33 MitbestG, Betriebs-Berater 1976, 1233 ff. [zitiert: *Hoffmann* BB 76, 1233]

Hohenstatt, Klaus-Stefan, Problematische Ordnungsvorstellungen des BAG im Tarifrecht Der Betrieb 1992, 1678 ff. [zitiert: *Hohenstatt* DB 92, 1678]

Hoyningen-Huene, Gerrick von, Die Rolle der Verbände bei Firmenarbeitskämpfen, Zeitschrift für Arbeitsrecht 1980, 453 ff. [zitiert: *von Hoyningen-Huene* ZfA 80, 453]

Hromadka, Wolfgang, Tarifeinheit bei Tarifpluralität in Gedächtnisschrift für Meinhard Heinze, 2005, S.383 ff [zitiert: *Hromadka* in GS Heinze, S. 383]

Hueck, Alfred, Nipperdey, Hans Carl, Lehrbuch des Arbeitsrechts, 2. Band, Kollektives Arbeitsrecht, 1. Halbband , 7. Auflage, Berlin, Frankfurt/Main 1966, 2. Band, Kollektives Arbeitsrecht, 2. Halbband, 7. Auflage, Berlin, Frankfurt/Main 1970 [zitiert: *Hueck/Nipperdey]*

Hümmerich, Klaus, Holthausen, Joachim, Soziale Mächtigkeit durch aktive Teilnahme am Tarifgeschehen, Neue Zeitschrift für Arbeitsrecht 2006, 1070 ff. [zitiert: *Hümmerich/Holthausen* NZA 06, 1070]

Hümmerich, Klaus, Holthausen, Joachim, Welslau, Dietmar, Arbeitsrechtliches im Ersten Gesetz für moderne Dienstleistungen am Arbeitsmarkt, Neue Zeitschrift für Arbeitsrecht 2003, 7 ff. [zitiert: *Hümmerich/Holthausen/Welslau* NZA 03, 7]

Immenga, Ulrich, Mestmäcker, Ernst-Joachim, Kommentar zum Kartellgesetz , 3. Auflage, München 2001 [zitiert: Immenga/Mestmäcker/*Bearbeiter*]

Jacobs, Matthias, Tarifeinheit und Tarifkonkurrenz, Dissertation, Berlin 1999 [zitiert: *Jacobs*]

Jarass, Hans D., Pieroth, Bodo, Grundgesetz Kommentar, 8. Auflage, München 2006 [zitiert: *Jarass/Pieroth*]

Jauernig, Otmar, Kommentar zum Bürgerlichen Gesetzbuch, 12. Auflage, München 2007 [zitiert: Jauernig/*Bearbeiter*]

Joost, Detlev, Allgemeine Geschäftsbedingungen und Arbeitsverträge in Festschrift Peter Ulmer, München 2003, S. 1199 ff. [zitiert: *Joost* in FS Ulmer, S. 1199]

Jülicher, Friedrich, Die Rechtsprechung des Bundesarbeitsgerichts im Jahre 1978, Zeitschrift für Arbeitsrecht 1980, 121 ff. [zitiert: *Jülicher* ZfA 80, 121]

Kaskel, Walter, Dersch, Hermann, Arbeitsrecht, 5. Auflage, Berlin, Göttingen, Heidelberg 1957 [zitiert: *Kaskel/Dersch*]

Kempen, Ernst Otto, „Form follows function" Zum Begriff der „Gewerkschaft" in der tarif- und arbeitskampfrechtlichen Rechtsprechung des Bundesarbeitsgerichts in Festschrift 50 Jahre BAG, München 2004 S. 733 ff. [zitiert: *Kempen* in FS 50 Jahre BAG, S. 733]

Kempen, Ernst Otto, Zachert, Ulrich, Kommentar zum Tarifvertragsgesetz, 4. Auflage, Frankfurt 2006 [zitiert: Kempen/Zachert/*Bearbeiter*]

Kissel, Otto Rudolf, Arbeitskampfrecht, München 2002 [zitiert: *Kissel*]

Kissel, Otto Rudolf, Arbeitsrecht und Staatsvertrag, Neue Zeitschrift für Arbeitsrecht 1990, 545 ff. [zitiert: *Kissel* NZA 90, 545]

Kluge, Friedrich, Seebold, Elmar, Etymologisches Wörterbuch der deutschen Sprache 24. Auflage, Berlin, New York 2002 [zitiert: *Kluge/Seebold*]

Kocher, Eva, Relative Durchsetzungsfähigkeit: Notwendige oder hinreichende Bedingung der Tariffähigkeit, Der Betrieb 2005, 2816 ff. [zitiert: *Kocher* DB 05, 2816]

Kocher, Eva, Anmerkung zu LAG Baden-Württemberg v. 1.10.2004 <4 TaBV 1/04>, Arbeit und Recht 2005, 336 ff. [zitiert: *Kocher* AuR 05, 336]

Konzen, Horst, Der europäische Einfluss auf das deutsche Arbeitsrecht nach dem Vertrag über die Europäische Union, Europäische Zeitschrift für Wirtschaftsrecht 1995, 39 ff. [zitiert: *Konzen* EuZW 95, 39]

Konzen, Horst, Die Rechtsprechung des Bundesarbeitsgerichts im Jahre 1977, Zeitschrift für Arbeitsrecht 1978, 451 ff. [zitiert: *Konzen* ZfA 78, 451]

Kraft, Alfons, Tarifkonkurrenz, Tarifpluralität und das Prinzip der Tarifeinheit, Recht der Arbeit 1992, 161 ff. [zitiert: *Kraft* RdA 92, 161]

Kraft, Alfons, Anmerkung zu BAG v. 15.3.1977 <1 ABR 16/75>, Sammlung arbeitsrechtlicher Entscheidungen 1978,37 ff [zitiert: *Kraft* SAE 78, 37]

Kraft, Alfons, Abschied von der „Tarifzuständigkeit" als Wirksamkeitsvoraussetzung eines Tarifvertrages in Festschrift für Schnorr von Carolsfeld, 1973, S. 255 ff. [zitiert: *Kraft* in FS- Schnorr von Carolsfeld, S. 255]

Kraft, Alfons, Wiese, Günther, Kreutz, Peter, Oetker, Hartmut, Raab, Thomas, Weber, Christoph, Franzen, Martin, Betriebsverfassungsgesetz Gemeinschaftskommentar 8. Auflage, München, Neuwied 2005 [zitiert: GK-BetrVG/*Bearbeiter*]

Kurth, Josef, Geschichte der Gewerkschaften in Deutschland, 4. Auflage, Hannover, Frankfurt/M 1965 [zitiert: *Kurth*]

Larenz, Karl, Methodenlehre der Rechtswissenschaft, 6. Auflage, Berlin, Heidelberg, New York 1991 [zitiert: *Larenz*]

Larenz, Karl, Wolf, Manfred, Allgemeiner Teil des Bürgerlichen Rechts, 9. Auflage, München 2004 [zitiert: *Larenz/Wolf*]

Lembke, Mark, Die „Hartz - Reform" des Arbeitnehmerüberlassungsgesetzes, Betriebs-Berater 2003, 98 ff. [zitiert: *Lembke* BB 03, 98]

Lieb, Manfred, Jacobs, Matthias, Arbeitsrecht, 9. Auflage, Heidelberg 2006 [zitiert: *Lieb/Jacobs*]

Lieb, Manfred, Die Zulässigkeit von Demonstrations- und Sympathiearbeitskampf, Zeitschrift für Arbeitsrecht 1982, 113 ff. [zitiert: *Lieb* ZfA 82, 113]

Limmer, Hans, Die deutsche Gewerkschaftsbewegung, 13. Auflage, München, Landsberg am Lech 1996 [zitiert: *Limmer*]

Lipp, Volker, Die neue Geschäftsfähigkeit Erwachsener, Zeitschrift für das gesamte Familienrecht 2003, 721 ff. [zitiert: *Lipp* FamRZ 03, 721]

Löwisch, Manfred, Gewollte Tarifunfähigkeit im modernen Kollektivarbeitsrecht, Zeitschrift für Arbeitsrecht 1974, 29 ff. [zitiert: *Löwisch* ZfA 74, 29]

Löwisch, Manfred, Anmerkung zu BAG v. 23.4.1971 <1 ABR 26/70>, Sammlung arbeitsrechtlicher Entscheidungen 1972, 229 ff. [zitiert: *Löwisch* SAE 72, 229]

Löwisch, Manfred, Die Voraussetzungen der Tariffähigkeit, Zeitschrift für Arbeitsrecht 1970, 295 ff. [zitiert: *Löwisch* ZfA 70, 295]

Löwisch, Manfred, Rieble, Volker, Tarifvertragsgesetz Kommentar, 2. Auflage, München 2004 [zitiert: *Löwisch/Rieble*]

Martens, Klaus-Peter, Anmerkung zu BAG v. 19.11.1985 <1 ABR 37/83>, Sammlung arbeitsrechtlicher Entscheidungen 87, 7 ff. [zitiert: *Martens* SAE 87, 7]

Martin, Peter, Tarifverträge in der Leiharbeit (Übersicht), Arbeit und Recht 2004, 247 ff. [zitiert: *Martin* AuR 04, 247]

Matthes, Hans-Christoph, Der Arbeitgeber als Tarifpartei in Festschrift Schaub 1998, S. 477 ff. [zitiert: *Matthes* in FS Schaub, S. 477]

Maunz, Theodor, Dürig, Günther, Herzog, Roman, Grundgesetz Kommentar Loseblattsammlung Band II (Art. 9 GG), München Februar 1999 [zitiert: Maunz/Dürig/Herzog/*Bearbeiter*]

Mayer-Maly, Theo, Anmerkung zu BAG v. 16.1.1990 <1 ABR 10/89> Sammlung arbeitsrechtliche Entscheidungen 1991, 100 ff. [zitiert: *Mayer-Maly* SAE 91, 100]

Mayer-Maly, Theo, Druck und Recht im Arbeitsrecht, Recht der Arbeit 1979, 356 ff. [zitiert: *Mayer-Maly* RdA 79, 356]

Mayer-Maly, Theo, Anmerkung zu BAG v. 9.7.1968 <1 ABR 2/67>, Arbeitsrechtliche Praxis Nr. 25 zu § 2 TVG [zitiert: *Mayer-Maly* Anm. zu BAG AP Nr. 25 zu § 2 TVG]

Meyer, Jürgen, Kommentar zur Charta der Grundrechte der Europäischen Union, Baden-Baden 2003 [zitiert: Meyer/*Bearbeiter*]

Meyer-Ladewig, Jens, Keller, Wolfgang, Leitherer, Stephan, Sozialgerichtsgesetz mit Erläuterungen, 8. Auflage, München 2005 [zitiert: *Meyer-Ladewig/Keller/Leitherer*]

Münch, Ingo von, Kunig, Philip, Grundgesetz Kommentar, Band 1, 5. Auflage München 2000 [zitiert: von Münch/Kunig/*Bearbeiter*]

Neumann-Duesberg, Horst, Anmerkung zu BAG v. 19.1.1962 <1 ABR 14/60>, Arbeitsrechtliche Praxis Nr. 13 zu § 2 TVG [zitiert: *Neumann-Duesberg* Anm. zu BAG AP Nr. 13 zu § 2 TVG]

Niedenhoff, Horst-Udo, Pege, Wolfgang, Gewerkschaftshandbuch, 3. Auflage, Köln 1997 [zitiert: *Niedenhoff/Pege*]

Nikisch, Arthur, Anmerkung zu BAG v. 19.1.1962 <1 ABR 14/60>, Sammlung Arbeitsrechtliche Entscheidungen 1962, 57 ff [zitiert: *Nikisch* SAE 62, 57]

Nikisch, Arthur, Arbeitsrecht, 2. Band Koalitionsrecht, Arbeitskampfrecht, Tarifvertragsrecht, 2. Auflage, Tübingen 1959 [zitiert: *Nikisch*]

Oetker, Hartmut, Anmerkung zu BAG v. 6.6.2000 <1 ABR 10/99>, Arbeitsrechtliche Praxis Nr. 55 zu § 2 TVG [zitiert: *Oetker* Anm. zu BAG AP Nr. 55 zu § 2 TVG]

Oetker, Hartmut, Anmerkung zu BAG v. 25.9.1996 <1 ABR 25/96>, Arbeitsrechtliche Praxis Nr. 4 zu § 97 ArbGG [zitiert: *Oetker* Anm. zu BAG AP Nr. 4 zu § 97 ArbGG]

Oetker, Hartmut, Der Vertrag über die Schaffung einer Währungs-, Wirtschafts- & Sozialunion – Rechtshistorisches Dokument oder aktuelles Interpretament für die Arbeitsrechtsordnung in Festschrift Stahlhacke, 1995, S. 363 ff. [zitiert: *Oetker* in FS Stahlhacke, S. 363]

Otto, Bernd, Gewerkschaftsbewegung in Deutschland, Köln 1975 [zitiert: *Otto*]

Pache, Eckhard, Die Europäische Grundrechtscharta – ein Rückschritt für den Grundrechtsschutz in Europa?, Europarecht 2001, 475 ff. [zitiert: *Pache* EuR 01, 475]

Palandt, Otto, Bürgerliches Gesetzbuch, 66. Auflage, München 2007 [zitiert: Palandt/*Bearbeiter*]

Pawlowski, Hans-Martin, Allgemeiner Teil des Bürgerlichen Gesetzbuchs, 7. Auflage, Heidelberg 2003 [zitiert: *Pawlowski*]

Pawlowski, Hans-Martin, Willenserklärungen und Einwilligungen in personenbezogene Eingriffe, Juristenzeitung 2003, 66 ff. [zitiert: *Pawlowski* JZ 03, 66]

Preis, Ulrich, Praxis-Lehrbuch zum Kollektivarbeitsrecht, 1. Auflage, Köln 2003 [zitiert: *Preis*]

Raiser, Thomas, Mitbestimmungsgesetz Kommentar, 3. Auflage, Berlin, New York 1998 [zitiert: *Raiser*]

Rebmann, Kurt, Säcker, Jürgen, Rixecker, Roland, Münchener Kommentar zum Bürgerlichen Gesetzbuch, Band 1, Allgemeiner Teil, §§ 1 – 240 BGB, 4. Auflage, München 2001[zitiert: MüKo/*Bearbeiter*]

Reichel, Hans, Rechtsfragen zur Tariffähigkeit, Recht der Arbeit 1972, 143 ff. [zitiert: *Reichel* RdA 72, 143]

Reichel, Hans, Fragen der Tariffähigkeit in der neueren Rechtsprechung, Recht der Arbeit 1960, 81 ff. [zitiert: *Reichel* RdA 60, 81]

Reuter, Dieter, Die problematische Tarifeinheit, Juristische Schulung 1992, 105 ff. [zitiert: *Reuter* JuS 92, 105]

Richardi, Reinhard, Betriebsverfassungsgesetz mit Wahlordnung Kommentar, 10. Auflage, München 2006 [zitiert: Richardi/*Bearbeiter*]

Richardi, Reinhard, Koalitionsfreiheit und Tariffähigkeit in Festschrift Wissmann 2005, S. 159 ff. [zitiert: *Richardi* in FS Wissmann, S. 159]

Richardi, Reinhard, Der CGM-Beschluss des ArbG Stuttgart: Tariffähigkeit und Tarifzensur Neue Zeitschrift für Arbeitsrecht 2004, 1025 ff. [zitiert: *Richardi* NZA 04, 1025]

Richardi, Reinhard, Der Gesetzentwurf zur Verstärkung der Minderheitenrechte in den Betrieben und Verwaltungen (MindRG), Arbeit und Recht 1986, 33 ff. [zitiert: *Richardi* AuR 86, 33]

Richardi, Reinhard, Wlotzke, Otfried, Münchener Handbuch zum Arbeitsrecht, Band 1 Individualarbeitsrecht I, 2. Auflage, München 2000, Band 3 Kollektives Arbeitsrecht 2. Auflage, München 2000 [zitiert: MüArbR/*Bearbeiter*]

Rieble, Volker, Der CGM - Beschluss des ArbG Stuttgart, Betriebs-Berater 2004, 885 ff. [zitiert: *Rieble* BB 04, 885]

Rieble, Volker, Relativität der Tariffähigkeit in Festschrift Wiedemann 2002, S. 519 ff. [zitiert: *Rieble* in FS Wiedemann, S. 519]

Rieble, Volker, Klebeck, Ulf, Lohngleichheit für Leiharbeit, Neue Zeitschrift für Arbeitsrecht 2003, 23 ff. [zitiert: *Rieble/Klebeck* NZA 03, 23]

Rüthers, Bernd, Die Kontrolle der sozialen Koalition (Gewerkschaften und Arbeitgeberverbände durch Verwaltung und Rechtsprechung), Zeitschrift für Arbeitsrecht 1982, 237 ff. [zitiert: *Rüthers* ZfA 82, 237]

Rüthers, Bernd, Roth, Günter, Anmerkung zu BAG v. 16.11.1982 <1 ABR 22/78> Arbeitsrechtliche Praxis Nr. 32 zu § 2 TVG [zitiert: *Rüthers/Roth* Anm. zu BAG AP Nr. 32 zu § 2 TVG]

Sachs, Michael, Grundgesetz Kommentar, 3. Auflage, München 2003 [zitiert: Sachs/*Bearbeiter*]

Säcker, Franz Jürgen, Oetker, Hartmut, Tarifeinheit im Betrieb – ein Akt unzulässiger richterlicher Rechtsfortbildung?, Zeitschrift für Arbeitsrecht 1993, 1 ff. [zitiert: *Säcker/Oetker* ZfA 93, 1]

Schelp, Günther, Parteifähigkeit der Verbände im arbeitsgerichtlichen Urteilsverfahren (§ 10 ArbGG), Arbeit und Recht 1954, 70 ff. [zitiert: *Schelp* AuR 54, 70]

Schleef, Heinz, Oetker, Hartmut, Tarifpolitik im Wandel, München 2000 [zitiert: *Schleef/Oetker*]

Schaub, Günter, Arbeitsrechtshandbuch, 11. Auflage, München 2005 [zitiert: Schaub/*Bearbeiter*]

Schleusener, Axel Aino, Der Gewerkschaftsbegriff in § 11 ArbGG, Neue Zeitschrift für Arbeitsrecht 1999, 408 ff. [zitiert: *Schleusener* NZA 99, 408]

Schnorr, Gerhard, Der Begriff der Gewerkschaft, Recht der Arbeit 1953, 377 ff. [zitiert: *Schnorr* RdA 53, 377]

Schöne, Steffen, „Billig – Tarifverträge“ in der Zeitarbeit – Wo genau liegt das Risiko?, Der Betrieb 2004, 136 f. [zitiert: *Schöne* DB 04, 136]

Schrader, Peter, Arbeitgeberverbände und Mächtigkeit, Neue Zeitschrift für Arbeitsrecht 2001, 1337 ff. [zitiert: *Schrader* NZA 01, 1337]

Schroeder, Wolfgang, Weßels, Bernhard, Die Gewerkschaften in Politik und Gesellschaft der Bundesrepublik Deutschland – Ein Handbuch, Wiesbaden 2003 [zitiert: *Schroeder/Weßels*]

Schüren, Peter, Hamann, Wolfgang, Arbeitnehmerüberlassungsgesetz Kommentar, 3. Auflage, München 2007 [zitiert: Schüren/Hamann/*Bearbeiter*]

Schüren, Peter, Behrend, Britta, Arbeitnehmerüberlassung nach der Reform – Risiken der Neuen Freiheit, Neue Zeitschrift für Arbeitsrecht 2003, 521 ff. [zitiert: *Schüren/Behrend* NZA 03, 521]

Schüren, Peter, Riederer von Paar, Britta, Risiken nichtiger Tarifverträge in der Leiharbeit Arbeit und Recht 2004, 241 ff. [zitiert: *Schüren/Riederer von Paar* AuR 04, 241]

Schwab, Brent, Das Arbeitnehmer – Entsendegesetz eine Zwischenbilanz, Neue Zeitschrift für Arbeitsrecht – Rechtsprechungsreport 2004, 1 ff. [zitiert: *Schwab* NZA-RR 04]

Schwarze, Roland, Sozialer Dialog im Gemeinschaftsrecht, Europäisches Arbeits- und Sozialrecht B 8100 [zitiert: *Schwarze* EAS B 8100]

Seiter, Hugo, Anmerkung zu BAG v. 14.07.1981 <1 AZR 159/78> Sammlung arbeitsrechtlicher Entscheidungen 1984,98 ff [zitiert: *Seiter* SAE 84, 98]

Söllner, Alfred, Grenzen des Tarifvertrags, Neue Zeitschrift für Arbeitsrecht 1996, 897 ff. [zitiert: *Söllner* NZA 96, 897]

Söllner, Alfred, Mächtigkeit und Leistungsfähigkeit als typologische Merkmale der arbeitsrechtlichen Gewerkschaft, Arbeit und Recht 1976, 321 ff. [zitiert: *Söllner* AuR 76, 321]

Söllner, Alfred, Waltermann, Raimund, Grundriss des Arbeitsrechts, 14. Auflage, München 2006 [zitiert: *Söllner/Waltermann*]

Soergel, Hans Theodor, Kommentar zum Bürgerlichen Gesetzbuch,
Band 1, Allgemeiner Teil 1, §§ 1 – 103 BGB, Band 2, Allgemeiner Teil 2, §§ 104 – 240 BGB, 13. Auflage, Stuttgart, Berlin, Köln, Mainz 1999,
Band 20, Familienrecht 4, §§ 1741 – 1921 BGB, 13. Auflage, Stuttgart, Berlin, Köln, Mainz 2000 [zitiert: Soergel/*Bearbeiter*]

Staudinger, Julius von, Kommentar zum Bürgerlichen Gesetzbuch,
§§ 1 – 14 BGB, Bearbeitung 2004, Berlin,
§§ 90 – 133 BGB, Bearbeitung 2004, Berlin,
§§ 611 – 615 BGB, Bearbeitung 2005, Berlin,
§§ 1896 – 1921 BGB, Bearbeitung 2006, Berlin
[zitiert: Staudinger/*Bearbeiter*]

Stelling, Rainer, Das Erfordernis der Überbetrieblichkeit – ein Anachronismus des modernen Gewerkschaftsbegriffs, Neue Zeitschrift für Arbeitsrecht 1998, 920 ff. [zitiert: *Stelling* NZA 98, 920]

Suckow, Jens, Gewerkschaftliche Mächtigkeit als Determinante korporatistischer Tarifsysteme Dissertation, Berlin 2000 [zitiert: *Suckow*]

Tettinger, Peter, Die Charta der Grundrechte der Europäischen Union, Neue Juristische Wochenschrift 2001, 1010 ff. [zitiert: *Tettinger* NJW 01, 1010]

Thüsing, Gregor, Arbeitnehmerüberlassungsgesetz Kommentar, 1. Auflage, München 2005 [zitiert: Thüsing/*Bearbeiter*]

Ulber, Jürgen, Personal-Service-Agenturen und Neuregelungen der Arbeitnehmerüberlassung Arbeit und Recht 2003, 7 ff. [zitiert: *Ulber* AuR 03, 7]

Ulmer, Peter, Habersack, Mathias, Henssler, Martin, Mitbestimmungsgesetz Kommentar, 2. Auflage, München 2006 [zitiert: Ulmer/Habersack/Henssler/*Bearbeiter*]

Venrooy, Gerd J. van, Auf der Suche nach der Tarifzuständigkeit, Zeitschrift für Arbeitsrecht 1983, 49 ff. [zitiert: *van Venrooy* ZfA 83, 49]

Wahl, Burkhard, Die Relativität des Gewerkschaftsbegriffs, Dissertation, Frankfurt am Main 1980 [zitiert: *Wahl*]

Waltermann, Raimund, Beschäftigungspolitik durch Tarifvertrag, Neue Zeitschrift für Arbeitsrecht 1991, 754 ff. [zitiert: *Waltermann* NZA 91, 754]

Wank, Rolf, Ramrath, Ulrich, Prozessvertretung durch Vertreter von Koalitionen nach § 11 ArbGG, Neue Zeitschrift für Arbeitsrecht 1993, 345 ff. [zitiert: *Wank/Ramrath* NZA 93, 345]

Wiedemann, Herbert, Tarifvertragsgesetz Kommentar, 7. Auflage, München 2007 [zitiert: Wiedemann/*Bearbeiter*]

Wiedemann, Herbert, Anmerkung zu BAG v. 14.07.1981 <1 AZR 159/78>, Arbeitsrechtliche Praxis Nr. 1 zu § 1 TVG Verhandlungspflicht [zitiert: *Wiedemann* Anm. zu BAG AP Nr. 1 TVG Verhandlungspflicht]

Wiedemann, Herbert, Anmerkung zu BAG v. 15.3.1977 <1 ABR 16/75>, Arbeitsrechtliche Praxis Nr. 24 zu Art. 9 GG [zitiert: *Wiedemann* Anm. zu BAG AP Nr. 24 zu Art. 9 GG]

Wiedemann, Herbert, Tariffähigkeit und Unabhängigkeit, Recht der Arbeit 1976, 72 ff. [zitiert: *Wiedemann* RdA 76, 72]

Wiedemann, Herbert, Thüsing, Gregor, Die Tariffähigkeit von Spitzenorganisationen und der Verhandlungsanspruch der Tarifvertragsparteien, Recht der Arbeit 1995, 280 ff. [zitiert: *Wiedemann/Thüsing* RdA 95, 280]

Wissmann, Hellmut, Arbeitsrecht und Europarecht, Recht der Arbeit 1999, 152 ff. [zitiert: *Wissmann* RdA 99, 152]

Witt, Alexander, Keine AGB-Kontrolle tariflicher Regelungen?, Neue Zeitschrift für Arbeitsrecht 2004, 135 ff. [zitiert: *Witt* NZA 04, 135]

Wlotzke, Otfried, Preis, Ulrich, Betriebsverfassungsgesetz Kommentar, 3. Auflage, München 2006 [zitiert: Wlotzke/Preis/*Bearbeiter*]

Zachert, Ulrich, Die Arbeitnehmergrundrechte in einer Europäischen Grundrechtscharta, Neue Zeitschrift für Arbeitsrecht 2001, 1041 ff. [zitiert: *Zachert* NZA 01, 1041]

Zachert, Ulrich, Verfassungsrechtlicher Schutz für gelbe Gewerkschaften?, Arbeit und Recht 1986, 321 ff. [zitiert: *Zachert* AuR 86, 321]

Zeuner, Albrecht, Gedanken zum Verhältnis von Richterrecht und Betätigungsfreiheit der Beteiligten in Festschrift 25 Jahre BAG 1979, S. 727 ff. [zitiert: *Zeuner* in FS 25 Jahre BAG S. 727]

Zöllner, Wolfgang, Die Rechtsprechung des Bundesverfassungsgerichts zu Art. 9 Abs. 3 GG Archiv des öffentlichen Rechts, 98. Band (1973), 71 ff. [zitiert: *Zöllner* AöR 73, 71]

Zöllner, Wolfgang, Anmerkung zu BAG v. 9.7.1968 <1 ABR 2/67>, Sammlung arbeitsrechtlicher Entscheidungen 1969, 137 [zitiert: *Zöllner* SAE 69, 137]

Zöllner, Wolfgang, Loritz, Karl-Georg, Arbeitsrecht, 5. Auflage, München 1998 [zitiert: *Zöllner/Loritz*]

A. Einleitung

Die Tariffähigkeit ist das vornehmste Recht eines Arbeitnehmerverbandes. Nur die Koalitionen, die fähig sind, den sozialen Gegenspieler zum Abschluss eines Tarifvertrages zu zwingen, erlangen den Status einer tariffähigen Gewerkschaft. Sie allein können die Arbeitsbedingungen ihrer Mitglieder normativ regeln. Die Gerichte für Arbeitssachen behalten dieses Recht bisher einzelnen Verbänden vor.

I. Problemaufriss

1. Begriff der Tariffähigkeit in der Rechtsprechung

Nach der ständigen Rechtsprechung des Bundesarbeitsgerichts muss eine Arbeitnehmervereinigung bestimmte Mindestvoraussetzungen erfüllen, um den Status einer tariffähigen Gewerkschaft zu erreichen. Teil dieser Mindestvoraussetzungen ist, dass der Arbeitnehmerverband seine Aufgabe als Tarifpartner sinnvoll erfüllen kann. Um zu gewährleisten, dass nur Verbände an der Tarifautonomie teilhaben, welche den tarifrechtlichen Anforderungen angemessen nachkommen können, verlangt das Bundesarbeitsgericht unter Billigung des Bundesverfassungsgerichts von einer Gewerkschaft daher die Fähigkeit, im Rahmen der Rechtsordnung auf den sozialen Gegenspieler wirkungsvollen Druck und Gegendruck auszuüben, um ihn zur Aufnahme von Tarifverhandlungen und zum Abschluss von Tarifverträgen zu zwingen.[1]

Diese Voraussetzung der Tariffähigkeit wird gemeinhin mit dem Begriff der sozialen Mächtigkeit umschrieben.[2] Bestimmt wird die soziale Macht einer Gewerkschaft anhand der Durchsetzungsfähigkeit gegenüber dem sozialen Gegenspieler und der Leistungsfähigkeit der Organisation.[3] Dabei

---

[1] BVerfG v. 20.10.1981, BVerfGE 58, 233 (246 ff.); seit BAG v. 9.7.1968, AP Nr. 25 zu § 2 TVG ständige Rechtsprechung der Gerichte für Arbeitssachen, zuletzt BAG v. 28.3.2006, AP Nr. 4 zu § 2 TVG Tariffähigkeit.

[2] Statt aller BAG v. 15.3.1977, AP Nr. 34 zu Art. 9 GG; BAG v. 16.11.1982, AP Nr. 32 zu § 2 TVG; *Brox/Rüthers/Henssler* Rn 691; Däubler/*Peter* § 2 TVG Rn 10 ff.; Kempen/Zachert/*Kempen* § 2 TVG Rn 34 ff.; *Löwisch/Rieble* § 2 TVG Rn 35; *Preis* § 90 II. 2. e); Staudinger/*Richardi* Vorb. § 611 BGB Rn 579; Wiedemann/*Oetker* § 2 TVG Rn 383 ff.

[3] Statt aller BAG v. 14.12.2004, AP Nr. 1 zu § 2 TVG Tariffähigkeit; BAG v. 28.3.2006, AP Nr. 4 zu § 2 TVG Tariffähigkeit; Däubler/*Peter* § 2 TVG Rn 10 ff.; *Gamillscheg* § 9 IV. 3. c); *Henssler* S. 17 ff.; Kempen/Zachert/*Kempen* § 2 TVG Rn 34 ff.; *Kocher* DB 05, 2816 (2817); *Preis* § 90 II. 2. e).

sind die Kriterien der Durchsetzungs- und Leistungsfähigkeit derart untrennbar miteinander verwoben, dass gerade die Bergriffe Durchsetzungsfähigkeit, Durchsetzungskraft oder Druckausübungsfähigkeit häufig als Synonyme des Begriffs der sozialen Mächtigkeit verwendet werden.[4]

2. Wirkung sozialer Mächtigkeit als Voraussetzung der Tariffähigkeit

Das Kriterium der Durchsetzungskraft stabilisiert die Tarifautonomie, da die Teilhabe am Tarifsystem auf Arbeitnehmerseite nur starken und verlässlichen Sozialpartnern ermöglicht wird, die in der Lage sind, die Interessen der Arbeitnehmer wirkungsvoll zu vertreten. Letztlich dient die Durchsetzungsfähigkeit somit dem Schutz und der Stärkung der Arbeitnehmerrechte und garantiert die soziale Befriedung des Arbeits- und Wirtschaftslebens; denn sachgerechte und von beiden Seiten akzeptierte Tarifverträge können nur zustande kommen, wenn beide Seiten gleich stark und mächtig sind und Aspekte ihrer Agenda in den Tarifvertrag einfließen lassen können.[5]

Die Kehrseite der Medaille zeigt ein in weiten Teilen starres und unflexibles Tarifsystem. Das Kriterium der sozialen Mächtigkeit erschwert den Wettbewerb zwischen den Mitgliedsorganisationen des Deutschen Gewerkschaftsbundes und allen anderen kleineren Verbänden um die verschiedenen Konzepte zur Vertretung der Arbeitnehmerinteressen. Die von der Rechtsprechung geforderte Durchsetzungsfähigkeit stellt für viele Koalitionen eine unüberwindbare Hürde zur Teilhabe an der Tarifautonomie dar, während die im Deutschen Gewerkschaftsbund organisierten etablierten Gewerkschaften geschützt werden, da sie unumstritten als sozial mächtige Tarifpartner gelten und auf Grund der erforderlichen Durchsetzungsfähigkeit kaum der Konkurrenz anderer Organisationen ausgesetzt sind. Zwangsläufig herrscht daher eine einseitige sozial- und arbeitsmarktpolitische Interessenvertretung auf Seiten der Arbeitnehmerschaft vor.[6] Bislang hält die Rechtsprechung dennoch weiterhin unverändert an der Durchsetzungsfähigkeit als Voraussetzung der

---

[4] Wie in dieser Arbeit, so auch statt aller ErfK/*Franzen* § 2 TVG Rn 11 ff.; *Fitting* § 2 BetrVG Rn 37; Kempen/Zachert/*Kempen* § 2 TVG Rn 34 ff.; *Lieb/Jacobs* Rn 560; *Söllner/Waltermann* Rn 379; Staudinger/*Richardi* Vorb. § 611 BGB Rn 579; Wiedemann/*Oetker* § 2 TVG Rn 383 ff.; zu den Voraussetzungen sozialer Mächtigkeit siehe S. 43 ff.

[5] Zu den Vorzügen der Durchsetzungsfähigkeit statt aller *Brox/Rüthers/Schlüter/Jülicher* Rn 132; DKK/*Berg* § 2 BetrVG Rn 13; *Dütz* AuR 76, 65 (78); *Fitting* § 2 BetrVG Rn 37 f.; *Hagemeier* AuR 88, 193 (197); *Hanau* NZA 03, 128 (129); *Herschel* AuR 76, 225 (237 f.); Kempen/Zachert/*Kempen* § 2 TVG Rn 38 ff. und § 2 TVG Rn 19 ff.; *Konzen* ZfA 78, 451 (457 f.).

[6] Zu den Nachteilen der Durchsetzungsfähigkeit statt aller *Gamillscheg* § 9 IV 3. d) (2); *Kraft* SAE 78, 37 (44); *Mayer-Maly* RdA 79, 356 (358); *Oetker* Anm. zu BAG AP Nr. 55 zu § 2 TVG II. 3.; *Reichel* RdA 72, 143 (149); Staudinger/*Richardi* Vorb. § 611 BGB Rn 581; Wiedemann/*Oetker* § 2 TVG Rn 399 ff.; *Zöllner/Loritz* § 34 I. 2. a).

Tariffähigkeit fest.[7] Angesichts der Mitgliederverluste der Großgewerkschaften, dem damit einhergehenden Bedeutungsverlust und schwindender sozialer Macht bei gleichzeitig vermehrt auftretenden Gewerkschaftsneugründungen, Kündigungen alter Tarifkooperationen und sich daraus entwickelnder neuer sozialer und tariflicher Konzepte und Spannungen drängen zahlreiche Stimmen in der Literatur trotz der Vorzüge des Erfordernisses der sozialen Mächtigkeit auf eine Liberalisierung der Rechtsprechung zur Tariffähigkeit.[8]

3. Kritik an der Voraussetzung der sozialen Mächtigkeit

Viele Kritiker wenden sich nicht direkt gegen das Kriterium der Druckausübungsfähigkeit, sondern fordern die Aufgabe des einheitlichen Gewerkschaftsbegriffs,[9] wonach der Gewerkschaftsbegriff in der Rechtsordnung stets dieselbe Bedeutung hat.[10] Konsequenz des einheitlichen Gewerkschaftsbegriffs ist, dass das Merkmal der sozialen Mächtigkeit nicht nur im Tarifrecht, sondern auch im Prozessrecht, im Betriebsverfassungs- und Personalvertretungsrecht, im Mitbestimmungsrecht sowie im Sozialrecht Relevanz erlangt. Erklärtes Ziel der Kritiker ist es, das Kriterium der sozialen Mächtigkeit bei der gewerkschaftlichen Ausübung dieser Sekundärrechte nicht anzuwenden, um den Wettbewerb der verschiedenen Organisationen auf diesen Gebieten zu erleichtern.[11]

Die Voraussetzung der Durchsetzungsfähigkeit selbst wollen einige Kritiker nicht nur bei der Ausübung der Sekundärrechte, sondern auch für die Erlangung der Tariffähigkeit aufgeben und durch ein freies Spiel der Kräfte ersetzen.[12] Dementsprechend wäre jede Koalition bedingungslos tariffähig. Die Kräfte des Marktes würden selbst dafür Sorge tragen, dass nur verantwortungsvolle und mächtige Koalitionen die Vertretung der Arbeitnehmerinteressen für sich reklamieren könnten. Ein Verband, der für die Arbeit-

---

[7] Zuletzt BAG, v. 28.3.2006, AP Nr. 4 zu § 2 TVG Tariffähigkeit.

[8] Zur Entwicklung der Gewerkschaftslandschaft in Deutschland siehe S. 8 ff.

[9] Statt aller *Bayreuther* BB 05, 2633 (2640); *Brox* SAE 86, 232 (233 f.); ErfK/*Franzen* § 2 TVG Rn 16; *Gamillscheg* § 9 IV 3. e); GK – BetrVG/*Kraft/Franzen* § 2 BetrVG Rn 33; *Grunsky* JZ 77, 473 (474); *Kocher* DB 05, 2816 (2817); *Rieble* in FS Wiedemann S. 519 (527 f.); *Rieble* BB 04, 885 (885); *Schleusener* NZA 99, 408 (409 f.); *Wahl* § 8 II, IV; *Wank/Ramrath* NZA 93, 345 (349); Wiedemann/*Oetker* § 2 TVG Rn 216 ff.

[10] BAG v. 6.7.1956, AP Nr. 11 zu § 11 ArbGG 1953; BAG v. 23.4.1971, AP Nr. 2 zu § 97 ArbGG 1953; BAG v. 21.11.1975, AP Nr. 6 zu § 118 BetrVG; BAG v. 15.3.1977, AP Nr. 24 zu Art. 9 GG, BAG v. 19.9.2006, AP Nr. 5 zu § 2 BetrVG 1972.

[11] Siehe zum einheitlichen Gewerkschaftsbegriff S. 57 ff.

[12] Statt aller *Gamillscheg* § 9 IV. 3. e) (3).

nehmer inakzeptable Tarifverträge abschließen würde, verlöre seine Mitglieder und seine Bedeutung.[13]

Um die Parität von Arbeitgebern und Arbeitnehmern innerhalb der Tarifautonomie trotz der Aufgabe der Durchsetzungsfähigkeit weiterhin zu garantieren, wird ebenfalls vorgeschlagen, das freie Spiel durch andere Rechtsinstitute zu ergänzen. So soll durch eine erweiterte Inhaltskontrolle der Tarifverträge,[14] durch die Umkehr des Regel-Ausnahmeverhältnisses zusammen mit einer Missbrauchskontrolle[15] oder durch einen Verhandlungsanspruch der Gewerkschaften[16] die gleichberechtigte Teilhabe der Arbeitnehmerseite an der Tarifautonomie gesichert werden.[17]

II. Relative Tariffähigkeit

Neben den vorgenannten Ansatzpunkten wird zur konsequenten und systemgerechten Umsetzung der Grundüberlegung der Mächtigkeitslehre und zur Förderung des Wettbewerbs zwischen den Gewerkschaften auch die These der relativen Tariffähigkeit vertreten.[18]

1. Bedeutung relativer Tariffähigkeit

Das in der Rechtsprechung vorherrschende Verständnis der Tariffähigkeit ist absolut. Wurde in einem Gerichtsverfahren für den rechtshängigen Einzelfall festgestellt, dass die Gewerkschaft die notwendige Durchsetzungsfähigkeit gegenüber der Arbeitgeberseite besitzt, ist sie in ihrem gesamten satzungsgemäßen Zuständigkeitsbereich tariffähig. Die Rechtsprechung geht nun sogar davon aus, dass eine Organisation selbst dann tariffähig ist, wenn sie möglicherweise nicht überall in dem von ihr beanspruchten Zuständigkeitsbereich durchsetzungsfähig ist. Die Durchsetzungsfähigkeit einer Arbeit-

---

[13] Siehe zum freien Spiel der Kräfte S. 72 ff.

[14] Wiedemann/*Oetker* § 2 TVG Rn 406; *Wiedemann* Anm. zu BAG AP Nr. 24 zu Art. 9 GG unter III.

[15] *Bayreuther* BB 05, 2633 (2635 ff.); *Henssler* S. 56 ff; Ulmer/Habersack/Henssler/*Henssler* § 7 MitbestG Rn 61.

[16] *Seiter* SAE 84, 98 (100 ff.); Wiedemann/*Thüsing* § 1 TVG Rn 216 ff.; *Wiedemann* Anm. zu BAG AP Nr. 1 zu § 1 TVG Verhandlungspflicht; *Wiedemann/Thüsing* RdA 95, 280 (284 ff.); *Zöllner/Loritz* § 33 III 4.

[17] Zur Inhaltskontrolle, zur Umkehr des Regel-Ausnahmeverhältnisses und zur Missbrauchskontrolle sowie zum Verhandlungsanspruch siehe S. 113 ff.

[18] Statt aller LAG Frankfurt v. 19.10.1962, DB 64, 702; *Dütz* DB 96, 2385 (2388 ff.); *Löwisch/Rieble* § 2 TVG Rn 37 ff.; *Rieble* in FS Wiedemann, S. 519 (529 ff.); *Rieble* BB 04, 885 (887 f.).

nehmervereinigung in einem zumindest nicht unbedeutenden Teil des von ihr in Anspruch genommenen Zuständigkeitsbereichs genüge, um die Tariffähigkeit insgesamt zu begründen.[19]

Im Gegensatz dazu geht die These von der relativen Tariffähigkeit davon aus, dass die in einem Gerichtsverfahren festgestellte Tariffähigkeit keine Aussage darüber trifft, ob der Verband in seinem gesamten Zuständigkeitsbereich tariffähig ist. Vielmehr wurde die Tariffähigkeit nur für den rechtshängigen Einzelfall festgestellt. Genügt sie innerhalb ihrer Zuständigkeit in einem anderen fachlichen oder räumlichen Bereich den Anforderungen der sozialen Mächtigkeit nicht, fehlt ihr in diesem Bereich die Tariffähigkeit. Eine Gewerkschaft kann daher nach dieser Auffassung gleichzeitig in einem Bereich tariffähig sein, während ihr in einem anderen Bereich die Tariffähigkeit fehlt. In der Aufgabe des bisherigen „Alles-oder-Nichts-Prinzip" liegt für kleine Gewerkschaften die Chance, Durchsetzungsfähigkeit wenigstens in Teilbereichen zu erlangen, während für etablierte Großgewerkschaften die Gefahr besteht, ihre bisher unbestrittene soziale Macht in Teilbereichen zu verlieren.[20]

2. Problemkreise der relativen Tariffähigkeit

Während Einigkeit über die beschriebene Folge der relativen Tariffähigkeit besteht, wird ihre Vereinbarkeit mit der Rechtsordnung meist verneint. Im Groben sind dabei zwei große Problemkreise erkennbar.

Zum einen stellt sich die Frage, in welchem Rahmen relative Tariffähigkeit überhaupt bestehen kann. Bislang ist ungeklärt, welche Voraussetzungen der relativen Tariffähigkeit zu Grunde liegen. So gilt es zu bestimmen, zu welchen Bezugspunkten die Tariffähigkeit relativ sein kann. Muss die Tariffähigkeit bei einer relativen Betrachtungsweise für jeden einzelnen Tarifvertrag, sei es ein Flächen- oder Firmentarifvertrag, neu bestimmt werden?[21] Neben der Anknüpfung an den konkreten sozialen Gegenspieler bei jedem neuen Tarifvertragsabschluss sind einzelne Sachthemen, einzelne Normen, gewerkschaftliche Konkurrenz, Regionen und Wirtschaftszweige weitere vorgeschlagene oder denkbare Bezugspunkte der Relativität.[22] Fraglich ist auch, ob sich die soziale Mächtigkeit überhaupt für einen Teilbereich mit Hilfe der

---

[19] BAG v. 28.3.2006, AP Nr. 4 zu § 2 TVG Tariffähigkeit.

[20] Zur relativen Tariffähigkeit siehe S. 119 ff.

[21] *Benecke* SAE 98, 60 (65); *Kissel* § 9 Rn 34; *Preis* § 90 II. 2. f); siehe dazu S. 124 ff.

[22] Statt aller LAG Stuttgart v. 1.10.2004, NZA-RR 05, 85 (90); *Dütz* DB 96, 2385 (2389); *Feudner* BB 04, 2297 (2301); *Richardi* NZA 04, 1025 (1029); *Richardi* in FS Wissmann S. 159 (172); *Rieble* in FS Wiedemann S. 519 (533); *Rieble* BB 04, 885 (886 ff.); *Schüren/Riederer von Paar* AuR 04, 241 (242); siehe dazu S. 120 ff.

Kriterien, die bislang zur Bestimmung der sozialen Mächtigkeit herangezogen wurden, bestimmen lässt.[23]

Zum anderen stellt sich die Frage nach der Vereinbarkeit der Konsequenzen der relativen Tariffähigkeit mit der Rechtsordnung. Es gilt zu klären, ob es möglich ist, dass eine Gewerkschaft gleichzeitig tariffähig und tarifunfähig sein kann, oder ob dies ein mit der Rechtsordnung unvereinbares Novum darstellen würde. Ebenso gilt es aufzuzeigen, ob die Rechtssicherheit beeinträchtigt wird, welchen Einfluss der von der Rechtsprechung vertretene Grundsatz der Tarifeinheit im Betrieb hat, ob die Tariffähigkeit der etablierten Gewerkschaften in Frage gestellt werden kann und die Teilhabe der kleinen Gewerkschaften an der Tarifautonomie sowie ein Koalitionspluralismus überhaupt wünschenswert ist.[24]

III. Aufbau der Arbeit

Im Anschluss an dieses einleitende Kapitel beinhalten die Kapitel zwei und drei notwendige Vorbemerkungen. Zunächst wird in Kapitel zwei in der gebotenen Kürze die Gewerkschaftslandschaft der Bundesrepublik Deutschland dargestellt, um die Veränderungen der Gewerkschaftsbewegung abzubilden und deren zahlreiche Facetten zu veranschaulichen. Anhand dreier Beispiele soll aufgezeigt werden, inwiefern die verschiedenen kleinen Gewerkschaften Ideen entwickeln und vertreten, die von den Vorstellungen der anerkannten Gewerkschaften abweichen, und welche Konsequenzen sich daraus für deren Teilhabe an der Tarifautonomie ergeben. Das dritte Kapitel enthält die rechtliche Bestimmung des Gewerkschaftsbegriffs anhand der von Rechtsprechung und Lehre entwickelten Kriterien unter besonderer Berücksichtigung des Kriteriums der sozialen Mächtigkeit eines Verbandes.

Die Kapitel vier, fünf und sechs befassen sich mit der Kritik an der Mächtigkeitslehre des Bundesarbeitsgerichts. Im vierten Kapitel wird der vom Bundesarbeitsgericht vertretene einheitliche Gewerkschaftsbegriff, dem auf die Anforderungen der einzelnen Vorschriften bezogenen relativen Gewerkschaftsbegriff gegenübergestellt. Dabei wird mit Hilfe der tradierten juristischen Auslegungsmethoden dargelegt, welchem Begriff gefolgt werden sollte. Das fünfte Kapitel beschäftigt sich mit der Frage, ob das Kriterium der Durchsetzungsfähigkeit ganz aufgegeben werden muss, und das tarifliche Kräftegleichgewicht zwischen Arbeitgebern und Arbeitnehmern durch ein freies Spiel der Kräfte der Verbände beider Seiten garantiert werden kann.

---

[23] Zur Anwendbarkeit dieser Kriterien siehe S. 133 ff.

[24] Zu der Frage, ob die Teilhabe einer Vielzahhl von Gewerkschaften an der Tarifautonomie wünschenswert ist, siehe S. 26 ff.; zu den Konsequenzen relativer Tariffähigkeit siehe S. 136 ff.

Dabei werden historische, systematische, wettbewerbsrechtliche, „typologische", teleologische, verfassungsrechtliche europa- und völkerrechtliche Aspekte betrachtet. Im Anschluss wird die Möglichkeit erläutert, ob ein solches freies Spiel der Kräfte durch eine nachgeschaltete Inhaltskontrolle der Tarifverträge, durch die Umkehr des Regel-Ausnahmeverhältnisses zusammen mit einer Missbrauchskontrolle oder durch einen vorgeschalteten Verhandlungsanspruch der Gewerkschaften ergänzt werden kann. Schließlich ist das sechste Kapitel dem Kernthema dieser Arbeit gewidmet. Es setzt sich umfassend mit den Voraussetzungen und Konsequenzen der These von der relativen Tariffähigkeit auseinander. Zunächst werden die möglichen Anknüpfungspunkte relativer Tariffähigkeit untersucht. Dann werden mögliche Kriterien zur Bestimmung relativer Tariffähigkeit benannt. Schließlich werden die Konsequenz der relativen Tariffähigkeit und ihre Vereinbarkeit mit der geltenden Rechtsordnung anhand der klassischen Auslegungsmethoden in Augenschein genommen.

Abschließend enthält Kapitel sieben eine Zusammenfassung der Ergebnisse der Bearbeitung in Thesen.

B. Gewerkschaftslandschaft der Bundesrepublik Deutschland

Gewerkschaften spielen im Arbeits-, Wirtschafts- und gesamten gesellschaftlichen Leben der Bundesrepublik Deutschland eine prägende Rolle. Unter Gewerkschaften versteht die Allgemeinheit – oft in Übereinstimmung mit dem Gewerkschaftsbegriff im arbeitsrechtlichen Sinne – nicht die stattliche Zahl kleiner Verbände, sondern nur die großen Gewerkschaften, die im Deutschen Gewerkschaftsbund organisiert sind. Diese etablierten Großgewerkschaften blicken auf eine bewegte Geschichte zurück.

I. Gewerkschaften im Deutschen Gewerkschaftsbund

1. Neugründung der Gewerkschaften

Bereits am 18. März 1945 tagte noch vor der Kapitulation des nationalsozialistischen Regimes und vor der endgültigen Befreiung Deutschlands durch die alliierten Streitkräfte in Aachen die erste Versammlung zur Neugründung einer Gewerkschaft. Idee und Ziel der Aachener Versammlung war die Bildung einer starken Einheitsgewerkschaft. Anders als in den Arbeitnehmerverbänden des Kaiserreichs und der Weimarer Republik sollten Angehörige verschiedener politischer Parteien, unterschiedlicher Weltanschauungen und konfessioneller Gesinnungen Mitglieder in ein- und derselben Gewerkschaft werden können.[25] Niemals sollte die Arbeiterbewegung wieder als Tummelplatz parteipolitischer Leidenschaften zersplittern und so zum Opfer einer menschenverachtenden Diktatur werden. Neben dem Organisationstyp der Einheitsgewerkschaft sollte an die Stelle des Berufsverbandsprinzip das Industrieverbandsprinzip treten, um mit der

---

25 Zur Situation vor 1945 vgl. *Abendroth*, S. 26 ff.; *Kurth*, S. 59 ff.; MüArbR/*Löwisch/Rieble* § 248 Rn 1; Schaub/*Schaub* § 189 Rn 1 ff.: Vor der Auflösung der Gewerkschaften im Mai 1933 und der Zwangsvereinigung in der Deutschen Arbeitsfront waren die Gewerkschaften im Wesentlichen als Berufsverbände organisiert. Deshalb gehörten Arbeiter, Angestellte und Beamte verschiedenen Organisationen an. Neben die Trennung nach Berufsverbänden trat eine ideologische Spaltung der Arbeiterschaft in drei Hauptzweige: Die freien, sozialdemokratisch geprägten Gewerkschaften, die christlichen Gewerkschaften und die liberalen Hirsch-Dunckerschen Gewerkvereine. Diese Spaltung der Arbeiterbewegung in rivalisierende Richtungen verhinderte, dass sich die Gewerkschaften trotz der nationalsozialistischen Bedrohung zu Beginn der dreißiger Jahre nicht zu gemeinsamen Aktionen zusammenfanden und sich nicht mittels eines Generalstreiks gegen das aufkeimende Unrechtsregime zur Wehr setzten.

Maxime „ein Betrieb – eine Gewerkschaft" eine hohe Durchschlagskraft zu erzielen.[26] Ziel der Einheitsgewerkschaft im Industrieverbandsprinzip war und ist, dass jeder Fach- oder Hilfsarbeiter, jeder kaufmännische Angestellte oder Techniker, jede Frau und jeder Mann, der ein Werkstor passiert, um dort gegen Entgelt zu arbeiten, in ein- und derselben Gewerkschaft seine Interessenvertretung findet.[27]

Das politische Hauptaugenmerk der Gewerkschaftsbewegung am Kriegsende nach dem Gewerkschaftsverbot, großem Leid und Verfolgung lag selbstverständlich darauf, einem Wiedererstarken des Nationalsozialismus jegliche Grundlage zu entziehen. Daneben stand in arbeitsmarktpolitischer Hinsicht in Anbetracht eines bis auf die Grundmauern zerstörten Landes die Forderung nach der Neuordnung der deutschen Wirtschaft im Mittelpunkt der gewerkschaftlichen Zielvorstellungen.[28] So erklärten sie Vollbeschäftigung, Mitbestimmung der organisierten Arbeitnehmer in allen personellen, wirtschaftlichen und sozialen Fragen, Überführung der Schlüsselindustrien in Gemeineigentum, soziale Gerechtigkeit durch angemessene Beteiligung aller Werktätigen am volkswirtschaftlichen Ertrag und Gewährung eines ausreichenden Lebensunterhaltes für die infolge Alter, Invalidität oder Krankheit nicht Arbeitsfähigen zu ihren primären Zielen.[29]

Entsprechend den Vorgaben der Alliierten, denen zunächst jede Konstitution zentralistischer deutscher Organe zuwider war, erfolgte anders als von der Aachener Versammlung vorgesehen, die Gründung der einzelnen Industriegewerkschaften. Erst im Oktober 1949 wurde in München auf Bundesebene der Deutsche Gewerkschaftsbund als Spitzenorganisation und Dachverband von 16 Einzelgewerkschaften – erst 1978 schloss sich die Gewerkschaft der Polizei dem Deutschen Gewerkschaftsbund als 17. Einzelgewerkschaft an – gegründet, denen 1950 insgesamt bereits knapp 5 300 000 Mitglieder angehörten.[30]

2. Blütezeit der Gewerkschaften

Zum einen zieht sich die Absage an Gewalt, die Absage an die Usurpierung von Macht, die Absage an Unterdrückung in jeglicher Form wie ein roter Faden durch die Geschichte der Gewerkschaftsbewegung. Zum anderen ist

---

[26] *Abendroth*, S. 36; *Kurth*, S. 91; *Limmer* IV. 1.; MüArbR/*Löwisch/Rieble* § 248 Rn 11; *Niedenhoff/Pege*, S. 15; *Otto*, S. 95.

[27] *Kurth*, S. 91.

[28] *Otto*, S. 95.

[29] *Limmer* IV. 3.; *Otto*, S. 108.

[30] MüArbR/*Löwisch/Rieble* § 248 Rn 12; *Niedenhoff/Pege*, S. 214; *Schroeder/Weßels*, S. 636.

der Gewerkschaftsbewegung ein breiter sozialer Fortschritt und die Teilhabe der Arbeitnehmer am Aufschwung der Nachkriegsjahrzehnte zu verdanken. Sie haben die Arbeits- und Lebensverhältnisse der Arbeitnehmer in der Bundesrepublik entscheidend verbessert. So haben die im Deutschen Gewerkschaftsbund organisierten Gewerkschaften viele tarif- und gewerkschaftspolitische Erfolge zu verzeichnen. Sie erkämpften, um nur *pars pro toto* einige ihrer Errungenschaften zu nennen, kürzere Arbeitszeiten und längeren Urlaub inklusive Urlaubsgeld, höhere Löhne und Gehälter, besseren Arbeitsschutz, größere soziale Sicherheit und Alterssicherung, mehr Mitbestimmung in den Unternehmen und Betrieben sowie eine Ausdehnung des Kündigungsschutzes insbesondere für ältere Arbeitnehmer über die gesetzlichen Regelungen hinaus.[31] Angesichts dieser beachtlichen Erfolge wuchs die Mitgliederzahl des Deutschen Gewerkschaftsbundes bis zur Deutschen Einheit auf fast 8 000 000.[32]

3. Krise der Gewerkschaften

Während die Gewerkschaften bedingt durch die satzungsgemäße Erweiterung ihres Einzugsgebiets auf die neuen Bundesländer im Zuge der Deutschen Einheit und dem Übertritt zahlreicher Arbeitnehmern und Angestellten der mit Partei und Staat verwobenen ehemaligen Gewerkschaften der DDR einen einmaligen Höchststand des Organisationsgrades verzeichnen konnten, haben sie seit 1991 zahlreiche Mitglieder verloren. So fiel die Mitgliederzahl des Deutschen Gewerkschaftsbundes von 11 800 000 im Jahre 1991 auf 7 700 000 am Ende des Jahres 2002.[33]

Seit dem enormen Mitgliederverlust innerhalb der letzten 15 Jahre fällt immer wieder das Schlagwort von der Krise der Gewerkschaften. Sucht man nach den Ursachen dieser Krise, stößt man neben vielen wägbaren und unwägbaren Aspekten insbesondere auf zwei Gesichtspunkte, mit deren Hilfe die Malaise der Gewerkschaften wenigstens teilweise nachzuvollziehen ist. Der erste Gesichtspunkt ist der Wandel der deutschen Industriegesellschaft mit dem vorherrschenden Bild des klassischen Facharbeiters hin zu einer hoch technologisierten Dienstleistungsgesellschaft mit einer enorm ausgeprägten Flexibilisierung und Individualisierung. Die damit einhergehende Entsolidarisierung und voranschreitende Zersplitterung der Arbeitnehmerschaft in einzelne Gruppierungen, deren Status, Bewusstsein und Zukunfts-

---

31 Vgl. *Limmer* V 5.

32 *Niedenhoff/Pege*, S. 215; *Schroeder/Weßels*, S. 636.

33 *Niedenhoff/Pege*, S. 215; *Schroeder/Weßels*, S. 634, 636; im Statistischen Jahrbuch der Bundesrepublik Deutschland 2001, S. 733 wird die Mitgliederzahl des DGB zuletzt für das Jahr 1998 mit 8 310 783 angegeben.

erwartungen sehr verschieden sind, macht es den Gewerkschaften nahezu unmöglich, eine universelle integrierende Arbeitnehmerpolitik zu leisten. Der traditionelle Arbeitnehmertyp, für den die Mitgliedschaft in einer Gewerkschaft selbstverständlich war, weil er in ihr die Organisation zur Verwirklichung eines idealen Zukunftsbildes sah, verschwindet immer mehr aus dem Gesellschaftsbild. Infolgedessen verlieren die Gewerkschaften immer weitere Stücke ihrer Autorität, ihrer Überzeugungskraft und ihrer politischen Durchsetzungsfähigkeit.[34]

Der zweite Gesichtspunkt ergibt sich aus der von den Industrieländern ausgehenden Dynamik der Globalisierung. Unter dem Druck niedriger Löhne und Steuern in anderen Ländern wird deutlich, dass das deutsche Modell mit seinem hohen Massenwohlstand, ausgefeilten sozialen Sicherungssystemen und bisher ständigem Wachstum an seine Grenzen stößt.[35] Die Gewerkschaften befinden sich permanent in der Defensive, wenn die Arbeitgeber ständig mit Betriebsschließungen und Stellenverlagerungen an günstigere Produktionsstandorte drohen können. Wenn derzeit die Aufgabe der Gewerkschaften darin besteht, nur noch Arbeitsplätze zu retten oder ihren Abbau sozialverträglich zu gestalten, klingt das gewerkschaftliche Ideal von der Vollbeschäftigung und der Mehrung des Massenwohlstandes utopisch und bietet keinen Anreiz für einen Gewerkschaftsbeitritt. Bisher ist es den im Deutschen Gewerkschaftsbund organisierten Gewerkschaften noch nicht gelungen, eine Strategie zur Beantwortung dieser Fragen zu entwickeln, die so überzeugend ist, dass die Mitgliedschaft in einer Gewerkschaft wieder attraktiv ist und der Mitgliederschwund aufgehalten oder durch neue Beitritte wieder gesteigert werden kann.

4. Reaktion der Gewerkschaften

Nach den Jahrzehnten der Prosperität versuchten die etablierten Gewerkschaften, ihre Krise und den Machtverlust vor allem durch einen Konzentrationsprozess weg von reinen Industriegewerkschaften hin zu Multi-Branchengewerkschaften aufzufangen. 1989 fusionierten die Industriegewerkschaft Druck und Papier und die Gewerkschaft Kunst zur Industriegewerkschaft Medien, 1996 die Industriegewerkschaft Bau-Steine-Erden und die Gewerkschaft Gartenbau, Land- und Forstwirtschaft zur Industriegewerkschaft Bauen-Agrar-Umwelt. Weiter schlossen sich 1997 die Industriegewerkschaft Bergbau und Energie, die Industriegewerkschaft Chemie und die Gewerkschaft Leder zur Industriegewerkschaft Bergbau, Chemie und Energie zusammen. Die Gewerkschaften Textil-Bekleidung sowie Holz und Kunststoff

---

[34] *Limmer* VI. 2.

[35] *Limmer* VII. 3.

gingen 1998 bzw. 2000 in der Industriegewerkschaft Metall auf.[36] Nachdem der Deutsche Gewerkschaftsbund Mitte der neunziger Jahre seine Satzung änderte und die Aufnahme konkurrierender Gewerkschaften erlaubte,[37] formte sich der jüngste Zusammenschluss. Aus den Gewerkschaften Öffentliche Dienste, Transport und Verkehr, Deutsche Postgewerkschaft, Gewerkschaft Handel, Banken und Versicherungen, Industriegewerkschaft Medien und Deutsche Angestellten Gewerkschaft wurde die Vereinte Dienstleistungsgewerkschaft. In Folge des Konzentrationsprozesses verringerte sich die Zahl der Mitgliedsgewerkschaften im Deutschen Gewerkschaftsbund von ursprünglich 16 und später 17 Einzelgewerkschaften auf heute gerade einmal acht Gewerkschaften.

Diese acht Gewerkschaften sind: Vereinte Dienstleistungsgewerkschaft (2 740 123 Mitglieder), Industriegewerkschaft Metall (2 643 973 Mitglieder), Industriegewerkschaft Bergbau, Chemie, Energie (833 693 Mitglieder), Industriegewerkschaft Bauen-Agrar-Umwelt (489 802 Mitglieder), TRANSNET (297 371 Mitglieder), Gewerkschaft Erziehung und Wissenschaft (264 684 Mitglieder), Gewerkschaft Nahrung-Genuss-Gaststätten (245 350 Mitglieder) und Gewerkschaft der Polizei (184 907 Mitglieder).[38]

II. Gewerkschaften außerhalb des Deutschen Gewerkschaftsbundes

Neben den im Mittelpunkt des öffentlichen Interesses und der medialen Berichterstattung stehenden acht im Deutschen Gewerkschaftsbund organisierten Großgewerkschaften gibt es eine stattliche Zahl kleinerer Gewerkschaften, die das gesamte Spektrum gewerkschaftlicher Organisationsprinzipien und -typen abdecken. So gibt es eine Menge kleinerer und weniger bekannter Status-, Richtungs- und Berufsgewerkschaften, von denen einige kurz dargestellt werden sollen.

1. Statusgewerkschaften

Statusgewerkschaften sind Verbände, in denen nur bestimmte Gruppierungen, wie Angestellte, Beamte oder Führungskräfte unabhängig von ihrer Profession, Weltanschauung oder Religion vertreten sind.

---

36 *Limmer* VI. 2.; MüArbR/*Löwisch/Rieble* § 248 Rn 13.

37 MüArbR/*Löwisch/Rieble* § 248 Rn 16.

38 Schaub/*Schaub* § 189 Rn 5; *Schroeder/Weßels*, S. 634 (Stichtag 31.12.2002).

a) Deutsche Angestellten Gewerkschaft

Den größten Bekanntheitsgrad einer Gewerkschaft außerhalb des Deutschen Gewerkschaftsbundes erlangte die heute in der Vereinten Dienstleistungsgewerkschaft aufgegangene Deutsche Angestellten Gewerkschaft. Die Angestellten schlossen sich 1949 in der Deutschen Angestellten Gewerkschaft zusammen, da die besondere soziale Funktion und das selbständige Standesbewusstsein großer Teile der Angestellten ein geschlossenes Organisationsprinzip aller Arbeitnehmer und Angestellten nicht zuließ.[39]

Dass es im Jahre 2001 letztlich doch zu einer Fusion der Deutschen Angestellten Gewerkschaft mit vier weiteren Mitgliedsgewerkschaften des Deutschen Gewerkschaftsbundes kam, beruht größtenteils auf zwei Gründen. Seitens des Deutschen Gewerkschaftsbundes stand fest, dass die Gründung der Deutschen Angestellten Gewerkschaft als Berufsverband der Angestellten seit je her der Idee der Einheitsgewerkschaft widersprach und die Konkurrenzsituation zwischen den Gewerkschaften des Deutschen Gewerkschaftsbundes und der Deutschen Angestellten Gewerkschaft zu einer Schwächung der Gewerkschaftsbewegung führte, obwohl sich die Stellungnahmen der beiden Lager zu gesellschaftlichen, politischen und wirtschaftlichen Themen nur in Nuancen unterschieden.

Zudem hatten nicht nur die Mitgliedsverbände des Deutschen Gewerkschaftsbundes, sondern auch die Deutsche Angestellten Gewerkschaft starke Mitgliederverluste zu verkraften, so dass beiderseits die Hoffnung bestand, den Machtverlust durch den Konzentrationsprozess aufhalten zu können.[40]

b) Deutscher Beamtenbund

Nicht nur die Angestellten gründeten ihren eigenen Verband, sondern auch die Beamten. 1950 schlossen sich die einzelnen Bundesbeamten- und Bundesfachgewerkschaften im Deutschen Beamtenbund als ihrer Spitzenorganisation außerhalb des Deutschen Gewerkschaftsbundes zusammen. Bereits 1955 repräsentierte der Deutsche Beamtenbund mehr als eine halbe Million Gewerkschaftler. Interessanterweise musste der Deutsche Beamtenbund nie einen nennenswerten Einbruch der Mitgliederzahl verzeichnen. So wuchs die Zahl der vertretenen Gewerkschaftler kontinuierlich auf rund 1 225 000 im Jahre 2002.[41]

---

[39] *Abendroth*, S. 38.

[40] *Niedenhoff/Pege*, S. 125 f.; Statistisches Jahrbuch 2001 für die Bundesrepublik Deutschland S. 733; Die Mitgliederzahl der DAG fiel von 584 775 Mitgliedern im Jahre 1991 auf 450 006 Mitglieder am 31. Dezember 2000.

[41] *Schroeder/Weßels*, S. 640; Informationen auch abrufbar unter www.dbb.de.

Da Beamte in einem öffentlich-rechtlichen Dienstverhältnis und nicht in einem Arbeitsverhältnis stehen, können für Beamte keine Tarifverträge vereinbart werden.[42] Folglich verfolgt der Deutsche Beamtenbund, soweit er die einzelnen Beamtenverbände repräsentiert, andere Ziele als der Deutsche Gewerkschaftsbund, so dass die Existenz des Deutschen Beamtenbundes der Idee der Einheitsgewerkschaft nicht entgegensteht. In dem Maße, wie sich der Deutsche Beamtenbund in seiner Tarifunion als Vertreter der Fachgewerkschaften aus allen Bereichen des öffentlichen Dienstes einschließlich der privatisierten Bereiche für nicht verbeamtete Angestellte einsetzt, strebt auch er den Abschluss von Tarifverträgen an und ist vor allem ein potentieller Konkurrent der Vereinten Dienstleistungsgewerkschaft. So war auch die Tarifunion des Deutschen Beamtenbundes maßgeblich an der Ausarbeitung des neuen Tarifvertrags öffentlicher Dienst, der den alten Bundesangestelltentarifvertrag vollständig ablösen soll, beteiligt.

aa) Gewerkschaft Deutscher Lokomotivführer

Ein Mitgliedsverband des Deutschen Beamtenbundes und der Tarifunion ist die Gewerkschaft Deutscher Lokomotivführer, deren Organisationsbereich sich gemäß § 1 Ziffer 3 ihrer Satzung auf das Transport- und Verkehrswesen in bestimmten Dienstleistungsbetrieben erstreckt und dort der Gewerkschaft TRANSNET Konkurrenz macht. Wie das Hessische Landesarbeitsgericht im Mai 2003 feststellte, sind 15 – 20 % der insgesamt rund 160 000 Angestellten der Deutschen Bahn AG in der Gewerkschaft Deutscher Lokomotivführer organisiert. Von etwa 9 500 nicht verbeamteten Lokomotivführern sind 66 – 75 % Mitglieder dieser Koalition. Nach der Kündigung der bis zum 30. Juni 2002 bestehenden Tarifgemeinschaften forderte die Gewerkschaft Deutscher Lokomotivführer bereits zweimal vor der aktuellen Tarifauseinandersetzung den Abschluss eines Spartentarifvertrages für das Fahrpersonal im Schienenverkehr.[43]

bb) Vereinigung der Bediensteten in der Technischen Überwachung

Mitglied des Bayerischen Beamtenbundes – einem Landesverband des Deutschen Beamtenbundes – ist die Vereinigung der Bediensteten in der Technischen Überwachung. Im Jahr 2000 versagte das Bundesarbeitsgericht dem ehemaligen Interessenverband der Bediensteten der Technischen Überwachung die Gewerkschaftseigenschaft. Zum Zeitpunkt der höchstrichterlichen Entscheidung war der Interessenverband Vertreter von 1 600 Mitgliedern, was einem Organisationsgrad von 14 % des im Bereich der technischen Überwachung beschäftigten Personals entsprach, und hatte lediglich

---

[42] *Löwisch/Rieble* § 1 TVG Rn 27; Wiedemann/*Thüsing* § 1 TVG Rn 132.

[43] LAG Frankfurt v. 2.5.2003, BB 03, 1229.

einen Firmentarifvertrag und mehrere Zuordnungstarifverträge gemäß § 3 Abs. 1 Nr. 3 BetrVG abgeschlossen. Er besaß zunächst nur ein 17 qm großes Büro in den Räumlichkeiten eines Arbeitgebers. Für die Büroausstattung, die Kommunikationseinrichtungen und die Nutzung der internen Dienste zahlte der Verband dem Arbeitgeber eine jährliche Unkostenpauschale von 6 000,- DM. Er beschäftigte einen hauptberuflichen Geschäftsführer sowie eine Bürokraft und verfügte über Beitragsrücklagen in Höhe von 660 000 DM.[44] Heute kann die Vereinigung der Bediensteten in der Technischen Überwachung dem Beschluss des Bundesarbeitsgerichts auch positive Gesichtspunkte abgewinnen. So komme es ihr nach eigenen Angaben auf ihrer Homepage zugute, dass sie keine Gewerkschaft mehr sei und mit geringem Personalaufwand nur einen Teil der Gewerkschaftsarbeit erledigen müsse. So dürfe sie selbst keine Tarifverhandlungen führen, könne aber die Brauchbarkeit der ausgehandelten Tarifverträge überprüfen und die Kontrollergebnisse ihren Mitgliedern bekannt geben. Sollte dies nicht reichen, um Nachbesserungen durchzusetzen, warnt der Vorsitzende, fänden sich weitere Mittel und Wege, ihre Wünsche noch etwas deutlicher zum Ausdruck zu bringen. Die Anerkennung des Arbeitskampfes als Mittel zur Durchsetzung gewerkschaftlicher Forderungen wurde aber nach der Entscheidung des Bundesarbeitsgerichts aus der Satzung gestrichen.[45]

c) Verband der oberen Angestellten der Eisen- und Stahlindustrie

Zur Kategorie der Statusgewerkschaften gehören auch die Vereinigungen, die ausschließlich leitende Angestellte im Sinne von § 5 Abs. 3 BetrVG, außertarifliche Mitarbeiter und andere Führungskräfte vertreten. Solche Koalitionen haben sich heute im Spitzenverband Union leitender Angestellter zusammengeschlossen.

Die Tariffähigkeit eines solchen Führungskräfteverbands – Verband der oberen Angestellten der Eisen- und Stahlindustrie – beschäftigte seinerzeit die Gerichte für Arbeitssachen. Dabei hat das Bundesarbeitsgericht dem Verband der oberen Angestellten der Eisen- und Stahlindustrie die Tariffähigkeit zugesprochen. Insgesamt zählte der Verband der oberen Angestellten der Eisen- und Stahlindustrie circa 7 600 – davon rund 3 000 leitende Angestellte – Mitglieder, so dass seine Organisationsdichte 50 % betrug. Sein jährliches Beitragsaufkommen betrug rund 1,2 Millionen DM. Er stellte 24 Betriebsräte und zwei ehrenamtliche Richter. Ungewöhnlich daran war, dass es sich bei den ehrenamtlichen Richtern gemäß § 6 Abs. 1 ArbGG um Vertreter der Arbeitgeberseite handelte. Zudem waren neun Mitglieder zugleich Vorstände einer Aktiengesellschaft. Der Verband der oberen Angestellten der Eisen- und

---

[44] BAG v. 6.6.2000, AP Nr. 55 zu § 2 TVG.

[45] Alle Informationen lassen sich unter www.btue.de abrufen.

Stahlindustrie hatte sich um den Abschluss eines Rahmentarifvertrages für außertarifliche Arbeitnehmer bemüht. Zwar kam es zu keinem Tarifvertragsschluss, jedoch hatte er mit der Gegenseite allgemeine Grundsätze für die Anstellungsverträge der oberen Angestellten vereinbart. Außerdem kam für ihn kein Streik, sondern lediglich Dienst nach Vorschrift als Arbeitskampfmittel in Betracht.[46]

2. Richtungsgewerkschaften

Neben den dargestellten Gewerkschaftstypen und Organisationsformen gibt es auch die Richtungsgewerkschaften, die sich ausschließlich einer politischen Partei, einer bestimmten Weltanschauung oder einer Konfession zugehörig fühlen.

a) Christlicher Gewerkschaftsbund Deutschlands

Im Bundestagswahlkampf von 1953 stellte sich der Deutsche Gewerkschaftsbund mit dem Slogan „Wählt einen besseren Bundestag" offen gegen die amtierende von den Christdemokraten geführte Regierungskoalition. Dieses einseitige politische Engagement führte zu innergewerkschaftlichen Konflikten mit den christlich geprägten Mitgliedern. Nach deren Auffassung hatte die sozialdemokratische Mehrheit der Gewerkschaften eklatant gegen den Grundsatz der parteipolitischen Unabhängigkeit der Einheitsgewerkschaft verstoßen. Daher forderten sie eine stärkere Berücksichtigung christlicher Elemente innerhalb der Verbandsstrukturen. Die Mehrheit der Gewerkschaftsmitglieder lehnte indessen eine Satzungsänderung ab. So kam es 1955 zum Bruch. Eine Minderheit christlicher Funktionäre trat aus dem Deutschen Gewerkschaftsbund aus und gründete die Christliche Gewerkschaftsbewegung Deutschlands, die 1959 in Christlicher Gewerkschaftsbund Deutschlands umbenannt wurde. Obwohl es sich um eine unionsnahe Bewegung handelte, wurde ihre Gründung nicht nur von den Sozialdemokraten, sondern auch von großen Teilen der Christdemokraten und den Liberalen bis hin zum Bundesverband der Deutschen Industrie abgelehnt.[47] Ihre ablehnende Haltung haben zumindest das konservative politische Lager und die Arbeitgeberverbände aufgegeben, wie die Anträge der beteiligten Institutionen und Verbände in dem jüngsten Verfahren um die Tariffähigkeit der dem Christlichen Gewerkschaftsbund Deutschlands angehörigen Christlichen Gewerkschaft Metall zeigen.[48] An dem Prinzip der Einheitsgewerk-

---

[46] BAG v. 14.3.1978, AP Nr. 24 zu Art. 9 GG; BAG v. 20.10.1981, AP Nr. 32 zu § 2 TVG.

[47] *Limmer* V. 2.; *Niedenhoff/Pege*, S. 96.

[48] ArbG Stuttgart v. 12.9.2003 <4 TaBV 1/04> S. 4 ff. (Anträge in NZA-RR 04, 540 ff. nicht veröffentlicht).

schaft und der Stellung der Einheitsgewerkschaften änderte die Wiederbegründung der christlichen Gewerkschaftsbewegung freilich nichts, da sie keine allzu große Resonanz fand.[49] Im Jahr 1999 vertrat der Christliche Gewerkschaftsbund Deutschlands über 300 000 in seinen Einzelgewerkschaften organisierte Mitglieder.[50] Zu seinen Mitgliedsgewerkschaften zählen unter anderem die Christliche Gewerkschaft Metall, die Christliche Gewerkschaft Bergbau-Chemie-Energie, die Gewerkschaft Kunststoff und Holz, der Arbeitnehmerverband land- und ernährungswirtschaftliche Berufe, die Gewerkschaft Öffentlicher Dienst und Dienstleistungen und der Deutsche Handels- und Industrieangestelltenverband.

In einigen Verfahren wurde die Tariffähigkeit der jeweiligen Einzelgewerkschaften des Christlichen Gewerkschaftsbundes Deutschlands angefochten. Die Sachverhalte der Verfahren lassen sich im Einzelnen folgendermaßen darstellen:

Der satzungsgemäße Organisationsbereich der Christlichen Gewerkschaft Metall erstreckt sich auf das Gebiet der Bundesrepublik Deutschland und umfasst die Bereiche der metallerzeugenden und verarbeitenden Industrie, des Metallhandwerks, der Elektroindustrie und der sonstigen Metallbetriebe. Im Jahr 2001 waren in diesem Organisationsbereich fast 5 500 000 Arbeitnehmer beschäftigt. Nach eigenen eidesstattlich versicherten Angaben waren davon am 31. Dezember 2001 knapp 100 000 Mitglieder bei der Christlichen Gewerkschaft Metall organisiert. Die Industriegewerkschaft Metall als Antragsgegnerin in dem anhängigen Verfahren gesteht ihr „allenfalls" einen Bestand von 50 000 Mitgliedern zu.

Die Christliche Gewerkschaft Metall beschäftigt 43 Mitarbeiter unter ihnen 14 hauptamtliche Sekretäre und Funktionäre. Sie wird durch fast 500 ehrenamtlich Tätige in der Wahrnehmung ihrer Aufgaben unterstützt. Während sie früher im Wesentlichen nur Anschlusstarifverträge – rund 3 000 – abgeschlossen hat, schließt sie zunehmend originäre Tarifverträge – etwa 550 in rund 30 Tarifbereichen – insbesondere mit Handwerksinnungen ab. Im Bereich des Elektrohandwerks hat die Christliche Gewerkschaft Metall in den neuen Bundesländern die Industriegewerkschaft Metall weitgehend verdrängt. Bekannt wurden aber insbesondere die Tarifvereinbarungen *Phoenix* mit dem Arbeitgeberverband Ostmetall und ein Firmentarifvertrag mit der Jenoptik Gruppe. Die Christliche Gewerkschaft Metall nimmt für sich in Anspruch, eine konsensorientierte Tarifpolitik zu vertreten. Trotzdem bejaht sie nach ihrer Satzung den Streik als Kampfmittel zum Erreichen der gesetzten Ziele. Obwohl sie noch keinen Streik organisierte, wurden 1984 mehrere Tausend

---

[49] *Kurth*, S. 92.

[50] *Schroeder/Weßels*, S. 643.

Mitglieder durch Aussperrung in den Arbeitskampf einbezogen und erhielten über 10 000 000 DM Unterstützung.

Die Christliche Gewerkschaft Metall konnte zahlreiche Betriebs- und Aufsichtsratsmandate erringen. In den Selbstverwaltungsorganen der Sozialversicherungsträger ist sie mit 400 Mitgliedern vertreten. Darüber hinaus stellt sie 200 ehrenamtliche Richter in der Arbeits- und Sozialgerichtsbarkeit. Trotz der dargelegten Aktivitäten und Verbreitung hielt das Arbeitsgericht Stuttgart die Christliche Gewerkschaft Metall für nicht tariffähig im Sinne von § 2 Abs. 1 TVG.[51] Diesem Beschluss folgten die Berufungs- und Revisionsinstanz jedoch nicht. Das Landesarbeitsgericht Stuttgart und das Bundesarbeitsgericht haben die Christliche Gewerkschaft Metall als tariffähige Gewerkschaft anerkannt.[52]

1985 sprach das Bundesarbeitsgericht dem Arbeitnehmerverband land- und ernährungswirtschaftliche Berufe die Tariffähigkeit zu. Der Arbeitnehmerverband land- und ernährungswirtschaftliche Berufe hatte Ende 1981 weniger als 2 000 Mitglieder, ein Aufsichtsratmandat gewonnen, stellte mehrere Betriebsratsmitglieder und Betriebsratsvorsitzende, beschäftigte drei hauptamtliche Angestellte, wies je nach Wirtschaftssektor einen Organisationsgrad von 18 bzw. 27 % der Arbeitnehmer auf und verfügte 1981 über Finanzmittel in Höhe von 172 000 DM.[53]

Zudem hat das Bayrische Oberste Landesgericht jüngst den Gewerkschaftsstatus im Sinne des Mitbestimmungsgesetzes der Gewerkschaft Öffentlicher Dienst und Dienstleistungen festgestellt.[54] Der Beschluss des Landesarbeitsgerichts Hamburg zur Tariffähigkeit des Deutschen Handels- und Industrieangestelltenverband stammt aus dem Jahr 1997.[55]

Dagegen verweigerte das Bundesarbeitsgericht der Christlichen Gewerkschaft Bergbau-Chemie-Energie die Tariffähigkeit, obwohl sie über 20 000 Mitglieder zählte, mehr als 30 Anschluss- und Firmentarifverträge vereinbarte, 19 hauptamtliche Gewerkschaftssekretäre in zahlreichen Verwaltungsstellen beschäftigte, drei Aufsichts- und 165 Betriebsratsmandate erkämpft hatte, in den Selbstverwaltungsorganen der Sozialversicherungsträger vertreten war und ehrenamtliche Richter bei Arbeits- und Sozialgerichten erster und zweiter Instanz benannte.[56]

---

[51] ArbG Stuttgart v. 12.9.2003, NZA-RR 04, 540.

[52] BAG v. 28.3.2006, AP Nr. 4 zu § 2 TVG Tariffähigkeit; LAG Stuttgart v. 1.10.2004, NZA-RR 05, 85 (87).

[53] BAG v. 10.9.1985, AP Nr. 34 zu § 2 TVG.

[54] BayObLG v. 14.12.2004, GmbHR 05, 628.

[55] LAG Hamburg v. 18.2.1997, AZ <2 Ta BV 9/95> (nicht veröffentlicht).

[56] BAG v. 25.11.1986, AP Nr. 36 zu § 2 TVG; BAG v. 16.1.1990, AP Nr. 39 zu § 2 TVG.

Ebenso verneinte das Bundesarbeitsgericht die Tariffähigkeit der Christlichen Gewerkschaft Holz und Bau. Insgesamt hatte die Christliche Gewerkschaft Holz und Bau knapp 3000 Mitglieder, war in 28 Betriebsräten vertreten und stellte fünf Betriebsratsvorsitzende. Sie hatte in 83 Prozessen und bei einer erheblichen Zahl außergerichtlicher Vereinbarungen rechtlichen Beistand geleistet und mehrere Tarifverträge vereinbart.[57]

b) Deutscher Arbeitnehmer-Verband

Ebenfalls zu der Gruppe der Richtungsgewerkschaften gehört der Deutsche Arbeitnehmer-Verband. 1952 wurde in Marl der "Verband der Bergmannsversorgungsschein-Inhaber" gegründet und 1960 in "Bergarbeiter-Verband" umbenannt. Um auch Arbeitnehmer aus anderen Industriebereichen aufnehmen zu können, wurde die Bezeichnung 1972 in "Deutscher Arbeitnehmer-Verband" geändert. Auch der deutsche Arbeitnehmer-Verband beschäftigte schon Bundesarbeits- und Bundesverfassungsgericht. Als das Verfahren um die Tariffähigkeit des Deutschen Arbeitnehmer-Verbands anhängig war, hatte er 14 300 Mitglieder und beschäftigte neben mehreren ehrenamtlichen Mitarbeitern vier Gewerkschaftssekretäre sowie zehn hauptamtliche weitere Arbeitnehmer in insgesamt fünf Geschäftsstellen. Er hielt, als das Verfahren anhängig war, 16 Betriebsratsmandate, während er in vorangegangenen Betriebsratswahlen weit mehr Mandate innehatte. Außer einer Vereinbarung mit einem Unternehmen konnte er keine Tarifverträge abschließen, verhandelte aber mit der Volkswagen AG über einen Anschlusstarifvertrag und mit einem weiteren Unternehmen über einen Haustarif. Im Bereich der sozialen Selbstverwaltung ließ sich der Deutsche Arbeitnehmer-Verband wählen und stellte neben einem ehrenamtlichen Richter in der Arbeitsgerichtsbarkeit mehrere ehrenamtliche Sozialrichter. Die Gerichte sprachen ihm dennoch die Tariffähigkeit ab.[58]

Obwohl das Verfahren um den Deutschen Arbeitnehmer-Verband ein oft zitiertes Beispiel für die Rechtsprechung des Bundesarbeitsgerichts zur Tariffähigkeit – insbesondere weil das Bundesverfassungsgericht das Urteil des Bundesarbeitsgerichts bestätigte – ist, wird nicht erwähnt, dass der Deutsche Arbeitnehmer-Verband ab 1993 bundesweit vom Verfassungsschutz beobachtet wurde, weil er über viele Jahre durch die Nationalsozialistische Partei Deutschlands beeinflusst wurde und in deren Abhängigkeit geriet.

Bis 1997 wurden Führungspositionen im Bundesvorstand von aktiven oder ehemaligen Mitgliedern dieser neofaschistischen Partei besetzt. Mit Beschluss vom 4. Februar 1994 wies das Verwaltungsgericht Düsseldorf den Antrag zurück, mit dem sich der Deutsche Arbeitnehmer-Verband gegen die

---

[57] BAG v. 16.1.1990, AP Nr. 38 zu § 2 TVG.

[58] BVerfG v. 20.10.1981, BVerfGE 58, 233 ff.; BAG v.14.3.1978, AP Nr. 30 zu § 2 TVG.

nachrichtendienstliche Beobachtung zur Wehr setzte. Das Gericht sah es als erwiesen an, dass ausreichende Anhaltspunkte dafür gegeben waren, dass tragende Prinzipien des Grundgesetzes wie die Achtung der Menschenwürde und den Gleichheitsgrundsatz fortlaufend missachtet wurden. Im Verfassungsschutzbericht des Landes Nordrhein-Westfalen 1994 findet sich außerdem der Hinweis, dass in der Mitgliederzeitschrift des Deutschen Arbeitnehmer-Verbandes der Aufenthalt von Ausländern in der Bundesrepublik Deutschland eine zentrale Bedeutung einnahm. Die Berichte und Stellungnahmen, so der Verfassungsschutz, seien gekennzeichnet durch pauschale Diffamierungen und Hetzparolen, die Ausländer als unterwertig, Sozialbetrüger, Nichtstuer und Kriminelle bezeichnet hätten.[59]

Bei Führungskräften des Deutschen Arbeitnehmer-Verbandes handelte es sich um Funktionäre und Bundestagskandidaten der Nationalsozialistischen Partei Deutschlands. Der Führer der im November 1994 verbotenen neonazistischen Organisation Wiking-Jugend war auf Vorschlag des Deutschen Arbeiternehmer-Verbandes als ehrenamtlicher Richter des Sozialgerichts Aachen bestellt worden. Im April 1994 wurde er durch richterlichen Beschluss seines Amtes enthoben, weil er durch seine Ablehnung des Grundgesetzes gegen die geforderte Treuepflicht als Richter verstoßen hatte.[60] Auch der zweite Verbandsvorsitzende wurde vom Amt des ehrenamtlichen Sozialrichters suspendiert, weil auch er mit rassistischen Äußerungen in Erscheinung trat. Eine Mitgliedschaft der neofaschistischen Funktionäre besteht laut Mitteilung der derzeitigen Vorstandsmitglieder nicht mehr. Doch noch im Jahre 1999 wurden die lang gedienten Mitglieder und Funktionäre der Nationalsozialistischen Partei Deutschlands aus "Dank für die Treue zum Deutschen Arbeitnehmer-Verband" geehrt.[61] Letztmalig wurde der Deutsche Arbeitnehmer-Verband im Verfassungsschutzbericht des Landes Nordrhein-Westfalen 1996 erwähnt, weil er durch Werbeanzeigen in rechtsextremistischen Publikationen hervortrat.[62]

3. Berufsgewerkschaften

Als weitere Kategorie von Gewerkschaften gibt es namentlich die Berufsverbände, denen in letzter Zeit besondere Aufmerksamkeit der Gerichte für Arbeitssachen, der wissenschaftlichen Literatur und der Tageszeitungen zuteil

---

[59] Verfassungsschutzbericht des Landes Nordrhein-Westfalen 1994, S. 70 f.

[60] Verfassungsschutzbericht des Landes Nordrhein-Westfalen 1994, S. 70 f.

[61] Informationen abrufbar unter www.idgr.www (Informationsdienst gegen Rechtsextremismus).

[62] Verfassungsschutzbericht des Landes Nordrhein-Westfalen 1996, S. 59 ff.

wird, da ihre Zahl stetig steigt und sie vermehrt eigene Tarifforderungen geltend machen.

a) Marburger Bund

Der Marburger Bund wurde 1947 als berufsständische Interessenvertretung der Ärzteschaft einschließlich der Medizinstudenten gegründet. Ende des Jahres 1995 waren im Marburger Bund knapp 58 000 praktizierende Ärzte und Studenten organisiert. Der Organisationsgrad der Ärzte betrug fast 40 %.[63] Heute sind von rund 146.000 angestellten und verbeamteten Ärzten 105 000 Mitglieder im Marburger Bund. Allein seit September 2005, nachdem der Marburger Bund am 12. September 2005 die langjährige Tarifunion mit der Vereinten Dienstleistungsgewerkschaften gekündigt hatte, und seit Oktober 2005 eigene Tarifverhandlungen führte, verzeichnete der Marburger Bund nach eigenen Angaben einen sprunghaften Anstieg seiner Mitgliederzahl um 20.000 Neumitglieder.

Die Kernforderungen des Marburger Bundes der Verhandlungen mit der Tarifgemeinschaft deutscher Länder und der Vereinigung kommunaler Arbeitgeber waren: Die Wiederherstellung tariflich gesicherter Arbeitsbedingungen durch den Abschluss eines arztspezifischen Tarifvertrages, die Rücknahme der Kündigungen der Tarifverträge zur Arbeitszeit sowie zum Weihnachts- und Urlaubsgeld, die Einführung einer eigenen Gehaltsordnung für Ärzte, um jede fachliche Qualifikation und spezifische Tätigkeit angemessen zu bewerten und die leistungsgerechte Vergütung der Leistungsträger in den Kliniken, was mittels einer Erhöhung der Ärzteeinkommen von bis zu 30 % erreicht werden soll.

Am 09. März 2006 erklärte der Marburger Bund die Verhandlungen mit der Tarifgemeinschaft deutscher Länder zum Abschluss eines eigenen Tarifvertrages für die Ärzte der Universitätskliniken für gescheitert. Daraufhin streikten die im Marburger Bund organisierten Ärzte der Universitätskliniken durchgehend 13 Wochen vom 16. März 2006 bis 16. Juni 2006 und erkämpfte einen eigenständigen Tarifvertrag mit zweistelligen Lohnzuwächsen. Im Anschluss an diesen Erfolg erklärte der Marburger Bund die Verhandlungen mit der Vereinigung kommunaler Arbeitgeber am 20. Juni 2006 für gescheitert. Vom 26. Juni bis zum 17. August 2006 wurden daher auch die kommunalen Krankenhäuser permanent bestreikt. Auch bei diesem Tarifabschluss konnte der Marburger Bund viele Punkte seiner Agenda durchsetzen.

Die zwischenzeitlich vereinbarten Tarifverträge zwischen der Tarifgemeinschaft deutscher Länder bzw. der Vereinigung kommunaler Arbeitgeber und der Vereinten Dienstleistungsgewerkschaft sowie weiteren Ge-

---

[63] *Niedenhoff/Pege* S. 419.

werkschaften, die beide Sonderregelungen für die Ärzteschaft beinhalteten, akzeptierte der Marburger Bund nicht. Da nach seiner Auffassung bei der Vereinten Dienstleistungsgewerkschaft nur ein prozentual verschwindend geringer Anteil der Ärzte organisiert sei, sei sie nicht legitimiert, einen verbindlichen Tarifvertrag für die Klinikärzte zu vereinbaren. Die Vereinte Dienstleistungsgewerkschaft berief sich dagegen darauf, dass sie im Sinne der Rechtsprechung den spezielleren Tarifvertrag geschlossen habe, da das gesamte Klinikpersonal erfasst sei. Ein Tarifvertrag des Marburger Bundes würde daher verdrängt.[64]

b) Berufsverbände im Bereich der Luftfahrt

Gerade im Bereich der prosperierenden Luftfahrtsbranche haben mehrere Berufsverbände vor allem die Unabhängige Flugbegleiter Organisation, die Vereinigung Cockpit und die Gewerkschaft der Flugsicherung durch ein selbständiges Eingreifen in Tarifverhandlungen Aufmerksamkeit erregt.

aa) Unabhängige Flugbegleiter Organisation

Die Unabhängige Flugbegleiter Organisation gibt auf ihrer Homepage als Hauptgrund für ihre Gründung die Unzufriedenheit über die damaligen großen Gewerkschaften, von denen sich die Flugbegleiter nicht ausreichend vertreten sahen, an. Gerade die Berufsgruppe der Flugbegleiter, so die Organisation, bedürfe des besonderen Schutzes einer eigenen Gewerkschaft, da die Arbeitsbedingungen an Bord eines Verkehrsflugzeuges kaum mit denen einer anderen Berufsgruppe vergleichbar seien. Um die individuellen Probleme aufzuzeigen und sich speziell für die Interessen des Kabinenpersonals einzusetzen, sei die Unabhängige Flugbegleiter Organisation ins Leben gerufen worden.[65]

Der Berufsverband der Flugbegleiter hatte ursprünglich nur das Ziel, den in den damaligen Gewerkschaften Öffentliche Dienste, Transport und Verkehr und Deutsche Angestellten Gewerkschaft organisierten Flugbegleitern, eine gemeinsame Plattform zu bieten. Erst 1999 änderte sie ihre Satzung und agierte selbst als Gewerkschaft. Seitdem hat die Organisation bereits 14 Tarifverträge abgeschlossen und bis März 2002 rund 6 500 Mitglieder gewonnen, was einem knappen Drittel aller Flugbegleiter entspricht. Bei Aufsichtsratswahlen – zum Beispiel bei DHL und LTU – konnten die Kandidaten der Unabhängigen Flugbegleiter Organisation wesentlich mehr Stimmen gewinnen als die Kandidaten der Vereinten Dienstleistungs-

---

[64] Alle Informationen abrufbar unter www.marburger-bund.de; vgl. zum Streik an den Unikliniken auch die Meldungen „*Frankfurter Allgemeine Zeitung*" v. 12.9.2005 und „*Die Zeit*" v. 22.9.2005; Zur Tarifeinheit im Betrieb siehe S. 168 ff.

[65] Informationen abrufbar unter www.ufo-online.com

gewerkschaft. Allerdings beschäftigt sie nur sechs Arbeitnehmer in Teilzeit. Dennoch wird der Verband der Flugbegleiter nach der Auffassung des Hessischen Landesarbeitsgerichts und des Bundesarbeitsgerichts allen von der Rechtsprechung aufgestellten Anforderungen zur Bestimmung der Gewerkschaftseigenschaft gerecht.[66]

bb) Vereinigung Cockpit

Die Vereinigung Cockpit ist der Verband der Verkehrsflugzeugführer und Flugingenieure in Deutschland. Seit ihrer Gründung am 11. März 1969 kann sie einen stetigen Mitgliederzuwachs verzeichnen. Mitte 1995 vertrat sie die Interessen von 4 300, Anfang 2004 schon 7 300 und heute von rund 8 200 Cockpitbesatzungsmitgliedern aller deutschen Airlines, was bei rund 9 000 Berufspiloten einen enorm hohen Organisationsgrad darstellt.[67]

Die wesentlichen Ziele der Vereinigung Cockpit sind die Mitwirkung am Wohl der Zivilluftfahrt sowie die Wahrung und Verfolgung der berufs- und tarifpolitischen Interessen ihrer Mitglieder. Dies erreichen sie in erster Linie durch Einwirkung auf die Gesetzgebung, Abschluss von Tarifverträgen, Mitbestimmung bei der Gestaltung der Gehalts- und übrigen Arbeitsbedingungen sowie Information der Öffentlichkeit über die berufspolitische, sozialpolitische und wirtschaftliche Lage der Cockpitbesatzungen. Dass sich die Vereinigung Cockpit selbst als eigenständige Gewerkschaft wahrnimmt, wird auch dadurch deutlich, dass sie für die Vorbereitung und Durchführung von Tarifverhandlungen und zur Beratung über den Abschluss und die Kündigung von Tarifverträgen für das Cockpitpersonal Tarifkommissionen bildet. Seit dem Jahr 2001 schließt die Vereinigung Cockpit auch eigene Tarifverträge ab. Ihre Schlagkraft zieht die Vereinigung Cockpit aber nicht nur aus ihrem hohen Organisationsgrad, sondern insbesondere daraus, dass es sich bei ihren organisierten Mitgliedern um Schlüsselkräfte handelt, die im Falle eines Arbeitskampfes erheblichen Druck auf die Fluggesellschaften ausüben können.[68]

cc) Gewerkschaft der Flugsicherung

Bis 1992 wurde die flächendeckende zivile Flugsicherung in Deutschland von einer Bundesbehörde, der Bundesanstalt für Flugsicherung, durchgeführt. Als Beamte hatten die Mitglieder des Verbandes Deutscher Flugleiter zwar schon 40 Jahre lang einen einflussreichen Berufsverband, jedoch keine gewerk-

---

[66] LAG Frankfurt v. 8.8.2003, <12 TaBV 138/01> (in Auszügen = AuR 04, 478); BAG v. 14.12.2004, AP Nr. 1 zu § 2 TVG Tariffähigkeit.

[67] Zu den Zahlenangaben vgl. *Niedenhoff/Pege* S. 426; *Löwisch/Rieble* § 2 TVG Rn 38; Informationen abrufbar unter www.vcockpit.de.

[68] Vgl. *Löwisch/Rieble* § 2 TVG Rn 38; Informationen abrufbar unter www.vcockpit.de.

schaftliche Vertretung.[69] Ähnliches gilt für die Mitglieder des ehemaligen Verbands Deutscher Flugsicherungstechniker und -ingenieure. Weil beide Verbände zuvor keinerlei tarifpolitische Erfahrungen sammeln konnten, vereinbarten sie nach der Privatisierung der deutschen Flugsicherung einen Kooperationsvertrag mit der Deutschen Angestellten Gewerkschaft. In den Jahren 2001 und 2002 wurde es zunehmend schwieriger, gegenüber der Deutschen Angestellten Gewerkschaft die berufsspezifischen Anliegen der Flugleiter, -sicherungstechniker und -ingenieure in der Tarifpolitik zu vermitteln und durchzusetzen. Dies führte mehrfach zu Spannungen.

Aus dieser Situation heraus entstand unter den Mitgliedern der Verbände erstmals eine breit gestreute Unzufriedenheit mit der tarifpolitischen Vertretung, die durch den Prozess der Fusion der anderen Koalitionen zur Vereinten Dienstleistungsgewerkschaft noch verstärkt wurde. Die Verschmelzung machte es aus redaktionellen Gründen und solchen der Rechtssicherheit aber auch notwendig, die bestehenden Kooperationsverträge neu zu verhandeln. Da die Verhandlungen nicht zu den gewünschten Ergebnissen führten, wurden die Kooperationsverträge von beiden Seiten Ende 2003 gekündigt.[70]

Am 19. September 2003 wurde die Gewerkschaft der Flugsicherung als Nachfolgerin der beiden Verbände gegründet. Anfang 2004 hatte sie etwa 1700 im Berufsleben stehende Mitglieder und ein monatliches Beitragsaufkommen von circa 120 000,- €. Seitdem schloss die Gewerkschaft der Flugsicherung mehrere Tarifverträge – beispielsweise einen Vergütungstarifvertrag mit der Deutschen Flugsicherungs GmbH vom 19. November 2004 – ab. Bemerkenswert ist, dass sämtliche von ihr abgeschlossenen Tarifverträge unter dem Vorbehalt der rechtlichen Klärung der Tariffähigkeit der Gewerkschaft der Flugsicherung stehen. Die Bezeichnung der Vereinbarung als Tarifvertrag stellt zwar kein Präjudiz dar, trotzdem verpflichtet sich die Deutsche Flugsicherungs GmbH nach den Grundsätzen der Tarifpluralität die Vereinbarung in ihrem Unternehmen anzuwenden.[71]

Das Landesarbeitsgericht Rheinland-Pfalz untersagte der Gewerkschaft der Flugsicherung in einem einstweiligen Verfügungsverfahren, Arbeitskampfmaßnahmen in den Betrieben der Deutschen Flugsicherungs GmbH durchzuführen. Es begründete seine Entscheidung über die fehlende Gewerkschaftseigenschaft mit mangelnder organisatorischer Gegnerunabhängigkeit.[72]

---

[69] Vgl. BVerwG v. 16.11.1978, BVerwGE 63, 158: Beamte der Bundesanstalt für Flugsicherung müssen bei Ergreifen von Arbeitskampfmaßnahmen („Dienst nach Vorschrift") wegen Art. 33 Abs. 5 GG, § 54 BBG mit Disziplinarmaßnahmen rechnen.

[70] Informationen abrufbar unter www.gdf.de

[71] Vgl. statt aller Präambel des Vergütungstarifvertrages zwischen DFS GmbH und GdF v. 19.11.2004.

[72] LAG Mainz v. 22.6.2004, AP Nr. 169 zu Art. 9 GG.

Sollte ein Gericht in einem Hauptsacheverfahren zu demselben Ergebnis kommen, würde die Gewerkschaft der Flugsicherung ihren Status als tariffähige Gewerkschaft und die von ihr geschlossenen Tarifverträge ihren normativen Charakter verlieren.

c) Verband der Vertragsfußballspieler

1987 wurde der Verband der Vertragsfußballspieler gegründet. Mit dem Satzungsänderungsbeschluss der Mitgliederversammlung vom 14. Mai 2001 wurde der Grundstein für die Transformation von einem bloßen Interessenverband hin zu einer tariffähigen Gewerkschaft gelegt. Heute hat er in etwa 1000 Mitglieder, darunter sind 70 % der Spieler der Vereine aus der ersten und 50 % der Spieler der Vereine aus der zweiten Bundesliga sowie 80 % der Nationalspieler.[73]

Aufgabe und Zweck des Verbands der Vertragsfußballspieler sind die Wahrung und Förderung der wirtschaftlichen, sozialen, beruflichen und kulturellen Interessen ihrer Mitglieder sowie des Fußballsports im Allgemeinen. Dies versucht der Verband durch die Mitbestimmung bei der Gestaltung der Gehalts- und übrigen Arbeitsbedingungen, insbesondere durch den Abschluss von Tarifverträgen unter Anwendung aller gewerkschaftlichen Mittel, zu erreichen. Außerdem bemüht er sich, auf die Gesetzgebung und die Statuten der internationalen und nationalen Fußballverbände einzuwirken. Er setzt sich für eine Demokratisierung des Fußballsports durch das Erringen und Sichern des Mitbestimmungsrechtes der Fußballspieler im Betrieb und Unternehmen ein. Darüber hinaus strebt er die Verbesserung der Gesundheitsvorsorge und der Maßnahmen der Arbeitssicherheit zum stärkeren Schutz der Spieler sowie die Verbesserung des Versicherungsschutzes und der Altersvorsorge an.[74]

Es scheint, als würde die Fußballspielergewerkschaft allen Anforderungen, die an die Tariffähigkeit einer Gewerkschaft gestellt werden, gerecht.[75] Insofern ist davon auszugehen, dass das Tarifvertragsrecht in Zukunft auch im Profisport an Bedeutung gewinnen wird.[76]

---

[73] Vgl. *Pröpper* NZA 01, 1346 (1346); *Löwisch/Rieble* § 2 TVG Rn 38; Informationen abrufbar unter www.spielergewerkschaft.de.

[74] Vgl. § 2 der Satzung des VDV unter www.spielergewerkschaft.de.

[75] Vgl. zu den Einzelheiten *Pröpper* NZA 01, 1346 (1347 ff.).

[76] Anders noch MüArbR/*Gitter* § 202 Rn 94, der auch auf den Verband der Eishockeyspieler (VdE), dem 60 % aller deutschen professionellen Eishockeyspieler angehören, verweist.

III. Divergierende Interessenvertretung durch die kleinen Verbände

Trotz der Mitgliederverluste innerhalb der letzten 15 Jahre zählen die Mitgliedsverbände des Deutschen Gewerkschaftsbundes immer noch zu den weltweit größten Einzelgewerkschaften. Der voran stehende Überblick hat aber auch gezeigt, dass es daneben eine Vielzahl kleiner Verbände gibt. Auffällig ist, dass gerade im Zuge der Verschmelzung der etablierten Gewerkschaften, womit sie hofften, ihren Mitgliederverlust kompensieren und ihre Krise abwenden zu können, viele neue Gewerkschaften gegründet und alte Tarifkooperationen gekündigt wurden, weil sich Mitglieder nicht mehr ausreichend repräsentiert fühlten.

Während die bekannten Gewerkschaften als verlässliche Sozialpartner mit verantwortlich für ein funktionierendes stabiles Tarifsystem sind, sind viele neue potentielle „Mitspieler" des Tarifsystems gegründet worden. Daher stellt sich zunächst rein tatsächlich das Problem, ob die Teilhabe kleiner Gewerkschaften an der Tarifautonomie wünschenswert und für das Tarifsystem förderlich ist. Dies wäre nur dann der Fall, wenn sie Ideen entwickeln und vertreten, welche von den Vorstellungen der anerkannten Gewerkschaften abweichen und sich nicht in Gefälligkeiten für die sozialen Gegner erschöpfen, sondern als echte Interessenvertretung der Arbeitnehmer anzusehen sind. Werden die Ideen der neuen und kleinen Gewerkschaften ohnehin repräsentiert oder widersprechen sie dem in Art. 9 Abs. 3 GG niedergelegten Zweck, die Arbeits- und Wirtschaftsbedingungen der Arbeitnehmer zu fördern, wäre es verfehlt, einen rechtlichen Ansatz zu finden, der die Teilhabe kleiner Gewerkschaften an der Tarifautonomie fördert. Wie diffizil und facettenreich die Antwort auf die Frage ist, welche Ideen die Interessen der Arbeitnehmer am besten repräsentieren, soll anhand dreier Beispiele gezeigt werden.

1. Geltendmachen gruppenegoistischer Interessen

Die berufsständisch organisierten Verbände vertreten regelmäßig ausschließlich Arbeitnehmer in Schlüsselpositionen, die über besondere Qualifikationen verfügen und nur schwer zu ersetzen sind. So sind es Ärzte oder Piloten, die in eigenen Verbänden organisiert sind. Gerade Vertreter dieser Spezialverbände fordern in Tarifrunden gruppenegoistisch motivierte Lohnerhöhungen, die weit über diejenigen hinausgehen, die von den etablierten

Gewerkschaften für die einzelnen Arbeitnehmergruppen geltend gemacht werden.[77]

Die Durchsetzungsfähigkeit der Großgewerkschaften wird so in mehrfacher Hinsicht geschwächt. Erstens schwächt die Existenz der Berufsverbände die Durchschlagskraft der anerkannten Gewerkschaften, weil sie zahlungskräftige Mitglieder verlieren und die Arbeitnehmer entgegen dem Ziel der Einheitsgewerkschaft nicht mehr geschlossen hinter einem Verband stehen.

Zweitens verlieren die Großgewerkschaften Mitglieder in Schlüsselpositionen an die Nischenverbände, mit deren Hilfe im Falle eines Arbeitskampfes besonderer Druck auf den Gegenspieler ausgeübt werden kann, da der Ausfall nicht zu ersetzender Fachkräfte den Arbeitgeber am härtesten trifft. Da die Großgewerkschaften deshalb weniger Druck auf das Arbeitgeberlager ausüben können, müssen sie vermehrt Zugeständnisse machen.

Zweitens wird die Verhandlungsposition der Großgewerkschaften geschwächt, wenn sich ein Berufsverband mit einer hohen Gehaltssteigerung durchsetzen konnte, weil nun weniger Geld für eine Lohnerhöhung der restlichen Arbeitnehmer eines Betriebes übrig bleibt. Das Geld, was beispielsweise die Ärzte zusätzlich erhalten, fehlt für eine Lohnerhöhung der Krankenschwestern.[78] Die Großgewerkschaften können daher nach einer gruppenegoistischen Lohnsteigerung durch die Berufsverbände von vornherein nur geringere Lohnerhöhungen durchsetzen.

Unter dem Gesichtspunkt der Solidarität erscheint die Teilhabe der spezialisierten Nischenverbände an der Tarifautonomie daher alles andere als wünschenswert. Andererseits kann man es niemandem verdenken, wenn bestimmte Arbeitnehmergruppen versuchen, für sich das größtmögliche „Stück vom Kuchen" abzuschneiden. Als Unternehmer in eigener Sache befolgen sie allein die Regeln einer freien und kapitalistischen Wirtschaft. Aus Sicht der Schlüsselkräfte besteht daher durchaus das Bedürfnis an hohen Lohnabschlüsse zu ihren Gunsten und an einer standesgemäßen Vertretung. Daher vertreten der Marburger Bund oder die Vereinigung Cockpit Interessen, welche die Vereinte Dienstleistungsgewerkschaft so nicht vertritt und nicht vertreten kann.

---

[77] *Bayreuther* BB 05, 2633 (2640): Im Pilotenstreik bei der Lufthansa AG im Jahr 2002 verlangte die Vereinigung Cockpit eine Gehaltssteigerung von 35 %, im Ärztestreik des Jahres 2006 verlangt der Marburger Bund eine Gehaltssteigerung von 30 % für die angestellten Klinikärzte; in den laufenden Tarifauseinandersetzungen zwischen der Gewerkschaft Deutscher Lokomotivführer mit der Deutschen Bahn fordert die Gewerkschaft Lohnzuwächse bis zu 31 %.

[78] Vgl. auch *Bayreuther* BB 05, 2633 (2641).

2. Tarifabschlüsse der Zeitarbeitsbranche

Nachdem die Tarifgemeinschaft Christlicher Gewerkschaften Zeitarbeit und Personalserviceagenturen am 24. Februar 2003 mit der Interessengemeinschaft Nordbayerischer Zeitarbeitunternehmen ein bundesweit gültiges Tarifvertragswerk bestehend aus Manteltarifvertrag, Entgeltrahmentarifvertrag und Entgelttarifverträgen für West- und Ostdeutschland vereinbart hatte, geißelte der Deutsche Gewerkschaftsbund, der seine eigenen Verhandlungen mit den Verbänden der Zeitarbeitsbranche durchkreuzt sah, den Tarifabschluss als „Gefälligkeitstarifvertrag", „schmuddelige Billignummer" und „Hinterzimmerabschluss mit fragwürdigen Vereinen". Nach Meinung des Deutschen Gewerkschaftsbundes sei ein derartiger „Wildwuchs" innerhalb des Tarifvertragssystems unerwünscht. Er kündigte den Widerstand seiner Betriebsratsmitglieder in den Entleiherbetrieben gegen den Einsatz von Leiharbeitnehmern an, wenn diese bei einem Verleiher beschäftigt sind, der den „christlichen" Tarifvertrag anwendet. Er gehe außerdem davon aus, dass die Bundesregierung bei der Neuregelung des Arbeitnehmerüberlassungsgesetzes eine solche Entwicklung nicht bedacht habe und deshalb gegen ein solches „Tarifwirrwarr" vorgehen werde.[79]

Die Äußerungen zeigen, wie empfindlich der Deutsche Gewerkschaftsbund auf andere Gewerkschaften und ihre Tarifabschlüsse reagiert, wenn sie geeignet sind, den Alleinvertretungsanspruch der Arbeitnehmerschaft durch den Deutschen Gewerkschaftsbund in Frage zu stellen. Interessanterweise ähneln sich beide Tarifverträge in vielen Punkten. Erst auf Grund dieses Tarifabschlusses und der anhaltend schlechten Arbeitsmarktsituation hat sich der Deutsche Gewerkschaftsbund im Laufe der Tarifverhandlungen von seinem lange vertretenen Grundsatz „gleicher Lohn für gleiche Arbeit" verabschiedet.[80]

Auch bei den Tarifabschlüssen der Zeitarbeitsbranche lässt sich trefflich streiten, ob das Eingreifen der christlichen Gewerkschaften in die Tarifverhandlungen für die Vertretung der Arbeitnehmerinteressen förderlich war. Für jeden betroffenen Leiharbeitnehmer, der nun wegen der tariflichen Abweichung des *equal pay* zu seinen Lasten monatlich weniger in der Lohntüte hat, sind die Tarifabschlüsse kein Erfolg. Jeder Arbeitslose, der dank der niedrigeren Gehälter einen Arbeitsplatz findet, wird dies anders bewerten. Zwar gibt es – soweit ersichtlich – noch keine Evaluierung darüber, ob die Aufgabe des Grundsatzes „gleicher Lohn für gleiche Arbeit"

---

[79] *Ankersen* NZA 03, 421 (422 f.); Meldung aus „*Handelsblatt*" v. 26.2.2003; vgl. zu den seit der Reform des AÜG vereinbarten Tarifverträgen auch die Übersicht bei *Martin* AuR 04, 247 (249); Zum speziellen Problematik innerhalb des Arbeitnehmerüberlassungsgesetzes siehe S. 92 ff.

[80] *Martin* AuR 04, 247 (248).

tatsächlich zu mehr Neueinstellungen geführt hat, dennoch war es das erklärte gesetzgeberische Ziel, den Tarifvertragsparteien eine flexible Gestaltung der Arbeitsbedingungen zu ermöglichen.[81] Neben der in der Gesetzesbegründung ausdrücklich genannten Möglichkeit der Pauschalisierung des Arbeitsentgelts, um die Leistungen für Zeiten des Verleihs und des Nichtverleihs in einem Konzept zu regeln, kann auch das Absenken des Lohnniveaus der Leiharbeitsbranche ein mögliches Element der Flexibilisierung der Arbeitsbedingungen sein. Ob der Gesetzgeber das Vorgehen der christlichen Gewerkschaften im Blick hatte, als er das Arbeitnehmerüberlassungsgesetz reformierte, kann dahinstehen,[82] da die christlichen Gewerkschaften jedenfalls eine von den Vorstellungen des Deutschen Gewerkschaftsbundes abweichende Ansicht vertreten, so dass ihre Teilhabe am Tarifsystem grundsätzlich eine Bereicherung ist.

3. Abgesenkter Einstiegstarif für Langzeitarbeitslose

Das Reformtarifwerk *Phoenix*, welches die Christliche Gewerkschaft Metall und der Arbeitgeberverband Ostmetall im Jahre 1998 vereinbarten, sieht in seinem Manteltarif für die Arbeitnehmer ein abgesenktes Einstiegsgehalt für Langzeitarbeitslose vor. § 4 Ziffer 3 *Phoenix* Manteltarifvertrag für die Arbeitnehmer legt fest, dass für Arbeitnehmer, die entweder vor der Einstellung neun Monate ohne Beschäftigung waren oder in den 24 Monaten vor der Einstellung zwölf Monate oder länger in keinem Arbeitsverhältnis gestanden haben, das Grundgehalt im ersten Beschäftigungsjahr 90 % der im Betrieb geltenden Tarifsätze beträgt.

Während man auch hier missbilligen kann, dass für dieselbe Arbeit nicht derselbe Lohn gezahlt wird, muss man gleichzeitig anerkennen, dass wenigstens der Versuch unternommen wird, Arbeitgebern das Einstellen von Langzeitarbeitslosen „schmackhaft" zu machen. Neben dieser unkonventionellen Bestimmung zur Entlohnung eingestellter Langzeitarbeitslosen enthält das Tarifvertragswerk *Phoenix* innovative Bestimmungen zu Arbeitszeitkonten und Mitarbeiterbeteiligungen an Unternehmensgewinnen sowie eine Schlichtungsordnung. Selbst wenn solche Ideen anderen Tarifverträgen beispielsweise aus der Chemiebranche oder dem Ausland entlehnt sind, rechtfertigen die von dem Vorgehen der Industriegewerkschaft Metall abweichenden Regelungen das Mitwirken der Christlichen Gewerkschaft Metal im Tarifgeschehen.

---

[81] BT – Drucks 15/25, S. 38.

[82] Anders als vom DGB gefordert, hat der Gesetzgeber allerdings weder das „Tarifwirrwarr" beendet, noch die Neuregelung des Arbeitnehmerüberlassungsgesetzes korrigiert.

IV. Fazit

Die Beispiele verdeutlichen, dass die von den kleinen Gewerkschaften repräsentierten Vorstellungen von denen der etablierten Gewerkschaften teilweise erheblich abweichen und sich nicht als reine Gefälligkeiten für die Arbeitgeber darstellen. Also kann die Teilhabe der kleinen Verbände an der Tarifautonomie nicht von vornherein als nicht wünschenswert und für das Tarifsystem nicht förderlich abgelehnt werden.

Im Laufe der Jahrzehnte hat die Rechtsprechung in zahlreichen Entscheidungen aber Grundsätze herausgebildet, welche in erster Linie die Ordnung und die Funktion des Tarifsystems garantieren. Die Vorzüge der Stabilität der Tarifautonomie gehen indessen zu Lasten der kleinen Gewerkschaften und ihrer Mitglieder. Ziel dieser Arbeit ist, eine rechtliche Möglichkeit aufzuzeigen, die weder die Stabilität des Tarifsystems gefährden, noch die Interessen der Arbeitnehmer in Vergessenheit geraten lässt und zugleich die stärkere Teilhabe kleinerer Verbände an der Tarifautonomie ermöglicht, um den Koalitionspluralismus und den damit einhergehenden Wettstreit um die erfolgreichste sozialpolitische, gesellschafts- und gemeinnützige Interessenvertretung der Arbeitnehmerschaft zu stärken. Pointiert lässt sich der *casus belli* der Bearbeitung daher mit der Frage umreißen, ob alle Auffassungen abzulehnen sind, die das Leitbild von Pluralismus und Wettbewerb auf die Koalitionsfreiheit übertragen,[83] oder ob die Funktionsfähigkeit der Tarifautonomie vielmehr nach einer Förderung von Konkurrenz anstelle des Schutzes der Gewerkschaften vor Konkurrenz verlangt.[84]

---

[83] So *Zachert* AuR 86, 321 (324).

[84] So *Reuter* JuS 92, 105 (110).

C. Der Gewerkschaftsbegriff nach der Mächtigkeitslehre

Der Terminus „*Gewerkschaft*“ wird in zahlreichen Vorschriften der verschiedensten arbeits- und sozialrechtlichen Gesetze verwendet. Alle Vorschriften haben eins gemeinsam: Sie setzen den Gewerkschaftsbegriff voraus. Trotz der Bedeutung der Gewerkschaften für das gesamte gesellschaftliche Leben im Allgemeinen und das Arbeits- und Wirtschaftsrecht im Besonderen definiert keine der genannten Normen die rechtlichen Voraussetzungen einer Gewerkschaft. Bei der großen Bedeutung, die den Gewerkschaften zukommt, kann jedoch nicht jede beliebige Vereinigung als Gewerkschaft anerkannt werden. Vielmehr müssen eine Reihe von Voraussetzungen erfüllt werden, die zwar nirgends normiert sind, die sich aber aus der historischen Entwicklung sowie Sinn und Zweck der Gewerkschaftsbewegung ergeben. Folglich hat die Rechtsprechung im Laufe der Jahre einen Kriterienkatalog festgelegt, dem eine Arbeitnehmervereinigung gerecht werden muss, um als Gewerkschaft agieren zu können.[85] Obwohl Arbeitnehmerorganisationen bereits vor der Ausarbeitung dieses Kriterienkatalogs existierten und unterstellt werden kann, dass bestehende Organisationsformen durch die später verfassten Vorschriften und die Rechtsprechung normativ sowie richterlich anerkannt werden sollten, hat die Rechtsprechung weit mehr hergeleitet als einen deskriptiven Begriff der bereits bestehenden Arbeitnehmerverbände. Ganz im Gegenteil hat die juristische Konkretisierung des Gewerkschaftsbegriffs die tatsächlichen Strukturen der Verbände wesentlich geprägt.[86]

I. Koalition

Gewerkschaften können nur Koalitionen im Sinne von Art. 9 Abs. 3 GG sein. Zunächst muss eine Gewerkschaft daher alle Merkmale des Koalitionsbegriffs erfüllen. Dabei handelte es sich bei dem Begriff „*Koalition*“, der eine Ableitung des lateinischen Verbs „*coalescere*“, was sich mit „*sich vereinigen*“ oder „*zusammenwachsen*“ übersetzen lässt, ist, ursprünglich nicht um eine rein rechtswissenschaftliche Formulierung. Zunächst handelte es sich dem

[85] Statt aller Entscheidungen: BVerfG v. 20.10.1981, BVerfGE 58, 233 (246 ff.); BAG v. 9.7.1968, AP Nr. 25 zu § 2 TVG; BAG v. 15.3.1977, AP Nr. 24 zu Art. 9 GG; BAG v. 6.6.2000 AP Nr. 55 zu § 2 TVG; BAG v. 14.12.2004, AP Nr. 1 zu § 2 TVG Tariffähigkeit; BAG v. 28.3.2006, AP Nr. 4 zu § 2 TVG Tariffähigkeit; LAG Berlin v. 21.6.1996, AP Nr. 48 zu § 2 TVG; LAG Stuttgart v. 1.10.2004, NZA-RR 05, 85.

[86] *Kempen* in FS 50 Jahre BAG, S. 733 (739).

Wortsinn nach nur um einen chemischen Terminus. Dann wurde der Begriff auf internationale Beziehungen übertragen. So bezeichnet man ein zweckgerichtetes Bündnis unabhängiger Staaten gegen jemanden oder etwas – besonders zur gemeinsamen Kriegsführung – als Koalition. Erst später wurde es üblich, ein Regierungsbündnis selbständiger Parteien, das gebildet wird, um gemeinsam eine parlamentarische Mehrheit zu erreichen, als Koalition zu bezeichnen.[87] Letztlich versteht man demnach unter einer Koalition eine Vereinigung zweier oder mehrerer Elemente, Staaten, Parteien, Ideen, Gruppierungen oder schlicht Menschen. Ausweislich der Etymologie des Koalitionsbegriffs und des Wortlauts von Art. 9 Abs. 3 S. 1 GG handelt es sich daher auch bei einer arbeitsrechtlichen Koalition um einen Verein im Sinne von Art. 9 Abs. 1 GG. Somit lässt sich zur Bestimmung des Koalitionsbegriffs auf die Legaldefinition des § 2 Abs. 1 VereinsG zurückgreifen.[88]

Gemäß § 2 Abs. 1 VereinsG ist ohne Rücksicht auf die Rechtsform jede Vereinigung, zu der sich eine Mehrheit natürlicher oder juristischer Personen für längere Zeit zu einem gemeinsamen Zweck freiwillig zusammengeschlossen und einer organisierten Willensbildung unterworfen hat, ein Verein. Mithin stellen freiwilliger Zusammenschluss, Dauerhaftigkeit, organisierte Willensbildung und gemeinsamer Zweck erste Kriterien für die Bestimmung des Koalitionsbegriffs dar, die von Rechtsprechung und Lehre seit langem nahezu einhellig zur Begriffsbestimmung herangezogen werden.[89] Die weiteren Voraussetzungen der Gegnerunabhängigkeit, Unabhängigkeit von Dritten und Überbetrieblichkeit folgen nicht unmittelbar aus dem Gesetzeswortlaut, sondern ergeben sich aus der besonderen Zwecksetzung der arbeitsrechtlichen Vereinigung.[90]

Sowohl diejenigen Kriterien, die sich unmittelbar aus § 2 Abs. 1 VereinsG ergeben, als auch diejenigen, die sich der besonderen grundrechtlichen Zwecksetzung entnehmen lassen, können grundsätzlich entweder dem Legitimationsinteresse der Verbandsmitglieder oder dem Staatsinteresse an einem gerechten Interessenausgleich der sozialen Kräfte des Arbeits- und

---

[87] *Kluge/Seebold* „Koalition".

[88] *Löwisch/Rieble* § 2 TVG Rn 9; MüArbR/*Löwisch/Rieble* § 243 Rn 47; *Preis* § 82 I.; *Zöllner/Loritz* § 8 III. 2.

[89] Statt aller: BVerfG v. 6.5.1964, BVerfGE 18, 18 (25 ff.); BVerfG v. 20.10.1981, BVerfGE 58, 233 (246 ff.); BAG v. 15.11.1963, AP Nr. 14 zu § 2 TVG; BAG v. 9.7.1968, AP Nr. 25 zu § 2 TVG; BAG v. 15.3.1977, AP Nr. 24 zu Art. 9 GG; BAG v. 6.6.2000 AP Nr. 55 zu § 2 TVG; BAG v. 14.12.2004, AP Nr. 1 zu § 2 TVG Tariffähigkeit; BAG v. 28.3.2006, AP Nr. 4 zu § 2 TVG Tariffähigkeit; LAG Berlin v. 21.6.1996, AP Nr. 48 zu § 2 TVG; LAG Stuttgart v. 1.10.2004, NZA-RR 05, 85; *Brox/Rüthers/Henssler* Rn 650 ff.; *Däubler* Rn 48; *Hueck/Nipperdey* § 6; *Löwisch/Rieble* § 2 TVG Rn 8 ff.; *Preis* § 82; *Zöllner/Loritz* § 8 III.

[90] Vgl. *Löwisch/Rieble* Überschrift zu § 2 TVG Rn 15 ff.

Wirtschaftslebens zugeordnet werden.[91] Aufbauend auf diese Grundüberlegung bedeutet dies für die einzelnen Kriterien:

1. Freiwilliger Zusammenschluss

Durch den Beitritt zu einer Koalition gibt das einzelne Mitglied das Recht, seine Arbeits- und Wirtschaftsbedingungen selbst zu definieren, aus der Hand. Da das Aushandeln der eigenen Arbeitsbedingungen eine spezielle Ausprägung der individuellen Selbstbestimmung ist, darf in dieses Freiheitsrecht nicht im Wege einer zwangsweisen Vereinigung eingegriffen werden, sondern muss durch die freiwillige Entscheidung jedes Betroffenen legitimiert werden. Öffentlich-rechtliche Zwangsverbände – insbesondere Wirtschafts- und Handelskammern – sind demnach keine Koalitionen gemäß Art. 9 Abs. 3 Satz 1 GG. Sie können nur durch staatliche Verleihung Tariffähigkeit erlangen, wie §§ 54 Abs. 3 Nr. 1, 82 S. 2 Nr. 3, 85 Ans. 2 HandwO zeigen.[92]

2. Dauerhaftigkeit

Bei der Anerkennung spontan gegründeter „Ad-hoc-Koalitionen" bestünde die Gefahr, dass die eingeräumte Autonomie und Normsetzungsbefugnis nicht sinnvoll ausgeübt, geschädigte Dritte auf keine Haftungsmasse zurückgreifen oder wilde Streiks nicht mehr für rechtswidrig erklärt werden könnten. Die Staatsräson gebietet daher, keine Koalitionen zuzulassen, die keine Gewähr für die Einhaltung der Regeln des kollektiven Arbeitsrechts geben können. Weil die Vereinigung ein gewisses Maß an zeitlicher und organisatorischer Stabilität gewährleisten muss, muss der Zusammenschluss der Arbeitnehmer infolgedessen für einen längeren Zeitraum bestehen.[93]

3. Organisierte Willensbildung

Arbeitsrechtliche Verbände bedürfen keiner bestimmten Rechtsform. Die Verbände müssen nicht einmal rechtsfähig sein. Voraussetzung ist lediglich die Möglichkeit einer organisierten Gesamtwillensbildung, in der die Mitglieder ihre Meinung und Interessen zum Ausdruck bringen können. Deshalb sind Arbeitnehmerverbände als rechtsfähige Vereine gemäß §§ 21,

---

[91] *Löwisch* ZfA 70, 295 ff; vgl. auch *Lieb/Jacobs* Rn 556.

[92] Däubler/*Däubler* Einleitung TVG Rn 87; *Löwisch* ZfA 70, 295 (304); *Löwisch/Rieble* § 2 TVG Rn 13; *Preis* § 82 I. Nr. 1; Staudinger/*Richardi* Vorb. § 611 BGB Rn 563 ff.; *Zöllner/Loritz* § 8 III. 4.

[93] *Brox/Rüthers/Henssler* Rn 652; *Löwisch* ZfA 70, 295 (311); *Preis* § 82 I. 2; a.A. Däubler/*Däubler* Einleitung TVG Rn 94.

22 BGB oder aus historischen Gründen in der Regel als nicht rechtsfähige Vereine gemäß § 54 BGB körperschaftlich organisiert. Diese körperschaftliche Struktur kommt auch dem Charakteristikum der Dauerhaftigkeit entgegen, da der Bestand des Verbandes so unabhängig von Zahl und Wechsel seiner Mitglieder ist.[94]

4. Gemeinsamer Zweck

Der von § 2 Abs. 1 VereinsG geforderte gemeinsame Zweck wird einer Koalition von Art. 9 Abs. 3 Satz 1 GG gesetzlich vorgeschrieben. Zweck des Bündnisses muss danach die Wahrung und Förderung der Arbeits- und Wirtschaftsbedingungen sein. In diesem grundrechtlich festgelegten Zweck liegt der Hauptunterschied zur allgemeinen Vereinsfreiheit nach Art. 9 Abs. 1 GG. Dieser im Interesse des Freiheitsrechts weit auszulegende Zweck muss das Hauptziel der Union sein. Die Verfolgung weiterer Interessen ist dann unproblematisch, wenn mit Ihnen lediglich Nebenziele verfolgt werden.[95]

Mit Arbeitsbedingungen sind alle Umstände gemeint, unter denen abhängige Arbeit geleistet wird. Hierunter fallen besonders Regelungen des Inhalts sowie der Begründung und Beendigung von Arbeitsverhältnissen (zum Beispiel: Arbeitszeit, Arbeitsentgelt, Arbeitsschutz und Unkündbarkeit). Unter Wirtschaftsbedingungen sind alle Faktoren zu verstehen, die neben einem direkten Bezug zu diesen Arbeitsbedingungen eine wirtschafts- und sozialpolitische Komponente aufweisen (zum Beispiel: Beschäftigungsgarantien, Bekämpfung der Arbeitslosigkeit).[96]

Dabei kann die Formel „Arbeits- und Wirtschaftsbedingungen“ nur als einheitliches und unteilbares Begriffspaar verstanden werden. Die Erwähnung der Wirtschaftsbedingungen trägt lediglich dem Umstand Rechnung, dass eine lupenreine Trennung zwischen dem betrieblichen und unternehmerischen Bereich unmöglich ist, weil die Ausgestaltung der meisten Arbeitsbedingungen für den Arbeitgeber gleichzeitig unternehmerische Entscheidungen darstellen. Rein unternehmerische Ziele darf die Koalition demnach nicht verfolgen.[97]

Die Wahrung und Förderung der Arbeits- und damit korrespondierenden Wirtschaftsbedingungen bedeutet, dass die Koalition zum Ziel haben muss, Bedingungen zu gestalten und zu erkämpfen, sowie erlangte Positionen zu

---

[94] *Preis* § 82 I. Nr. 3; *Zöllner/Loritz* § 8 III. 2.

[95] *Brox/Rüthers/Henssler* Rn 653; *Preis* § 82 I. 1.; Wiedemann/*Oetker* § 2 TVG Rn 363.

[96] *Preis* § 82 II. 2.

[97] *H. Hanau* Anm. zu BAG AP Nr. 1 zu § 3 TVG Betriebsnormen; *Söllner* NZA 96, 897 (898); *Waltermann* NZA 91, 754 (757).

verteidigen und durchzusetzen.[98] Typischerweise fällt unter diese Zweckverfolgung das Gewähren von Rechtsschutz und Rechtshilfe, Förderung und Abschluss von Kollektivvereinbarungen sowie die Vertretung ihrer Mitglieder in der sozialen Selbstverwaltung und im öffentlichen Leben.[99] Letztlich liegt es sowohl im Interesse der Mitglieder als auch im Interesse des Staates, dass deutlich erkennbar ist, welche Ziele die Koalition mit welchen Mitteln zu erreichen gedenkt, damit sich alle Beteiligten ein substantiiertes Bild von den Verbandsinteressen machen können.

5. Gegnerunabhängigkeit

Die verschiedenen Interessen des Arbeits- und Wirtschaftslebens werden größtenteils durch Verhandlungen mit der Gegenseite festgelegt. Dementsprechend wäre die Vertretung der verbandseigenen und der Mitgliederinteressen unmöglich, wenn die Gegenseite als Mitglied oder durch Weisungen den Verhandlungspartner lenken könnte. Zu gerechten Ergebnissen kann man nur gelangen, wenn beide Parteien personell, finanziell und organisatorisch unabhängig voneinander agieren und beide Parteien über ihre eigene Organisation und ihre Willensbildung selbst entscheiden können. Dabei lässt sich das Prinzip der Gegnerunabhängigkeit nicht vollständig realisieren, so dass nicht jegliche Beeinträchtigung der Unabhängigkeit die Gewerkschaftseigenschaft ausschließt. Würden an die Gegnerunabhängigkeit überspannte Anforderungen gestellt, bestünde die Gefahr einer Aushöhlung der Koalitionsfreiheit. Somit bedeutet Gegnerunabhängigkeit nicht Gegnerfreiheit. Eine absolute Gegnerreinheit kann nicht verlangt werden. Deshalb können einzelne Personen, die gleichzeitig die Arbeitgeberseite repräsentieren, gleichwohl Mitglied einer Arbeitnehmervereinigung sein, ohne deren Koalitionsstatus zu gefährden. Die Unabhängigkeit ist vielmehr erst dann bedroht, wenn die Vereinigung strukturell vom sozialen Gegenspieler abhängig ist.[100]

Deshalb stellt die Unternehmensmitbestimmung insbesondere die Bestellung eines Arbeitsdirektors als vollwertiges Vorstandsmitglied gemäß § 33 MitbestG keinen Verstoß gegen die Gegnerunabhängigkeit dar, weil die Bestellung des Arbeitsdirektors zwar das Vertrauen der Belegschaft voraussetzt, die Arbeitnehmervertreter im Aufsichtsrat anders als nach § 13 Montan-

---

[98] *Preis* § 82 II. 3.

[99] Wiedemann/*Oetker* § 2 TVG Rn 360.

[100] BVerfG v. 20.10.1981, BVerfGE 50, 290 (322); BAG v. 14.12.2004, AP Nr. 1 zu § 2 TVG Tariffähigkeit; Däubler/*Däubler* Einleitung TVG Rn 88 f.; *Löwisch* ZfA 70, 295 (308); *Löwisch/Rieble* § 2 TVG Rn 19; *Preis* § 82 III. Nr. 2. a); *Wiedemann* RdA 76, 72 (74); *Zöllner/Loritz* § 8 III. 5.

MitbestG jedoch kein Veto gegen die Bestellung einlegen können. Insofern wiegen die personellen Verflechtungen nicht so schwer, dass das Prinzip der Gegnerunabhängigkeit ernsthaft in Frage gestellt werden könnte.[101]

6. Überbetrieblichkeit

Das Erfordernis der Überbetrieblichkeit hat seinen Ursprung ebenfalls in der Forderung nach der Unabhängigkeit der Verbände. Ein Werkverein ist in erhöhtem Maße der Gefahr der Beeinflussung durch den Arbeitgeber ausgesetzt, da der Arbeitgeber beispielsweise unmittelbar durch Kündigungen und Versetzungen auf die Werksgewerkschaft einwirken könnte.[102]

Die Eigenständigkeit dieses Aspekts wird zwar immer wieder in Frage gestellt, weil der Einwirkungsmöglichkeit des Arbeitgebers zum einen durch das Kündigungsschutzgesetz und durch die Beschäftigung hauptamtlicher Verbandsmitarbeiter enge Grenzen gesetzt seien, zum anderen die Funktionsfähigkeit des Tarifvertragssystems keine Überbetrieblichkeit fordere und das allgemeine Kriterium der Gegnerunabhängigkeit genüge.[103] Trotzdem wird an dem Kriterium der Überbetrieblichkeit als Ausdruck des Schutzauftrages für ein Kräftegleichgewicht und als binnenorganisatorische Interessenausgleichsfunktion zur Vermeidung unzähliger betrieblicher Arbeitskämpfe und Förderung eines gesamtwirtschaftlich sinnvollen Verhaltens weitestgehend festgehalten.[104] Außerdem ermöglicht das Kriterium der Überbetrieblichkeit eine bessere Abgrenzung der Verbände von Organen der Betriebsverfassung.[105] Des Weiteren ist ein Verband, dessen Mitglieder ausschließlich in einem Betrieb organisiert sind, von der Existenz des Betriebes abhängig. Wird der Betrieb stillgelegt, führt der Fortfall des satzungsgemäßen Zwecks, die Arbeits- und Wirtschaftsbedingungen der Arbeitnehmer dieses Betriebes zu wahren und zu fördern, zwar nicht *eo ipso* zur Auflösung des Verbandes, jedoch wird der gewerkschaftlichen Tätigkeit der Boden entzogen.

Dennoch sind in Einzelfällen wie bei den großen ehemaligen Staatsunternehmen der Bahn und der Post Gewerkschaften, die nur innerhalb eines

---

[101] BVerfG v. 20.10.1981, BVerfGE 50, 290 (322); *Hoffmann* BB 76, 1233 (1237).

[102] BAG v. 15.11.1963, AP Nr. 14 zu § 2 TVG; BAG v. 15.3.1977, AP Nr. 24 zu Art. 9 GG; BAG v. 25.11.1986, AP Nr. 36 zu § 2 TVG; BAG v. 14.12.2004, AP Nr. 1 zu § 2 TVG Tariffähigkeit; Däubler/*Peter* § 2 TVG Rn 52; *Gamillscheg* § 9 II. 7. a); HWK/*Henssler* § 2 TVG Rn 12; *Hanau/Adomeit* Rn 173; *Löwisch* ZfA 70, 295 (314 f.); *Preis* § 82 III. 2. b); *Söllner/Waltermann* Rn 167.

[103] ErfK/*Franzen* § 2 TVG Rn 6; *Löwisch/Rieble* § 2 TVG Rn 52; *Stelling* NZA 98, 920 (923 f.); Wiedemann/*Oetker* § 2 TVG Rn 347 ff.

[104] *Kempen* in FS 50 Jahre BAG S. 733 (745); *Zöllner/Loritz* § 8 III 7.

[105] HWK/*Henssler* § 2 TVG Rn 12; *Lieb/Jacobs* Rn 558; *Zöllner/Loritz* § 8 III. 7.

Unternehmens existierten, akzeptiert worden, da hier die Gefahr der Abhängigkeit vom sozialen Gegenspieler wegen der fehlenden Überbetrieblichkeit auf Grund der Größe der Gewerkschaften und ausweislich ihrer erfolgreichen Tarifpolitik allgemein als gering eingeschätzt wurde.[106]

7. Unabhängigkeit von Staat, Partei und Kirche

Die Koalitionen sollen ausschließlich die Interessen ihrer Mitglieder vertreten. Dieser Aufgabe können sie nur nachkommen, wenn sie zusätzlich zur Unabhängigkeit vom konkreten sozialen Gegenspieler nicht auf Interessen Dritter Rücksicht nehmen müssen und keinem äußeren Einfluss ausgesetzt sind. Die Unabhängigkeit der Koalition wird dabei nicht dadurch ausgeschlossen, dass die Vereinigung selbst gewisse politische, religiöse oder weltanschauliche Ansichten vertritt. Vielmehr ist es gerade Ausdruck der Autonomie einer Verbindung, dass sie sich politisch oder konfessionell an andere Gruppierungen anlehnen kann. Es besteht insofern keine parteipolitische oder konfessionelle Neutralitätspflicht.[107] Zudem dürfte heutzutage die Gefahr der Einflussnahme durch Staat, Partei und Kirche geringer einzuschätzen zu sein, als eine Einflussnahme und Manipulation durch die Massenmedien, von deren Meinungsbildungen die Verbände freilich ebenso unabhängig sein müssten wie von Staat, Partei und Kirche.

8. Zwischenergebnis

Erfüllt eine Arbeitnehmervereinigung die vorausgegangenen Kriterien bildet sie eine Koalition im Sinne von Art. 9 Abs. 3 Satz 1 GG. Ob sie darüber hinaus auch eine Gewerkschaft ist, hängt von weiteren Kriterien ab.

II. Gewerkschaft

Gemäß § 2 Abs. 1 TVG sind Gewerkschaften, einzelne Arbeitgeber und Vereinigungen von Arbeitgebern sowie nach § 2 Abs. 2 TVG Spitzen-

---

[106] LAG Mainz v. 22.6.2004, AP Nr. 169 zu Art. 9 GG; Däubler/*Peter* § 2 TVG Rn 51; *Hanau/Adomeit* Rn 173; *Löwisch* ZfA 70, 295 (314 f.); *Preis* § 82 III. 2. b); *Zöllner/Loritz* § 8 III. 7.

[107] Däubler/*Peter* § 2 TVG Rn 36; ErfK/*Franzen* § 2 TVG Rn 6; HWK/*Henssler* § 2 TVG Rn 11; *Löwisch* ZfA 70, 295 (312 f.); *Löwisch/Rieble* § 2 TVG Rn 19; *Preis* § 82 III. Nr. 2; Staudinger/*Richardi* Vorb. § 611 BGB Rn 583 f.; *Wiedemann* RdA 76, 72 (77); Wiedemann/*Oetker* § 2 TVG Rn 332; *Zöllner/Loritz* § 8 III. 7.

organisationen fähig, Tarifverträge abzuschließen.[108] Das Tarifvertragsgesetz spricht nicht von Koalitionen, obwohl das Vereinbaren von Tarifverträgen der wichtigste Aspekt koalitionsmäßiger Betätigung ist.[109] Nach allgemeiner Auffassung enthält Art. 9 Abs. 3 GG einen Ausgestaltungsspielraum hinsichtlich der Betätigungsfreiheit einer Koalition, der den Gesetzgeber verpflichtet, den Sozialpartnern ein funktionsfähiges System zur Verfügung zu stellen, innerhalb dessen sie Arbeits- und Wirtschaftsbedingungen autonom aushandeln können. Um die Funktionsfähigkeit des Tarifsystems zu garantieren, können daher an eine Gewerkschaft schärfere Anforderungen gestellt werden als an eine Koalition. Demzufolge stimmen Koalitions- und Gewerkschaftsbegriff nicht überein.[110] Deshalb muss eine Arbeitnehmervereinigung weitere Kriterien erfüllen, damit sie über den Status einer einfachen arbeitsrechtlichen Koalition hinauswächst und zu einer tariffähigen Gewerkschaft erstarkt. Um welche Kriterien es sich dabei handelt, ist gesetzlich nicht normiert.

Wie der Gewerkschaftsbegriff wird die Tariffähigkeit als Begriff in mehreren Vorschriften erwähnt, ohne dass ihre Voraussetzungen näher präzisiert werden. Allein das gemeinsame Protokoll des Staatsvertrages mit der ehemaligen DDR über die Währungs-, Wirtschafts- und Sozialunion vom 18. Mai 1990 enthält unter „III. Sozialunion" eine nähere Konkretisierung des Gewerkschaftsbegriffs und der Tariffähigkeit:

„*Tariffähige Gewerkschaften und Arbeitgeberverbände müssen frei gebildet, gegnerfrei, auf überbetrieblicher Grundlage organisiert und unabhängig sein sowie das geltende Tarifrecht als für sich verbindlich anerkennen; ferner müssen sie in der Lage sein, durch Ausüben von Druck auf den Tarifpartner zu einem Abschluss zu kommen.*"

Damit steht zum einen fest, dass der Gesetzgeber durch den Staatsvertrag über die Währungs-, Wirtschafts- und Sozialunion die oben dargestellten Voraussetzungen des Koalitionsbegriffs als Grundlage zur Bestimmung der Gewerkschaftseigenschaft deskriptiv bestätigt hat.[111] Zum anderen lassen sich dem Staatsvertrag aber auch weitere Kriterien zur Bestimmung der Gewerkschaftseigenschaft – Anerkennung des geltenden Tarifrechts und die Fähigkeit, Druck auf den Tarifpartner auszuüben – entnehmen. Die juristische

---

[108] Darüber hinaus sind nach §§ 54 Abs. 3 Nr. 1, 82 S. 2 Nr. 3, 85 Abs. 2 HandwO Innungen und Innungsverbände tariffähig.

[109] *Dieterich* RdA 02, 1 (8).

[110] BAG v. 15.3.1977, AP Nr. 24 zu Art. 9 GG; *Gamillscheg* § 9 IV. 1.; Kempen/Zachert/*Kempen* § 2 TVG Rn 4; *Preis* § 90 I.; Wiedemann/*Oetker* § 2 TVG Rn 26 ff.

[111] BAG v. 6.6.2000, AP Nr. 55 zu § 2 TVG; BAG v. 14.12.2004, AP Nr. 1 zu § 2 TVG Tariffähigkeit.

Bedeutung des Staatsvertrages ist allerdings umstritten. Einerseits ist der Staatsvertrag von einer Minderheit als verbindliche gesetzliche Auslegungsvorschriften verstanden worden.[112] Andererseits wurde treffend erkannt, dass dieser Vertrag lediglich der Anpassung des Rechts der ehemaligen DDR an die Verhältnisse in der Bundesrepublik Deutschland diente, keine Änderung des bundesdeutschen Rechts zum Gegenstand hatte und nach dem Beitritt gemäß Art. 40 Abs. 1 Einigungsvertrag vom 30. August 1990 gegenstandslos wurde, so dass ihm keine Gesetzeskraft mehr zukommt.[113] Dennoch kann man nicht verhehlen, dass der Gesetzgeber, wenn auch nur für eine gewisse Zeitspanne, so doch immerhin in einem Staatsvertrag, Elemente des Gewerkschaftsbegriffs fixierte und so seiner Vorstellung Ausdruck verlieh. Daher verwundert es nicht, dass die Rechtsprechung die von ihr aufgestellten Merkmale einer Gewerkschaft durch diese gesetzgeberische Bestandsaufnahme bestätigt sieht.[114]

Infolgedessen wird eine Koalition als Gewerkschaft anerkannt, wenn sie neben den *essentialia* der Koalitionseigenschaft den im Tarifrecht verankerten Kriterien, die ebenfalls dem Legitimationsinteresse der Verbandsmitglieder oder dem Staatsinteresse an einem gerechten Ausgleich der Parteien des Arbeits- und Wirtschaftslebens zugeordnet werden können, gerecht wird. Während seitens der Rechtsprechung an die Tariffähigkeit von Arbeitgeberverbänden kaum Anforderungen gestellt werden,[115] muss eine Gewerkschaft den Merkmalen der demokratischen Willensbildung, Anerkennung des geltenden Tarif- und Schlichtungsrechts, Tarifwilligkeit und Durchsetzungsfähigkeit Beachtung schenken.[116]

---

[112] *Gitter* in FS Kissel S. 265 (270 f.); *Kissel* NZA 90, 545 (549 f.); *Schrader* NZA 01, 1337 (1339).

[113] Statt aller: BAG v. 28.3.2006, AP Nr. 4 zu § 2 TVG Tariffähigkeit; *Doerlich* § 6 II. b); ErfK/ *Franzen* § 2 TVG Rn 2; GK – BetrVG/*Kraft/Franzen* § 2 BetrVG Rn 34; *Henssler* S. 14 f.; *Kempen* in FS 50 Jahre BAG S. 733 (735); Kempen/Zachert/*Kempen* § 2 TVG Rn 11; *Löwisch/Rieble* § 2 TVG Rn 5 ff.; MüArbR/*Löwisch/Rieble* § 242 Rn 19; *Oetker* in FS Stahlhacke, S. 363 (387 ff.); Richardi/*Richardi* § 2 BetrVG Rn 40; *Richardi* in FS Wissmann S. 159 (168); *Schüren/Riederer von Paar* AuR 04, 241 (243); Wiedemann/ *Oetker* § 2 TVG Rn 204.

[114] BAG v. 6.6.2000, AP Nr. 55 zu § 2 TVG; BAG v. 14.12.2004, AP Nr. 1 zu § 2 TVG Tariffähigkeit; BAG v. 28.3.2006, AP Nr. 4 zu § 2 TVG Tariffähigkeit.

[115] BAG v. 20.11.1990, AP Nr. 40 zu § 2 TVG; a.A. *Schrader* NZA 01, 1337 (1341 ff.).

[116] BAG v. 9.7.1968, AP Nr. 25 zu § 2 TVG; BAG v. 15.3.1977, AP Nr. 24 zu Art. 9 GG; BAG v. 14.3.1978, AP Nr. 30 zu § 2 TVG; BAG v. 16.11.1982 AP Nr. 32 zu § 2 TVG; BAG v. 10.9.1985, AP Nr. 34 zu § 2 TVG; BAG v. 25.11.1986, AP Nr. 36 zu § 2 TVG; BAG v. 16.1.1990, AP Nr. 38 zu § 2 TVG; BAG v. 16.1.1990, AP Nr. 39 zu § 2 TVG; BAG v. 6.6.2000 AP Nr. 55 zu § 2 TVG; BAG v. 14.12.2004, AP Nr. 1 zu § 2 TVG Tariffähigkeit; LAG Frankfurt v. 13.12.1967, AP Nr. 26 zu § 2 TVG; LAG Berlin v. 21.6.1996, AP Nr. 48 zu § 2 TVG; LAG Stuttgart v. 1.10.2004, NZA-RR 05, 85.

1. Demokratische Willensbildung

Anders als bei anderen Vereinen ist durch eine Mitgliedschaft in einer tarifschließenden Gewerkschaft nicht nur das interne Verhältnis betroffen, sondern das Arbeitsverhältnis des Mitglieds zu einem Dritten, das unmittelbar und zwingend durch den Abschluss von Tarifverträgen gestaltet wird. Diese besondere Normsetzungsbefugnis der Gewerkschaft gemäß § 1 Abs. 1 TVG und die Übertragung des Selbstbestimmungsrechts zur Ausgestaltung der Arbeitsverhältnisse vom Individuum auf das Kollektiv bedarf einer über das allgemeine Vereinsrecht hinausgehenden, gesteigerten demokratischen Organisation. Es muss gesichert sein, dass die Mitglieder bei der zur Zwangswirkung führenden Willensbildung gleichberechtigt und effektiv teilnehmen können. Um dem Demokratieerfordernis gerecht zu werden, müssen daher unstrittig die Wahl der Gewerkschaftsorgane nach dem Mehrheitsprinzip bei gleichem Stimmrecht, das Mandat auf Zeit, Minderheitenschutz, innerverbandliche Einspruchs- und Beschwerdeverfahren sowie interne Veröffentlichungen von den Arbeitnehmerverbänden gewährleistet werden.[117] Ob darüber hinaus die Urabstimmung über den Arbeitskampf notwendige Ausprägung des Demokratiebedürfnisses ist, wird uneinheitlich beantwortet.[118] Auswirkungen auf die Tariffähigkeit kann das in der Satzung nicht enthaltende Erfordernis einer Urabstimmung freilich nicht haben. Zwar könnte ohne vorherige Urabstimmung die Rechtmäßigkeit des Arbeitskampfes zweifelhaft sein, jedoch können Tarifverträge auch ohne Arbeitskampf zustande kommen. Folglich ist die Urabstimmung insbesondere bei einem Verband, der den Arbeitskampf ablehnt, keine notwendige Voraussetzung der demokratischen Willensbildung.

Unabhängig von den rechtlichen Gesichtspunkten, lässt sich das Erfordernis der demokratischen Struktur allerdings auch historisch erklären. Wären die Gewerkschaften nicht demokratisch organisiert und aus dem freien Willen der Mitglieder entstanden, hätten die Alliierten ihrer Neugründung nach der nationalsozialistischen Diktatur nicht zugestimmt.[119]

---

[117] ErfK/*Franzen* § 2 TVG Rn 15; *Gamillscheg* § 9 II. 5. a) (2); HWK/*Henssler* § 2 TVG Rn 13; *Preis* § 90 II. 2. a); Richardi/*Richardi* § 2 BetrVG Rn 60; Wiedemann/*Oetker* § 2 TVG Rn 342; einschränkend nunmehr BAG v. 28.3.2006, AP Nr. 4 zu § 2 TVG Tariffähigkeit, wonach nur noch gewisse Mindestanforderungen an die demokratische Verfassung einer Gewerkschaft zu stellen seien, so dass dieses Kriterium nach *Hümmerich/ Holthausen* NZA 06, 1070 (1071) in der Praxis an Relevanz verloren habe .

[118] *Bauer/Röder* DB 84, 1096 (1097 ff.); *Löwisch/Rieble* § 2 TVG Rn 31 f.; MüArbR/*Löwisch/Rieble* § 255 Rn 3 ff. halten die Urabstimmung für unverzichtbar, während es nach der Auffassung des DGB im Ermessen der Gewerkschaften steht: vgl. § 6 Arbeitskampfrichtlinie DGB.

[119] *Kurth* S. 89.

2. Anerkennung des geltenden Tarif- und Schlichtungsrechts

Neben dem Bekenntnis zur verfassungsmäßigen Ordnung nach Art. 9 Abs. 2 GG, muss die Vereinigung das geltende Tarif- und Schlichtungsrecht anerkennen. Dabei liegt es auf der Hand, dass ein Aushandeln von Arbeits- und Wirtschaftsbedingungen nur dann sinnvoll ist und im Interesse aller beteiligten Parteien liegt, wenn der Verhandlungspartner das Ergebnis der Verhandlung akzeptiert und die Instrumentarien zur Durchsetzung des Ergebnisses anerkennt.[120] Unberührt von der Anerkennung des geltenden Tarif- und Schlichtungsrechts bleibt das Recht der Sozialpartner, sich an der Weiterentwicklung und Änderung des geltenden Rechts zu beteiligen.[121]

3. Tarifwilligkeit

Ebenfalls im Interesse der Mitglieder der Vereinigung liegt der erkennbare Wille der Koalition, Tarifverträge abzuschließen. Die Erlaubnis des einzelnen Mitglieds, die eigenen Arbeits- und Wirtschaftsbedingungen nicht mehr selbst zu bestimmen und durch Dritte festlegen zu lassen, kann nur dann angenommen werden, wenn bei dem freiwilligen Beitritt zu einem Verband der Satzung entnommen werden konnte, dass es Zweck des Verbands ist, Tarifverträge abzuschließen.[122] Unabhängig davon ist die Tarifwilligkeit ein Kriterium zur Unterscheidung einer Gewerkschaft von einer einfachen Koalition, die gemäß ihrer festgelegten Zwecksetzung auch andere Mittel als den Tarifvertrag zur Interessenvertretung wählen kann.[123]

4. Arbeitskampfbereitschaft

Früher verlangte das Bundesarbeitsgericht, wie manche Autoren bis zum heutigen Tage, neben den bereits dargestellten Kriterien die Bereitschaft des Verbandes zum Arbeitskampf.[124] Das Bundesarbeitsgericht führte dazu aus,

---

[120] BAG v. 19.1.1962, AP Nr. 14 zu § 2 TVG; BAG v. 25.11.1986, AP Nr. 36 zu § 2 TVG; ErfK/*Franzen* § 2 TVG Rn 10; HWK/*Henssler* § 2 TVG Rn 14; *Hümmerich/Holthausen* NZA 06, 1070 (1071); *Löwisch* ZfA 70, 295 (310); *Preis* § 90 II. 2. c); a.A. Däubler/*Däubler* Einleitung TVG Rn 91.

[121] Kempen/Zachert/*Kempen* § 2 TVG Rn 72 ff.

[122] BAG v. 19.1.1962, AP Nr. 14 zu § 2 TVG; BAG v. 10.9.1985, AP Nr. 34 zu § 2 TVG; *Brox/Rüthers/Henssler* Rn 690; *Löwisch* ZfA 70, 295 (310).

[123] *Preis* § 90 II. 2. b); Richardi/*Richardi* § 2 BetrVG Rn 53.

[124] Vgl. zur früheren Sichtweise statt aller: BAG v. 19.1.1962, AP Nr. 13 zu § 2 TVG; BAG v. 15.11.1963, AP Nr. 14 zu § 2 TVG; *Herschel* JZ 65, 81 (85); *Hueck/Nipperdey* § 6 III. 4.; *Kaskel/Dersch* § 13 I. 2. c); *Reichel* RdA 60, 81 (85); *Schelp* AuR 54, 70 (74); *Schnorr* RdA 53, 377 (377); vgl. zur heutigen Sichtweise: Däubler/*Peter* § 2 TVG Rn 26

dass angesichts des Fehlens einer staatlichen Zwangsschlichtung im deutschen Tarifvertragssystem der Arbeitskampf unter Umständen das letzte Mittel sei, um der Gewerkschaft die Durchsetzung ihrer Aufgaben zu ermöglichen. Es bestehe ein notwendiger Sinnzusammenhang zwischen dem Koalitionszweck, der Ablehnung der Zwangsschlichtung und dem Bekenntnis zum Arbeitskampf als *ultima ratio*. Ob Tarifverträge auch dann zustande kämen, wenn einer der Sozialpartner den Arbeitskampf ablehne, sei nicht bewiesen. Unabhängig davon bedeute es keine Verschärfung der Beziehungen der Sozialpartner untereinander, wenn sie gewillt seien, äußerstenfalls den Arbeitskampf zu ergreifen. Schließlich sei die Arbeitskampfbereitschaft historischer Bestandteil des Gewerkschaftsbegriffes.[125] Hingegen umfasse dies nicht die Notwendigkeit großer Geldreserven des Verbandes, weil ein Streik auch ohne große Geldmittel geführt werden könne, wenn die Zahlung einer Streikunterstützung wie zur Weimarer Zeit keine wesentliche Rolle spiele. Demzufolge sei es ausreichend, wenn die Bereitschaft zum Arbeitskampf ernstlich bestehe.[126]

Die Ansicht des Bundesarbeitsgerichts wurde von großen Teilen des Schrifttums kritisiert[127] und schließlich vom Bundesverfassungsgericht verworfen.[128] In dem Verfahren über die Tariffähigkeit des Verbandes der katholischen Hausgehilfinnen und Hausangestellten urteilte das Bundesverfassungsgericht, dass die Rechtsprechung des Bundesarbeitsgerichts nicht mit Art. 9 Abs. 3 GG vereinbar sei. Das Recht zum Arbeitskampf schließe nicht die Pflicht zur Kampfbereitschaft ein. Die Koalitionsfreiheit umfasse die Bildung, die Betätigung und die Entwicklung der Gewerkschaften in ihrer Vielfältigkeit und überlasse grundsätzlich ihnen selbst die Wahl der Mittel, mit denen sie den Zweck, die Arbeits- und Wirtschaftsbedingungen ihrer Mitglieder zu regeln, erreichen wollten. Es bleibe dem freien Spiel der Kräfte überlassen, ob sie mit den gewählten Mitteln – Beeinflussung der öffentlichen Meinung, Verhandlungen oder Lobbyismus – den angestrebten Erfolg erreichten. Soweit es kampfunwilligen Koalitionen gelinge, Tarifverträge abzu-

ff.; *Hagemeier* AuR 88, 193 (196); *Hagemeier* DB 84, 718 (720 f.); Kempen/Zachert/*Kempen* § 2 TVG Rn 50 ff.; Richardi/*Richardi* § 2 BetrVG Rn 56; *Zachert* AuR 86, 321 (325).

[125] BAG v. 19.1.1962, AP Nr. 13 zu § 2 TVG.

[126] BAG v. 15.11.1963, AP Nr. 14 zu § 2 TVG.

[127] Vgl. statt aller: *Frey* AuR 62, 223 (224); *Nikisch* § 57 II. 8. & § 70 III. 6. b); *Nikisch* SAE 62, 57 (60 f.); *Neumann-Duesberg* Anm. zu BAG AP Nr. 13 zu § 2 TVG.

[128] BVerfG v. 6.5.1964, BVerfGE 18, 18 (25 ff.).

schließen, erfüllten auch diese Tarifverträge die im öffentlichen Interesse liegende Aufgabe, das Arbeitsleben zu ordnen und zu befrieden.[129]

5. Soziale Mächtigkeit

Nachdem das Bundesverfassungsgericht die Auffassung des Bundesarbeitsgerichts zur Notwendigkeit der Arbeitskampfbereitschaft zurückgewiesen hatte, suchte das Bundesarbeitsgericht nach einem neuen Kriterium zur Bestimmung des Gewerkschaftsbegriffs. Es musste sich um ein Merkmal handeln, welches sicherstellen konnte, dass nur solche Koalitionen an der Tarifautonomie teilhaben können, welche die tarifrechtlichen Aufgaben sinnvoll erfüllen können, weil die aus der Koalitionsfreiheit entspringende Tarifautonomie den im öffentlichen Interesse liegenden Zweck verfolgt, den von der staatlichen Rechtssetzung frei gelassenen Raum des Arbeitslebens durch Tarifverträge sinnvoll zu ordnen. Deshalb kam das Bundesarbeitsgericht zu dem Schluss, dass sachgerechte Tarifverträge nur dann zustande kommen, wenn beide Seiten gleich stark und mächtig seien.

In seinem Beschluss über die Tariffähigkeit des Berliner Akademiker Bundes benannte das Bundesarbeitsgericht erstmalig dieses neue Mindesterfordernis als Fähigkeit eines Verbandes, im Rahmen der Rechtsordnung wirkungsvollen Druck und Gegendruck auszuüben, womit der Gegenspieler zur Aufnahme von Tarifverhandlungen und zum Abschluss von Tarifverträgen gezwungen werden könne, und legte so den Grundstein seiner ständigen Rechtsprechung zur Tariffähigkeit. Der Berliner Akademiker Bund hielt sich dagegen selbst für eine Gewerkschaft, da er mehrere Musterprozesse um Arbeitsbedingungen führte und mehr als sieben gemäß § 56 BGB für die Eintragung eines Vereins in das Vereinsregister notwendige Mitglieder zählte.[130]

Später erkannte das Bundesarbeitsgericht, dass Gewerkschaften über ihre eigentliche Zielsetzung des Förderns und Wahrens der Arbeits- und Wirtschaftsbedingungen hinaus die Repräsentation der Arbeitnehmerschaft schlechthin wahrnehmen und ein bestimmender Faktor im Wirtschafts- und Sozialleben seien, was ebenfalls soziale Mächtigkeit verlange.[131]

Das Bundesverfassungsgericht bestätigte die Auslegung des Bundesarbeitsgerichts in dem Verfahren um die Tariffähigkeit des Deutschen Arbeitnehmer-Verbandes. Es sei verfassungsrechtlich nicht zu beanstanden, wenn die Rechtsprechung die Tariffähigkeit von Mindestanforderungen abhängig

---

[129] BVerfG v. 6.5.1964, BVerfGE 18, 18 (32); vgl. auch ErfK/*Franzen* § 2 TVG Rn 10; Wiedemann/*Oetker* § 2 TVG Rn 380.

[130] BAG v. 9.7.1968, AP Nr. 25 zu § 2 TVG.

[131] BAG v. 15.3.1977, AP Nr. 24 zu Art. 9 GG.

mache. Dazu gehöre eine Durchsetzungskraft gegenüber dem sozialen Gegenspieler, die sicherstelle, dass dieser Verhandlungsangebote nicht übersehen könne. Die Mächtigkeit einer Arbeitnehmerkoalition würde von der Sache selbst gefordert, weil er dem allgemeinen Interesse der Ordnung und Befriedung des Arbeitslebens diene.[132] Wann letztlich eine derartige Druckausübungsfähigkeit vorliegt, bedarf nach der Rechtsprechung seit je her einer Einzelfallbeurteilung.[133]

a) Durchsetzungsfähigkeit

Für die Feststellung der sozialen Mächtigkeit eines Verbandes hat das Bundesarbeitsgericht im Laufe der Jahrzehnte Kriterien herausgearbeitet,[134] die von den Instanzgerichten fast lückenlos anerkannt und übernommen wurden.[135] Dabei handelt es sich um die Durchsetzungsfähigkeit und die organisatorische Leistungsfähigkeit. Die Durchsetzungsfähigkeit setzt sich wiederum im Wesentlichen aus den Kriterien der Mitgliederzahl eines Verbandes und der Anzahl der abgeschlossenen Tarifverträge zusammen.

aa) Mitgliederzahl

Das grundlegende Element zur Bestimmung der Durchsetzungsfähigkeit, welches das Bundesarbeitsgericht bereits in der Entscheidung über die Tariffähigkeit des Berliner Akademiker Bundes entwickelte, ist die Mitgliederzahl des Arbeitnehmerverbandes. Dabei spricht eine hohe Mitgliederzahl grundsätzlich für eine gewisse Schlagkraft. Allerdings hat die absolute Mitgliederzahl nur eine beschränkte Aussagekraft, da sie in Bezug auf den durch die Satzung von dem Verband selbst gewählten Zuständigkeitsbereich zu bewerten ist. Die Mitgliederzahl ist demnach nicht mit Blick auf die gesamte Arbeitnehmerschaft, sondern nur relativ bezogen auf den jeweiligen Fachbereich, für den sich der Verband zuständig erklärt, zu beurteilen, weil sich

---

[132] BVerfG v. 20.10.1981, BVerfGE 58, 233 (246 ff.).

[133] BVerfG v. 20.10.1981, BVerfGE 58, 233 (249); BAG v. 28.3.2006, AP Nr. 4 zu § 2 TVG Tariffähigkeit; vgl. auch *Deinert* AuR 04, 212 (215); *Löwisch* ZfA 70, 295 (309 f.); *Preis* § 90 II. 2. e).

[134] BAG v. 9.7.1968, AP Nr. 25 zu § 2 TVG; BAG v. 15.3.1977, AP Nr. 24 zu Art. 9 GG; BAG v. 14.3.1978, AP Nr. 30 zu § 2 TVG; BAG v. 16.11.1982 AP Nr. 32 zu § 2 TVG; BAG v. 10.9.1985, AP Nr. 34 zu § 2 TVG; BAG v. 25.11.1986, AP Nr. 36 zu § 2 TVG; BAG v. 16.1.1990, AP Nr. 38 zu § 2 TVG; BAG v. 16.1.1990, AP Nr. 39 zu § 2 TVG; BAG v. 6.6.2000 AP Nr. 55 zu § 2 TVG; BAG v. 14.12.2004, AP Nr. 1 zu § 2 TVG Tariffähigkeit; BAG v. 28.3.2006, AP Nr. 4 zu § 2 TVG Tariffähigkeit.

[135] LAG Frankfurt v. 13.12.1967, AP Nr. 26 zu § 2 TVG; LAG Berlin v. 21.6.1996, AP Nr. 48 zu § 2 TVG; LAG Frankfurt v. 8.8.2003 AZ <12 TaBV 138/01> (kurz in AuR 04, 478); LAG Stuttgart v. 1.10.2004, NZA-RR 05, 85; ArbG Gera v. 17.10.2002, AZ <2 BV 3/00> (kurz in AuR 03, 198); ArbG Stuttgart v. 12.9.2003, NZA-RR 04, 540.

die Arbeitnehmerkoalition nur in dem von ihr selbst gewählten räumlichen und fachlichen Organisationsbereich gegenüber der Arbeitgeberseite durchsetzen muss.[136]

Dabei ist auch eine absolute Bestimmung der notwendigen Mindestmitgliederzahl vorstellbar. So wurde vorgeschlagen, Verbände mit weniger als 100 Mitgliedern von der Teilhabe an der Tarifautonomie auszuschließen.[137] Das Bundessozialgericht beschreitet einen ähnlichen Weg und beschränkt das für Vereinigungen von Arbeitnehmern in § 166 SGG verbürgte Recht, im Verfahren vor den Sozialgerichten als Prozessvertreter aufzutreten, auf Verbände, denen mindestens 1 000 Mitglieder angehören.[138] Im Arbeitsrecht verbietet es sich aber, auf Grund der zahlenmäßigen Unterschiede der Beschäftigten in den verschiedenen Brachen und Tarifbereichen die Gewerkschaftseigenschaft an eine starre Mitgliederzahl zu knüpfen.[139] Im Rahmen der gebotenen Einzelfallbetrachtung kann sich herausstellen, dass auch eine Koalition mit geringer Mitgliederzahl in der Lage ist, tarifpolitische Vorstellungen zu entwickeln, diese in Tarifverhandlungen zu vermitteln und ausreichend Druck auf den Gegner auszuüben.

Dies trifft – wie in späteren Entscheidungen zur Tariffähigkeit klargestellt wurde – zumindest immer dann zu, wenn es sich bei den Verbandsmitgliedern vornehmlich um Schlüsselkräfte handelt oder hauptsächlich Schwerpunktstreiks geführt werden.[140] Insofern ist eine mitgliederschwache Vereinigung immer dann durchsetzungsfähig, wenn die Mitglieder kraft ihrer Stellung im Arbeitsleben einen besonderen Einfluss gegenüber der Arbeitgeberseite ausüben können. In unserer modernen und komplexen Industrie-, Dienstleistungs- und Wissensgesellschaft, in der bisweilen schon für einfachere Tätigkeiten größere technische Kenntnisse benötigt werden, ist die Zahl potentieller Schlüsselkräfte mit Sicherheit größer als vor dreißig Jahren,

---

[136] BAG v. 9.7.1968, AP Nr. 25 zu § 2 TVG; BAG v. 16.11.1982, AP Nr. 32 zu § 2 TVG; BAG v. 10.9.1985, AP Nr. 34 zu § 2 TVG; BAG v. 16.1.1990, AP Nr. 38 zu § 2 TVG; BAG v. 6.6.2000, AP Nr. 55 zu § 2 TVG; BAG v. 14.12.2004, AP Nr. 1 zu § 2 TVG Tariffähigkeit; BAG v. 28.3.2006, AP Nr. 4 zu § 2 TVG Tariffähigkeit; LAG Berlin v. 21.6.1996, AP Nr. 48 zu § 2 TVG; LAG Mainz v. 22.6.2004, AP Nr. 169 zu Art. 9 GG; LAG Frankfurt v. 8.8.2003, AZ <12 TaBV 138/01> (kurz in AuR 04, 478); LAG Stuttgart v. 1.10.2004, NZA-RR 05, 85 (89 f.)); vgl. auch *Gamillscheg* § 9 IV 3. (2); *Preis* § 90 II. 2. e).

[137] *Brisch* S. 74 f.

[138] BSG v. 20.3.1970, NJW 70, 1288 (1288); dazu *Meyer-Ladewig/Keller/Leitherer* § 166 SGG Rn 6 & § 73 SGG Rn 6.

[139] Vgl. *Henssler* S. 39.

[140] BAG v. 16.11.1982, AP Nr. 32 zu § 2 TVG; BAG v. 28.3.2006, AP Nr. 4 zu § 2 TVG Tariffähigkeit; LAG Stuttgart v. 1.10.2004, NZA-RR 05, 85 (90); Däubler/*Peter* § 2 TVG Rn 17 ff.; *Herschel* AuR 76, 225 (237); Maunz/Dürig/Herzog/*Scholz* Art. 9 GG Rn 218.

jedoch gibt es auch heute noch einen weiten „Billiglohnsektor“, in dem zahlreiche ungelernte und jederzeit ersetzbare Kräfte arbeiten, so dass auch noch heute die berufliche Stellung der Gewerkschaftler zur Beurteilung der Tariffähigkeit des Verbandes herangezogen werden kann.[141] Besteht ein Verband mehrheitlich aus Spezialisten in Schlüsselstellungen ist aber weiterhin zu berücksichtigen, ob der Arbeitgeber die Arbeitnehmer in Schlüsselpositionen neben tatsächlichen auch aus rechtlichen Gründen jederzeit durch andere Arbeitnehmer – beispielsweise durch befristete Einstellungen nach § 14 Abs. 1 Nr. 3 TzBfG oder den Einsatz von Leiharbeitnehmern – ersetzen kann.[142] Besteht diese Möglichkeit läuft das Kriterium der Schlüsselstellung der Mitglieder leer. Bei einem Bund von Akademikern ist es zwar denkbar, dass sie Schlüsselpositionen einnehmen, jedoch kann dies keine so verschwindend geringe Mitgliederzahl aufwiegen. Deshalb ist dem Bundesarbeitsgericht zuzustimmen, wenn es der Auffassung ist, dass eine zahlenmäßig unbedeutende Gruppe, die eher an einen Prozessverein als an eine Gewerkschaft erinnere, nicht tariffähig sein könne.[143]

Die Mitgliederzahl unter besonderer Berücksichtigung der Schlüsselkräfte bei der Bestimmung der Durchsetzungsfähigkeit gewichtete das Bundesarbeitsgericht vor allem in den späteren Verfahren über die Tariffähigkeit des Verbandes der oberen Angestellten der Eisen- und Stahlindustrie und des Deutschen Arbeitnehmer-Verbandes. Das Bundesarbeitsgericht entschied erneut, dass neben der Mitgliederzahl die Stellung der Mitglieder im Arbeitsleben entscheidend sei. Gerade wenn die Mitglieder Schlüsselstellungen besetzten, strahlten sie Autorität nach außen gegenüber dem Gegenspieler und nach innen gegenüber den Mitgliedern aus. Auf Grund ihrer Ausbildung und Stellung seien höherrangige Angestellte, wie die Mitglieder des Verbandes der oberen Angestellten der Eisen- und Stahlindustrie, in der Lage, ihre Ansichten und Forderungen selbstbewusst zu artikulieren und mit Nachdruck zu vertreten.[144] Der Verband der oberen Angestellten der Eisen- und Stahlindustrie unterschied sich deutlich in Struktur und Mitgliederzahl von dem Berliner Akademiker Bund, so dass nachvollziehbar ist, warum das Bundesarbeitsgericht den Verband der oberen Angestellten der Eisen- und Stahlindustrie anders als den Berliner Akademiker Bund für tariffähig hielt.

Mit identischer Begründung aber im Ergebnis konsequent konträr sprach das Bundesarbeitsgericht, bestätigt durch das Bundesverfassungsgericht, dem

---

[141] A.A. *Bayreuther* BB 05, 2633 (2634 f.).

[142] BAG v. 14.3.1978, AP Nr. 30 zu § 2 TVG; BAG v. 6.6.2000, AP Nr. 55 zu § 2 TVG; *Gamillscheg* § 9 IV 3. (2).

[143] BAG v. 9.7.1968, AP Nr. 25 zu § 2 TVG.

[144] BAG v. 15.3.1977, AP Nr. 24 zu Art. 9 GG; BAG v. 16.11.1982, AP Nr. 32 zu § 2 TVG.

Deutschen Arbeitnehmer-Verband die Tariffähigkeit ab. Die Mitglieder des Deutschen Arbeitnehmer-Verbandes verteilten sich auf alle Branchen, bildeten einen Querschnitt durch alle einschlägigen Berufe und konnten nicht als Schlüsselkräfte angesehen werden.[145] Ebenso verfügten die Christlichen Gewerkschaften Holz und Bau sowie Bergbau-Chemie-Energie bei ihrem weiten Zuständigkeitsbereich über keine ausreichende Gesamtmitgliederzahl, nicht genügend Schlüsselkräfte und keinen organisatorischen Rückhalt.[146]

Anders beurteilten das Hessische Landesarbeitsgericht und das Bundesarbeitsgericht vor kurzem die Sachlage in einem Beschluss hinsichtlich der Unabhängigen Flugbegleiter Organisation. Da in der Unabhängigen Flugbegleiter Organisation fast ein Drittel aller Flugbegleiter organisiert sei, erlaube ihr dieser hohe Organisationsgrad, so viel Druck auf die Arbeitgeberseite auszuüben, dass sie sich auf Tarifverhandlungen einlassen müsse. Obwohl die Stellung der Flugbegleiter nicht mit der von Piloten vergleichbar sei, könne doch durch einen Streik weniger äußerst begrenzt ersetzbarer Flugbegleiter erheblicher wirtschaftlicher Druck auf die Arbeitgeber ausgeübt werden, so dass auch Flugbegleiter als Spezialisten in Schlüsselstellungen angesehen werden könnten.[147]

In dem jüngsten Verfahren, in dem die Tariffähigkeit der Christlichen Gewerkschaft Metall bestritten wurde, hielt das Landesarbeitsgericht Baden-Württemberg anders als die erste Instanz die Zahl von unstreitig 50 000 Mitgliedern für eine ausreichende Mitgliederstärke.[148] Zwar entspreche dies bei dem weiten Zuständigkeitsbereich der Christlichen Gewerkschaft Metall nur einem Organisationsgrad von unter 1,6 % aller potentiellen Mitglieder und die Zahl der Gewerkschaftler in Schlüsselpositionen sei überschaubar, jedoch reiche dies aus, um sich gerade gegenüber den in finanzieller und organisatorischer Hinsicht schwachen Handwerksinnungen durchzusetzen, mit denen die Christliche Gewerkschaft Metall überwiegend Tarifverträge vereinbart habe. Jedenfalls sei das Festsetzen von tariflichen Mindestarbeitsbedingungen durch die Christliche Gewerkschaft Metall hinreichend gewährleistet.[149] Das Bundesarbeitsgericht hatte zwar nicht unerhebliche

---

[145] BVerfG v. 20.10.1981, BVerfGE 58, 233 (250 f.); BAG v. 14.3.1978, AP Nr. 32 zu § 2 TVG.

[146] BAG v. 16.1.1990, AP Nr. 38 zu § 2 TVG; BAG v. 19.1.1990, AP Nr. 39 zu § 2 TVG.

[147] BAG v. 14.12.2004, AP Nr. 1 zu § 2 TVG Tariffähigkeit; LAG Frankfurt v. 8.8.2003 <12 TaBV 138/01> (kurz in AuR 04, 478) S. 7.

[148] Die CGM selbst hat in dem Verfahren einen Mitgliederbestand von 97 823 Gewerkschaftlern eidesstattlich versichert LAG Stuttgart v. 1.10.2004, NZA-RR 05, 85 (85).

[149] LAG Stuttgart v. 1.10.2004, NZA-RR 05, 85 (89 f.); zur Vorinstanz siehe ArbG Stuttgart v. 12.9.2003, NZA-RR 04, 540 (540 ff.); zur Frage der Abhängigkeit der Durchsetzungsfähigkeit von der Stärke des sozialen Gegenspielers siehe S. 124 ff.

Bedenken, ob die Organisationsstärke der Christlichen Gewerkschaft Metall ausreichend sei, um ihre Durchsetzungskraft zu bejahen, ließ diese Frage jedoch offen.[150]

bb) Eingreifen in Tarifverhandlungen

Erstmals in dem Beschluss über die Tariffähigkeit des Arbeitnehmerverbandes land- und ernährungswirtschaftliche Berufe führte das Bundesarbeitsgericht aus, dass auch ein finanziell und organisatorisch schwacher Verband mit wenigen nicht in Schlüsselstellungen beschäftigten Mitgliedern tariffähig sein könne. Dies sei jedenfalls dann der Fall, wenn die Gewerkschaft die Arbeitsbedingungen ihrer Mitglieder eines ganzen Wirtschaftszweiges, mag dieser auch regional beschränkt sein, bereits durch Tarifverträge hätte regeln können, die im Arbeitsleben auch Beachtung fänden und sich auf die Arbeitsverhältnisse ausgewirkt hätten. Der Abschluss von Tarifverträgen sei zwar Folge und nicht Voraussetzung der Tariffähigkeit. Dennoch handele es sich bei dieser Argumentation nicht um einen Zirkelschluss von den Rechtsfolgern auf die Voraussetzungen der Tariffähigkeit, da das Eingreifen in Tarifverhandlungen ein wichtiges Indiz für die Bestimmung der sozialen Mächtigkeit sei, weil der Abschluss von Tarifverträgen in der Vergangenheit Rückschlüsse auf die Durchsetzungsfähigkeit einer Gewerkschaft zulasse.[151]

Neben der Möglichkeit einer regionalen Beschränkung der Aktivitäten einer Gewerkschaft betonte das Bundesarbeitsgericht in dieser Entscheidung, dass es wenigstens bei kontinuierlichen tariflichen Regelungen nicht darauf ankomme, welchen Inhalt die Tarifverträge hätten, in welcher Weise und mit welcher Dauer und Härte Tarifverhandlungen geführt würden. Darüber hinaus sei nicht entscheidend, ob die Tarifverträge die Arbeitsbedingungen für die Mitglieder schon ähnlich günstig regelten, wie sie von den etablierten Gewerkschaften geregelt werden könnten. Andernfalls würde der Grundsatz missachtet, dass es nicht Aufgabe der Gerichte für Arbeitssachen sei, die Angemessenheit der Verhandlungsergebnisse der Tarifvertragsparteien zu überprüfen.[152]

Anderes könne nur dann gelten, wenn es sich bei den abgeschlossenen Tarifverträgen um Schein- oder Gefälligkeitstarifverträge handele. Bei einem

---

[150] BAG v. 28.3.2006, AP Nr. 4 zu § 2 TVG Tariffähigkeit.

[151] *Henssler* S. 43; *Kocher* AuR 05, 336 (337); *Schrader* NZA 01, 1337 (1343); kritisch ErfK/*Franzen* § 2 TVG Rn 12; *Löwisch/Rieble* § TVG Rn 46; *Rieble* BB 04, 885 (888 f.); *Rieble* in FS Wiedemann, S. 519 (534).

[152] BAG v. 10.9.1985, AP Nr. 34 zu § 2 TVG; BAG v. 6.6.2000, AP Nr. 55 zu § 2 TVG; BAG v. 28.3.2006, AP Nr. 4 zu § 2 TVG Tariffähigkeit; LAG Stuttgart v. 1.10.2004, NZA-RR 05, 85 (87).

Scheintarifvertrag sei der seltene Fall verwirklicht, bei dem es sich nur der äußeren Form, nicht aber dem Inhalt nach um einen Tarifvertrag handele.[153] Ein Gefälligkeitstarifvertrag liege vor, wenn mit ihm nicht die Arbeitsbedingungen bestimmt werden sollten, sondern mit dem Abschluss lediglich der Zweck verfolgt werde, dem Arbeitnehmerverband das Etikett einer Gewerkschaft zu verleihen oder sich umgekehrt der Verband gegenüber der Arbeitgeberseite gefällig zeige.[154]

Also sind die Umstände zu berücksichtigen, unter denen der Abschluss eines Tarifvertrages zustande gekommen ist. Eine Gewerkschaft, der die ernsthafte Vertretung der Interessen ihrer Mitglieder am Herzen liegt, würde weder einem Lohndiktat der Arbeitgeberseite zustimmen, noch ohne Not von Arbeitnehmerschutzvorschriften abweichen.[155] Würden dagegen die Umstände – beispielsweise die gegenseitig gestellten Forderungen – erkennen lassen, dass die Gewerkschaft nur als „Lückenbüßer" angesehen werde und die vermeintlichen Gegenspieler kollusiv zusammengewirkt hätten, spreche dies gegen deren Tariffähigkeit. So sah das Bundesarbeitsgericht die Tarife der Christlichen Gewerkschaft Holz und Bau als reine Gefälligkeits- und Scheintarifverträge an.[156] Das Vorliegen von Schein- und Gefälligkeitstarifverträgen entkräftet die Indizwirkung des Eingreifens in Tarifverhandlungen für die Tariffähigkeit.[157]

Nicht mit Schein- oder Gefälligkeitstarifverträgen gleichzusetzen, seien Anschlusstarifverträge. Sie könnten ein Indiz für soziale Mächtigkeit sein, obwohl bei deren Abschluss für die Gewerkschaften in der Regel nur geringe Verhandlungsspielräume bestünden. Daher müsse geprüft werden, ob die Anschlusstarife tatsächlich ausgehandelt worden seien oder ob sie dem Diktat der Arbeitgeber entsprängen.[158] Bei den von der Christlichen Gewerkschaft Bergbau-Chemie-Energie geschlossenen Anschlusstarifverträgen handele es sich, nach der Ansicht des Bundesarbeitsgerichts, ausnahmslos um Diktate der Arbeitgeberseite, weil die Christliche Gewerkschaft Bergbau-Chemie-

---

[153] BAG v. 28.3.2006, AP Nr. 4 zu § 2 TVG Tariffähigkeit.

[154] BAG v. 10.9.1985, AP Nr. 34 zu § 2 TVG; BAG v. 28.3.2006, AP Nr. 4 zu § 2 TVG Tariffähigkeit.

[155] BAG v. 28.3.2006, AP Nr. 4 zu § 2 TVG Tariffähigkeit: Dagegen ist es nicht zu beanstanden, wenn eine Gewerkschaft zum Zwecke der Beschäftigungssicherung Konzessionen bei den Arbeitsbedingungen für angemessen hält.

[156] BAG v. 16.1.1990, AP Nr. 38 zu § 2 TVG.

[157] BAG v. 28.3.2006, AP Nr. 4 zu § 2 TVG Tariffähigkeit.

[158] BAG v. 25.11.1986, AP Nr. 36 zu § 2 TVG; BAG v. 14.12.2004, AP Nr. 1 zu § 2 TVG Tariffähigkeit; LAG Stuttgart v. 1.10.2004, NZA-RR 05, 85 (87); vgl. auch Kempen/Zachert/*Kempen* § 2 TVG Rn 46.

Energie es an jedem konkreten Vorbringen in Bezug auf ihre Vorstellungen hinsichtlich des Inhalts der Tarifverträge habe fehlen lassen.[159]

Im Verfahren um die Tariffähigkeit der Christlichen Gewerkschaft Metall war die Bedeutung der abgeschlossenen Anschlusstarifverträge umstritten. Die Berufungsinstanz lehnte ihre Indizwirkung für eine bestehende Durchsetzungskraft ab, da durch sie nicht erkennbar sei, inwiefern die Christliche Gewerkschaft Metall eigene tarifpolitische Interessen hätte durchsetzen können.[160] Dagegen ging das Bundesarbeitsgericht nunmehr davon aus, dass der Abschluss von Anschluss- und Anerkennungstarifverträgen eher ein Zeichen von Stärke als von Schwäche einer Gewerkschaft sei, weil bei einer völlig unbeachtlichen Koalition für die Arbeitgeberseite keine Veranlassung bestünde, einen Anschlusstarifvertrag zu vereinbaren. Insofern bedürfe es, entgegen vorangegangener Entscheidungen des Bundesarbeitsgerichts, grundsätzlich keiner näheren Feststellungen mehr, welche Umstände zum Abschluss der Anschlusstarifverträge geführt hätten und welcher Zweck mit ihnen verfolgt worden sei.[161]

Einheitlich wurden hingegen die originären Tarifverträge der Christlichen Gewerkschaft Metall bewertet, da sie sich ihrem Inhalt nach von der Tarifpolitik der Industriegewerkschaft Metall unterschieden. So gebe es beispielsweise abgesenkte Einstiegstarife für Langzeitarbeitslose und Neueinstellungen. Jedenfalls im Handwerksbereich habe die Christliche Gewerkschaft Metall ihre Tarifverträge nicht auf Wunsch der Arbeitgeberseite abgeschlossen. Folglich sei die Stellung eines „Lückenbüßers" im Falle der Christlichen Gewerkschaft Metall nicht auszumachen.[162] Gleiches gelte für die Unabhängige Flugbegleiter Organisation, obwohl die von ihr vereinbarten Tarifverträge zum Großteil Anschlusstarifverträge seien.[163]

Regelmäßig irrelevant bei der Feststellung der Tariffähigkeit sei, ob die geschlossenen Tarifverträge im Tarifregister nach § 6 TVG eingetragen würden, da das Tarifregister weder eine negative noch eine positive Publizitätswirkung beinhalte. Die Eintragung sage nicht, ob der Tarifvertrag von tariffähigen Parteien abgeschlossen würde.[164]

---

[159] BAG v. 16.1.1990, AP Nr. 39 zu § 2 TVG; kritisch *Bayreuther* BB 05, 2633 (2635).

[160] LAG Stuttgart v. 1.10.2004, NZA-RR 05, 85 (87).

[161] BAG v. 28.3.2006, AP Nr. 4 zu § 2 TVG Tariffähigkeit.

[162] BAG v. 28.3.2006, AP Nr. 4 zu § 2 TVG Tariffähigkeit; LAG Stuttgart v. 1.10.2004, NZA-RR 05, 85 (87).

[163] BAG v. 14.12.2004, AP Nr. 1 zu § 2 TVG Tariffähigkeit.

[164] BAG v. 6.6.2000, AP Nr. 55 zu § 2 TVG; *Böhm* DB 04, 137 (137); Wiedemann/*Oetker* § 6 TVG Rn 27.

Hat eine Arbeitnehmervereinigung noch nicht aktiv am Tarifgeschehen teilgenommen, lässt sich ihre Tariffähigkeit nur prognostisch beurteilen. Die Koalition, die Tariffähigkeit beansprucht, hat dazu Tatsachen darzulegen und zu beweisen, die den Schluss rechtfertigen, der soziale Konterpart werde den Arbeitnehmerverband nicht ignorieren können.[165]

b) Organisatorische Leistungsfähigkeit

Neben die Voraussetzung der Durchsetzungsfähigkeit tritt das mit ihr eng verzahnte Kriterium der organisatorischen Leistungsfähigkeit. Das Bundesarbeitsgericht sah in dem Verfahren über die Tariffähigkeit des Verbandes der oberen Angestellten der Eisen- und Stahlindustrie eine Koalition nur dann als sozial mächtig an, wenn ihr organisatorischer Aufbau sie dazu qualifiziere, tarifliche Aufgaben zu erfüllen.[166] Der Ursprung des Kriteriums der organisatorischen Leistungsfähigkeit liege darin, dass ein Verband in der Lage sein müsse, den Abschluss eines Tarifvertrages vorzubereiten und dafür Sorge zu tragen, dass ein von ihm geschlossener Tarifvertrag auch eingehalten und durchgeführt werde. Neben der Prognose der konjunkturellen Entwicklung und dem Beobachten der sonstigen Rahmenbedingungen, müssten Gremien wie Schiedsstellen und gemeinsame Ausschüsse – etwa zu Fragen der Eingruppierungen – besetzt werden. Letztlich müsse die Gewerkschaft auch überprüfen können, ob der Tarifvertrag noch dem Interesse der Mitglieder entspreche oder ob er gekündigt werden müsse. Nur eine solche Überprüfung rechtfertige die Normgeltung des Tarifvertrags. Hierzu bedürfe es außer Finanzkraft hinreichenden Personals und Sachmittel.[167] Insofern entfalte eine nennenswerte Zahl geschlossener Tarifverträge auch eine gewisse Indizwirkung für das Vorliegen der organisatorischen Leistungsfähigkeit zu deren Vorbereitung und Abschluss.[168]

Einerseits genügte die finanzielle Grundlage des Verbandes der oberen Angestellten der Eisen- und Stahlindustrie diesen Anforderungen, obwohl dessen Satzung keine Zahlung einer Streikunterstützung vorsah und das Beitragsvolumen für die Zahlung einer Streikunterstützung in üblicher Höhe

---

[165] BAG v. 28.3.2006, AP Nr. 4 zu § 2 TVG Tariffähigkeit.

[166] BAG v. 15.3.1977, AP Nr. 24 zu Art. 9 GG; BAG v. 16.11.1982, AP Nr. 32 zu § 2 TVG.

[167] BAG v. 10.9.1985, AP Nr. 34 zu § 2 TVG; BAG v. 25.11.1986, AP Nr. 36 zu § 2 TVG; BAG v. 16.1.1990, AP Nr. 39 zu § 2 TVG; BAG v. 6.6.2000, AP Nr. 55 zu § 2 TVG; BAG v. 14.12.2004, AP Nr. 1 zu § 2 TVG Tariffähigkeit; BAG v. 28.3.2006, AP Nr. 4 zu § 2 TVG Tariffähigkeit; LAG Berlin v. 21.6.1996, AP Nr. 48 zu § 2 TVG; LAG Mainz v. 22.6.2004, AP Nr. 169 zu Art. 9 GG; vgl. auch *Löwisch/Rieble* § 2 TVG Rn 53 f.; MüArbR/*Löwisch/Rieble* § 255 Rn 16 f.

[168] BAG v. 28.3.2006, AP Nr. 4 zu § 2 TVG Tariffähigkeit.

nicht gereicht hätte, weil laut Bundesarbeitsgericht auch durch kurze Arbeitskämpfe genügend Druck auf den Sozialpartner ausgeübt werden könne.[169]

Andererseits wurde nach der Ansicht des Bundesarbeitsgerichts der organisatorische Aufbau mehrerer Arbeitnehmerverbände diesem Merkmal nicht gerecht. So sah es in Übereinstimmung mit dem Bundesverfassungsgericht erstmals beim Deutschen Arbeitnehmer-Verband das Kriterium der organisatorischen Leistungsfähigkeit nicht erfüllt, da jener nur wenige Gewerkschaftssekretäre und Mitarbeiter beschäftigte und nur fünf Geschäftsstellen unterhielt, obwohl sich sein Zuständigkeitsbereich auf alle Branchen im gesamten Bundesgebiet erstreckte.[170] Auch in dem Verfahren um die Anerkennung der Tariffähigkeit der Christlichen Gewerkschaft Bergbau-Chemie-Energie sah das Bundesarbeitsgericht eine zu große Differenz zwischen dem weit gestreuten Zuständigkeitsbereich und der unzulänglichen Organisation.[171] Die Ausstattung mit sachlichen und personellen Mittel spielte gerade in dem Beschluss über die Tariffähigkeit des Interessenverbands der Bediensteten der Technischen Überwachung eine wesentliche Rolle. Das Bundesarbeitsgericht hielt sie in diesem Fall für ungenügend, so dass sie keinen Schluss auf eine entsprechende Leistungsfähigkeit zuließen.[172]

Anders entschied das Bundesarbeitsgericht in Bezug auf die Tariffähigkeit der Unabhängigen Flugbegleiter Organisation. Bei einem hoch spezialisierten Verband, dessen Mitglieder alle einer Berufsgruppe angehörten, zu einem Großteil an zwei Flughäfen erreichbar seien und sich im Übrigen auf eine überschaubare Zahl von Flughäfen verteilten, genüge bereits eine geringe Zahl hauptamtlich Beschäftigter und ein relativ kleiner Apparat, um die Verbandsmitglieder zu erreichen, die Belegschaften anzusprechen, die Verhandlungen und den Abschluss von Tarifverträgen vorzubereiten und deren Durchführungen zu überwachen. Erstrecke sich der Zuständigkeitsbereich auf das gesamte Bundesgebiet und auf Arbeitnehmer in einer Vielzahl von Berufen und Sparten werde dagegen regelmäßig eine erhebliche organisatorische Ausstattung in der Fläche erforderlich sein.[173] Folglich können seit dieser Entscheidung an den erforderlichen Organisationsaufbau – wie an die Bestimmung der relevanten Mitgliederzahl – keine starren Anforderungen mehr gestellt werden. Entscheidend ist, ob die Organisation ihre Aufgaben

---

[169] BAG v. 15.3.1977, AP Nr. 24 zu Art. 9 GG.

[170] BVerfG v. 20.10.1981, BVerfGE 58, 233 (251 f.); BAG v. 14.3.1978, AP Nr. 30 zu § 2 TVG.

[171] BAG v. 16.1.1990, AP Nr. 39 zu § 2 TVG.

[172] BAG v. 6.6.2000, AP Nr. 55 zu § 2 TVG.

[173] BAG v. 14.12.2004, AP Nr. 1 zu § 2 TVG Tariffähigkeit; bestätigt in BAG v. 28.3.2006, AP Nr. 4 zu § 2 TVG Tariffähigkeit.

bezogen auf den selbst bestimmten Zuständigkeitsbereich erfüllen kann. Infolgedessen müssen Organisationsstruktur und Organisationsbereich in einem ausgewogenen Verhältnis zueinander stehen.

In dem Verfahren um die Tariffähigkeit der Christlichen Gewerkschaft Metall gingen das Bundesarbeitsgericht und Landesarbeitsgericht Baden-Württemberg anders als die erste Instanz davon aus, dass die Christliche Gewerkschaft Metall den Erfordernissen der organisatorischen Leistungsfähigkeit selbst bei ihrem weiten Zuständigkeitsbereich genüge tue, wenn man bedenke, dass heute moderne Kommunikationsmittel wie ein Internetauftritt eine wesentlich bessere Informationsvermittlung erlaubten, als das noch zu Beginn der neunziger Jahre möglich gewesen sei, als das Bundesarbeitsgericht über die Tariffähigkeit der Christlichen Gewerkschaft Bergbau-Chemie-Energie entschied und deren Tariffähigkeit verneinte.[174] Ebenso werde eine leistungsfähige Organisation meist einen hauptamtlichen Mitarbeiterapparat erfordern. Dabei handele es sich aber nicht um eine unabdingbare Voraussetzung. Eine leistungsfähige Organisation könne auch auf der Grundlage ehrenamtlicher Mitarbeiter beruhen.[175]

Davon unabhängig sei, so das Bundesarbeitsgericht in der Entscheidung um die Tariffähigkeit der Unabhängigen Flugbegleiter Organisation, irrelevant, ob eine Koalition in der Lage sei, im Falle eines rechtswidrigen Streiks den Arbeitgebern Schadensersatz zu leisten. Zum einen wäre es widersprüchlich, bei der Prüfung der Gewerkschaftseigenschaft erst die Anerkennung des geltenden Tarifrechts zu verlangen und ihr gleichzeitig rechtswidriges Verhalten zu unterstellen. Zum anderen wäre ein ansonsten rechtmäßiger Streik in zirkulärer Weise nur deshalb rechtswidrig, weil die Arbeitnehmervereinigung keinen Schadensersatz erbringen könnte.[176]

c) Anzahl gewonnener Betriebs- und Aufsichtsratsmandate

Nicht zur Bestimmung der sozialen Mächtigkeit kann nach der Meinung von Bundesverfassungsgericht und Bundesarbeitsgericht das Erringen von Betriebsratsmandaten herangezogen werden, weil neben Gewerkschaften auch andere Zusammenschlüsse auf den Wahllisten auftreten könnten. So zählten die Aufsichts- und Betriebsratsmandate der Christlichen Gewerkschaft Bergbau-Chemie-Energie nicht als Indiz ihrer sozialen Mächtigkeit. Unabhängig davon urteilten die beiden Gerichte in dem Verfahren über die

---

[174] BAG v. 28.3.2006, AP Nr. 4 zu § 2 TVG Tariffähigkeit; LAG Stuttgart v. 1.10.2004, NZA-RR 05, 85 (90); zur Vorinstanz siehe ArbG Stuttgart v. 12.9.2003, NZA-RR 04, 540 (540 ff.).

[175] BAG v. 28.3.2006, AP Nr. 4 zu § 2 TVG Tariffähigkeit.

[176] BAG v. 14.12.2004, AP Nr. 1 zu § 2 TVG Tariffähigkeit; a.A. *Kempen* in FS 50 Jahre BAG S. 733 (749).

Tariffähigkeit des Deutschen Arbeitnehmer-Verbands, dass jedenfalls 16 errungene Betriebsratsmandate gegenüber der in Betracht kommenden Gesamtzahl der Betriebsratsmandate im Zuständigkeitsbereich des Deutschen Arbeitnehmer-Verbands äußerst gering seien.[177]

Dennoch kann nach einer Meinung im Schrifttum das Erringen von Sitzen in Betriebs- und Aufsichtsräten zu Recht ein Anzeichen für Erfahrungen im sozialpolitischen Tagesgeschäft sein, weil es zeige, ob die Gewerkschaft unter den Arbeitnehmern Gehör finde und im Verhältnis zu ihren Mitgliedern Autorität ausstrahle.[178] Folglich kann in einer Gesamtschau der Umstände des Einzelfalls auch die Berücksichtigung der gewonnenen Betriebs- und Aufsichtsratsmandate einer Koalition für deren Tariffähigkeit sprechen.

III. Resümee

Ergibt eine Beurteilung aller genannten Aspekte im Einzelfall, dass eine Koalition den vorangegangenen Kriterien gerecht wird, ist sie nicht nur als Koalition im Sinne von Art. 9 Abs. 3 GG anzusehen, sondern darüber hinaus als Gewerkschaft. Erst dann steht ihr gemäß § 2 Abs. 1 TVG das Recht zu, Partei eines Tarifvertrages zu sein. Wie die Darstellung der einzelnen Entscheidungen der Gerichte für Arbeitssachen gezeigt hat, führt die Mächtigkeitslehre zu einer Selektion der Arbeitnehmerverbände. Viele Zusammenschlüsse erreichen nie den Status einer tariffähigen Gewerkschaft.

Zwar gebietet die Privatautonomie, dass Arbeitnehmergruppen, denen keine Tariffähigkeit, wohl aber die Koalitionseigenschaft zukommt, grundsätzlich auch außertarifliche Koalitionsvereinbarungen mit der Arbeitgeberseite aushandeln können. Solche als Vertrag zugunsten Dritter ausgestalteten Koalitionsvereinbarungen begründen gemäß § 328 BGB auch Ansprüche und Verpflichtungen der Arbeitnehmer.[179] Die Unterscheidung, ob es sich bei einem Verband um eine tariffähige Gewerkschaft oder lediglich um eine einfache arbeitsrechtliche Koalition handelt, scheint daher wenig prekär zu sein. Jedoch ist dieser Umstand nicht befriedigend. Eine außertarifliche Koalitionsvereinbarung entfaltet nicht die in §§ 3, 4 TVG für einen Tarifvertrag vorgesehene normative Wirkung, so dass solch eine Vereinbarung weder von den Mitgliedern, noch von beitrittswilligen Arbeitnehmern akzeptiert würde.[180] Dem Vertrag zugunsten Dritter gebührt auch

---

[177] BVerfG v. 20.10.1981, BVerfGE 58, 233 (251 f.); BAG v. 14.3.1978, AP Nr. 30 zu § 2 TVG.

[178] *Gamillscheg* § 9 IV 3. (5); Richardi/*Richardi* § 2 BetrVG Rn 58.

[179] *Löwisch/Rieble*, Grundlagen Rn 66 f.; Wiedemann/*Thüsing* § 1 TVG Rn 25.

[180] *Bayreuther* BB 05, 2633 (2640); Wiedemann/*Thüsing* § 1 TVG Rn 25.

kein Vorrang vor der betrieblichen Mitbestimmung nach §§ 77 Abs. 3, 87 Abs. 1 BetrVG. Ebenso lässt er sich weder durch Allgemeinverbindlichkeitserklärung gemäß § 5 Abs. 4 TVG auf Außenseiter erstrecken, noch wird ihm die Privilegierung des Tarifvertrages aus § 310 Abs. 4 BGB zuteil. Desgleichen verdrängt ein Vertrag zugunsten Dritter tarifdispositives Recht nicht. Zudem kann der Abschluss einer außertariflichen Koalitionsvereinbarung nicht von einer nicht tariffähigen Arbeitnehmerorganisation durch Arbeitskampf erzwungen werden, weil ein rechtmäßiger Streik nach ganz überwiegender Ansicht nur von tariffähigen Organisationen geführt werden kann.[181] Letztlich bleiben einer nicht tariffähigen Arbeitnehmergruppierung sämtliche Sekundärrechte einer Gewerkschaft vorenthalten, da nach der Auffassung des Bundesarbeitsgerichts der Gewerkschaftsbegriff in der Rechtsordnung stets dieselbe Bedeutung hat.[182] Somit ist von entscheidender Bedeutung, ob eine Vereinigung von Arbeitnehmern als durchsetzungs- und tariffähige Gewerkschaft anzusehen ist.

Die Zusammenstellung der höchstrichterlichen Entscheidungen zeigt, dass die Entscheidungspraxis zur Tariffähigkeit keinesfalls statisch ist. Sie befindet sich ganz im Gegenteil in stetiger Bewegung. Diese von der unterschiedlich starken Gewichtung der einzelnen Kriterien ausgehende Dynamik erlaubt es der Rechtsprechung Einzelfallentscheidungen zu treffen, die sich trotzdem im Rahmen eines festen Systems bewegen. Dieser Vorteil birgt aber zugleich den Nachteil in sich, vor Verfahrensbeginn Chancen und Risiken eines sich über Jahre hinziehenden Verfahrens einzuschätzen und abzuwägen. Vor Verfahrenseröffnung ist es nahezu unmöglich, vorherzusagen, ob der Verband als tariffähig anzusehen ist. Besonders deutlich wird dies an den unterschiedlichen Verfahrensausgängen über die Tariffähigkeit des Interessenverbands der Bediensteten der Technischen Überwachung und derjenigen der Unabhängigen Flugbegleiter Organisation. Beide Verbände streben die Vertretung sehr spezieller Berufsgruppen beschränkt auf wenige Standorte an. Sowohl der Interessenverband der Bediensteten der Technischen Überwachung als auch die Unabhängige Flugbegleiter Organisation verfügen weder über hohe absolute Mitgliederzahlen, noch über eine ausgeprägte Organisationsstruktur. Dennoch hat das Bundesarbeitsgericht dem Interessenverband der Bediensteten der Technischen Überwachung die Tariffähigkeit versagt und

---

[181] Statt aller: BAG v. 20.12.1963, AP Nr. 32 zu Art. 9 GG Arbeitskampf; BAG v. 14.2.1978, AP Nr. 58 zu Art. 9 GG Arbeitskampf; BAG v. 7.6.1988, AP Nr. 106 zu Art. 9 GG Arbeitskampf; *Brox/Rüthers/Schlüter/Jülicher* Rn 132; *Gamillscheg* § 22 I. 4. b) (2); *Hanau/Adomeit* Rn 282; MüArbR/*Otto* § 285 Rn 48; *Preis* § 115 I 1.; *Zöllner/Loritz* § 40 VI 1.

[182] BAG v. 6.7.1956, AP Nr. 11 zu § 11 ArbGG 1953; BAG v. 23.4.1971, AP Nr. 2 zu § 97 ArbGG 1953; BAG v. 21.11.1975, AP Nr. 6 zu § 118 BetrVG; BAG v. 15.3.1977, AP Nr. 24 zu Art. 9 GG; zum einheitlichen Gewerkschaftsbegriff siehe S. 57 ff.

diejenige der Unabhängigen Flugbegleiter Organisation anerkannt. Während das Bundesarbeitsgericht die Tariffähigkeit des Interessenverbandes der Bediensteten der Technischen Überwachung noch sehr restriktiv bewertete, hat es in den beiden darauf folgenden Entscheidungen zur Tariffähigkeit Unabhängigen Flugbegleiter Organisation und der Christlichen Gewerkschaft Metall wieder eine großzügigere Auffassung vertreten.

Solche Schwankungen der Rechtsprechung sind der Rechtssicherheit abträglich. Vielen Vereinigungen, deren Tariffähigkeit im Streit steht, gelingt es nicht mehr, Verhandlungen mit dem sozialen Gegenspieler aufzunehmen, da die Wahrscheinlichkeit zu groß ist, dass ein ausgehandelter Tarifvertrag mangels Tariffähigkeit der Gewerkschaft *ex tunc* für nichtig erklärt werden muss. Während ein hoch spezialisierter kleiner Verband zwar grundsätzlich eher davon ausgehen kann, dass ihm die Gewerkschaftseigenschaft nicht versagt wird, birgt die Rechtsprechung für kleine Koalitionen mit einem breit gefächerten Zuständigkeitsbereich ein hohes Risiko.

Trotz der letzten für kleine Gewerkschaften erfreulichen Entscheidungen wird das Ziel eines verstärkten Koalitionspluralismus von der Rechtsprechung zur sozialen Mächtigkeit, welche das staatliche Interesse an der reibungslosen Funktionsfähigkeit und der Effizienz des Tarifvertragssystems und die Übersichtlichkeit der Strukturen über die Selbstentfaltungsinteressen der einzelnen Koalitionen und ihrer Mitglieder stellt, zu wenig unterstützt. So kommt – bei aller Dynamik der Rechtsprechung – viel Starrheit ins Koalitionsrecht.[183] Deswegen ist es nicht verwunderlich, dass diese Rechtsprechung sowohl Zuspruch,[184] als auch umfassende Kritik gefunden hat, auf die in den nächsten Kapiteln näher eingegangen werden soll.

---

[183] *Hanau/Adomeit* Rn 170.

[184] *Brox/Rüthers/Schlüter/Jülicher* Rn 132; DKK/*Berg* § 2 BetrVG Rn 13; *Dütz* AuR 76, 65 (78); *Fitting* § 2 BetrVG Rn 37 f.; *Hagemeier* AuR 88, 193 (197); *Hagemeier* DB 84, 718 (720 f.); *Hanau* NZA 03, 128 (129); *Herschel* AuR 76, 225 (237 f.); Kempen/Zachert/*Kempen* § 2 TVG Rn 38 ff. und § 2 TVG Rn 19 ff.; *Konzen* ZfA 78, 451 (457 f.); *Löwisch* SAE 72, 229 (231); *Löwisch/Rieble* § 2 TVG Rn 35; MüArbR/*Löwisch/Rieble* § 248 Rn 8 ff.; Von Münch/Kunig/*Löwer* Art. 9 GG Rn 76; *Söllner* AuR 76, 321 ff.; *Söllner/Waltermann* Rn 379; *Zachert* AuR 86, 321 (324).

D. Der relative Gewerkschaftsbegriff

Nach ständiger Auffassung des Bundesarbeitsgerichts hat der Gewerkschaftsbegriff in der Rechtsordnung stets dieselbe Bedeutung.[185] Konsequenz des einheitlichen Gewerkschaftsbegriffs ist, dass das Merkmal der sozialen Mächtigkeit nicht nur im Tarifrecht, sondern auch im Prozessrecht, im Betriebsverfassungs- und Personalvertretungsrecht, im Mitbestimmungsrecht sowie im Sozialrecht Relevanz erlangt.[186] Dementsprechend muss eine Gewerkschaft, selbst wenn sie nur in Ausübung ihrer prozess-, betriebsverfassungs-, mitbestimmungs- und sozialrechtlichen Sekundärrechte handelt, in der Lage sein, durch Ausüben von Druck und Gegendruck auf den sozialen Gegenspieler Tarifverträge abzuschließen. Weil es bis auf hoch spezialisierten Nischenverbänden kaum einer kleinen oder neu gegründeten Organisation gelungen ist, Druck auf den sozialen Gegenspieler auszuüben und ihre tarifpolitischen Vorstellungen effektiv durchzusetzen, wurde ihnen der Gewerkschaftsstatus durch die Rechtsprechung des Bundesarbeitsgerichts vollkommen vorenthalten.[187] Folglich verhindert die hohe Hürde des Tarifrechts die Ausübung der sozialpolitischen, gesellschafts- und gemeinnützigen Sekundärrechte kleiner Verbände nahezu vollständig, so dass einem breiten Koalitionspluralismus von vornherein die Grundlage entzogen wird. Daher muss sich die Rechtsprechung die Frage gefallen lassen, ob das rein tarifrechtliche Merkmal der Durchsetzungsfähigkeit auch bei der Ausübung der gewerkschaftlichen Sekundärrechte eine Rolle spielen darf.

Eine große Zahl Kritiker wendet sich nicht direkt gegen das Kriterium der sozialen Mächtigkeit, sondern nur gegen dessen Anwendung im Bereich derjenigen gewerkschaftlichen Sekundärrechte, die keine Berührungspunkte mit dem Tarifrecht aufweisen. Sie sind der Ansicht, dass die Rechtsprechung

---

[185] BAG v. 6.7.1956, AP Nr. 11 zu § 11 ArbGG 1953; BAG v. 23.4.1971, AP Nr. 2 zu § 97 ArbGG 1953; BAG v. 21.11.1975, AP Nr. 6 zu § 118 BetrVG; BAG v. 15.3.1977, AP Nr. 24 zu Art. 9 GG; v. 19.9.2006, AP Nr. 5 zu § 2 BetrVG 1972.

[186] Vgl. u.a. §§ 10, 11 Abs. 2 ArbGG, §§ 14 Abs. 1, 73 Abs. 6, 166 Abs. 2 SGG, §§ 2 Abs. 3, 19 Abs. 2, 23 Abs. 1 und 3, 35 Abs. 1, 46 BetrVG, § 2 Abs. 1 BPersVG, §§ 7 Abs. 2, 16 Abs. 2 MitbestG, § 48a SGB IV.

[187] Vgl. alle Verfahren, in denen die Durchsetzungsfähigkeit einer Arbeitnehmervereinigung rechtskräftig abgelehnt wurde: BVerfG v. 20.10.1981, BVerfGE 58, 233 (246 ff.); BAG v. 9.7.1968, AP Nr. 25 zu § 2 TVG; BAG v. 16.11.1982, AP Nr. 32 zu § 2 TVG; BAG v. 16.1.1990, AP Nr. 38 zu § 2 TVG; BAG v. 16.1.1990, AP Nr. 39 zu § 2 TVG; BAG v. 6.6.2000 AP Nr. 55 zu § 2 TVG; LAG Frankfurt v. 13.12.1967, AP Nr. 26 zu § 2 TVG; LAG Berlin v. 21.6.1996, AP Nr. 48 zu § 2 TVG; ArbG Gera v. 17.10.2002, AZ <2 BV 3/00> (kurz in AuR 03, 198).

zum einheitlichen Gewerkschaftsbegriff die positive Koalitionsfreiheit kleiner und in der Entstehung begriffener Verbände und ihrer Mitglieder zu stark einschränkt. Infolgedessen ist ihrer Meinung nach der einheitliche Gewerkschaftsbegriff abzulehnen. Stattdessen favorisieren sie einen auf die Anforderungen der einzelnen Vorschriften bezogenen relativen Gewerkschaftsbegriff.[188] Während unter anderem das Bundesverfassungsgericht die Frage nach der Relativität des Gewerkschaftsbegriffs offen gelassen hat,[189] wird der absolute und übereinstimmende Gewerkschaftsbegriff vom Bundesarbeitsgericht und in Teilen der Literatur weiterhin angewandt.[190] Somit ist anhand der juristischen Methodik zu überprüfen, ob der Gewerkschaftsbegriff weiterhin absolut und einheitlich oder zukünftig relativ bezogen auf die einzelnen Vorschriften bestimmt werden muss.

I. Grammatikalisches Argument

Überall dort, wo nach dem Bundesarbeitsgericht und der übereinstimmenden Auffassung in der Literatur das Erfordernis der sozialen Mächtigkeit zum Tragen kommen soll, spricht das Gesetz von Gewerkschaften, ohne diesen Begriff näher zu spezifizieren. In einem solchen Fall spricht die Einheit der Rechtsordnung für einen einheitlichen gesetzesübergreifenden Gewerkschaftsbegriff. Wählt der Gesetzgeber in Normen verschiedener Gesetze denselben Wortlaut, so ist davon auszugehen, dass er auch dasselbe meint. Ausdrücke, die in der Rechtssprache eine spezifische Bedeutung erhalten haben, werden in den einzelnen Gesetzen meist in dieser speziellen

---

[188] Statt aller: ArbG Stuttgart v. 12.9.2003, NZA-RR 04, 540 (540 f.); *Bayreuther* BB 05, 2633 (2640); *Brox* SAE 86, 232 (233 f.); *Buchner* in FS 25 Jahre BAG S. 55 (68 ff.); *Dütz* DB 96, 2385 (2390); ErfK/*Franzen* § 2 TVG Rn 16; *Franzen* RdA 01, 1 (7); *Gamillscheg* § 9 IV 3. e); *Gamillscheg* in FS – Herschel, S. 99 (114 f.); GK – BetrVG/ *Kraft/Franzen* § 2 BetrVG Rn 33; *Grunsky* JZ 77, 473 (474); *Jülicher* ZfA 80, 121 (128); *Kocher* DB 05, 2816 (2817); *Konzen* ZfA 78, 451 (456); *Löwisch* SAE 72, 229 (231); *Richardi* AuR 86, 33 (35); *Rieble* in FS Wiedemann S. 519 (527 f.); *Rieble* BB 04, 885 (885); *Schleusener* NZA 99, 408 (409 f.); Ulmer/Habersack/Henssler/*Henssler* § 7 MitbestG Rn 61 ff.; *Wahl* § 8 II, IV; *Wank/Ramrath* NZA 93, 345 (349); *Wiedemann* Anm. zu AP Nr. 24 zu Art. 9 GG II 3.; Wiedemann/*Oetker* § 2 TVG Rn 216 f.

[189] BVerfG v. 20.10.1981, BVerfGE 58, 233 (252); LAG Stuttgart v. 1.10.2004, 4 TaBV 1/04 S. 14 (Zulässigkeit in NZA-RR 05, 85 ff. nicht veröffentlicht).

[190] Statt aller: BAG v. 19.9.2006, AP Nr. 5 zu § 2 BetrVG 1972; ErfK/*Eisemann* § 2 BetrVG Rn 4; ErfK/*Koch* § 11 ArbGG Rn 7; *Fitting* § 2 BetrVG Rn 32; *Germelmann/ Matthes/Prütting/Müller-Glöge* § 11 ArbGG Rn 57 ff.; *Hagemeier* DB 84, 718 (721); *Hanau* NZA 03, 128 (130); Kempen/Zachert/*Kempen* § 2 TVG Rn 77 f.; *Raiser* § 7 MitbestG Rn 15; Richardi/*Richardi* § 2 BetrVG Rn 31; *Rüthers* ZfA 82, 237 (246); *Rüthers/Roth* Anm. zu BAG AP Nr. 32 zu § 2 TVG unter II. 5.d); Wlotzke/Preis/*Preis* § 2 BetrVG Rn 13.

Bedeutung gebraucht[191] Da nach der Auffassung des Bundesarbeitsgerichts das für die Unterscheidung einer Gewerkschaft von sonstigen Arbeitnehmervereinigungen konstitutive Begriffsmerkmal die Tariffähigkeit sei, sei dieses Merkmal bei jeder Norm als Tatbestandvoraussetzung zu berücksichtigen.[192] Es ist aber immer zu berücksichtigen, dass der identische Wortlaut nur ein Indiz für einen übereinstimmenden Begriffssinn in unterschiedlichen Normen ist. Abweichungen sind niemals ganz ausgeschlossen. Ein dem Wortlaut nach identischer Begriff bietet nicht die Gewähr dafür, dass dieser Ausdruck an jeder Stelle der Gesetze in einem einheitlichen Sinn zu verstehen ist. Es darf heute als Selbstverständlichkeit angesehen werden, dass ein- und derselbe Begriff je nach dem konkreten Zusammenhang, in dem er vom Gesetzgeber benutzt wird, einen unterschiedlichen Inhalt haben kann.[193] Somit lässt sich entgegen der Aussage des Bundesarbeitsgerichts aus dem identischen Wortlaut der Normen kein Argument für oder wider einen absoluten bzw. relativen Gewerkschaftsbegriff gewinnen.

II. Systematisches Argument

Für einen absoluten Gewerkschaftsbegriff könnte die Systematik einzelner Gesetze sprechen. Teilweise verwendet der Gesetzgeber den Gewerkschaftsbegriff neben dem Begriff der selbständigen Vereinigungen von Arbeitnehmern mit sozial- oder berufspolitischer Zwecksetzung.

1. Prozessrecht

Diese Unterscheidung findet sich beispielsweise in § 11 Abs. 1 Satz 2, 3 und Abs. 2 Satz 2 ArbGG. Nach § 11 Abs. 1 Satz 2, 3 ArbGG können sich die Parteien vor den Arbeitsgerichten sowohl durch Vertreter von Gewerkschaften oder von Vereinigungen von Arbeitgebern oder von Zusammenschlüssen solcher Verbände, als auch durch Vertreter von selbständigen Vereinigungen von Arbeitnehmern mit sozial- oder berufspolitischer Zwecksetzung vertreten lassen. Gemäß § 11 Abs. 2 Satz 2 ArbGG stehen vor den Landesarbeitsgerichten ausschließlich Vertreter von Gewerkschaften oder von Vereinigungen von Arbeitgebern oder von Zusammenschlüssen solcher Verbände den Rechtsanwälten als Prozessbevollmächtigte gleich. Während

---

[191] BAG v. 19.9.2006, AP Nr. 5 zu § 2 BetrVG 1972; Kempen/Zachert/*Kempen* § 2 TVG Rn 78; *Larenz* II. 4, 2. a); *Wank/Ramrath* NZA 93, 345 (349).

[192] BAG v. 19.9.2006, AP Nr. 5 zu § 2 BetrVG 1972.

[193] *Brox* SAE 86, 232 (234); ErfK/*Franzen* § 2 TVG Rn 16; GK – BetrVG/*Kraft*/ *Franzen* § 2 BetrVG Rn 33; *Grunsky* JZ 77, 473 (474); *Larenz* II. 4, 2. a); *Wahl* § 8 II.

demnach bei Zugrundelegung des absoluten Gewerkschaftsverständnisses in der ersten Instanz sowohl Vertreter tariffähiger Gewerkschaften, als auch Vertreter selbständiger Vereinigungen von Arbeitnehmern mit sozial- oder berufspolitischer Einstellung als Prozessvertreter agieren können, sind vor den Landesarbeitsgerichten nur noch Vertreter tariffähiger Gewerkschaften postulationsfähig. Ähnliche Formulierungen finden sich auch in den §§ 73 Abs. 6 Satz 3, 166 Abs. 2 SGG über die Vertretung vor den Sozialgerichten und die Aufstellung der Vorschlagslisten für die ehrenamtlichen Richter der Sozialgerichtsbarkeit gemäß § 14 Abs. 1 SGG.

Wenn der Gesetzgeber es für notwendig erachtet, die selbständigen Vereinigungen beispielsweise in § 11 Abs. 1 Satz 3 ArbGG gesondert zu nennen, bedeutet dies nach einer Auffassung, dass diese Verbände noch nicht von § 11 Abs. 1 Satz 2, Abs. 2 Satz 2 ArbGG erfasst werden und der Gesetzgeber zwischen Gewerkschaften und sonstigen Verbänden strikt trennen will. Deshalb ist anzunehmen, dass der Gesetzgeber von einem einheitlichen Gewerkschaftsbegriff ausgeht. Andernfalls müsste keine Unterscheidung für die Vertretung vor den unterschiedlichen Instanzgerichten vorgenommen werden.[194]

Diese Sichtweise ist selbst für das Arbeitsgerichtsgesetz nicht zwingend. Aus dessen Systematik ergibt sich nur, dass die Anforderungen an den Gewerkschaftsbegriff in § 11 Abs. 1 Satz 2, Abs. 2 Satz 2 ArbGG nicht soweit herabgesetzt werden dürfen, dass für § 11 Abs. 1, Satz 3 ArbGG keine eigenständige Bedeutung verbleibt.[195] Das heißt, dass die Voraussetzungen von § 11 Abs. 1 Satz 2, Abs. 2 Satz 2 ArbGG nicht vollkommen mit denen aus § 11 Abs. 1, Satz 3 ArbGG übereinstimmen dürfen. Dagegen bedeutet es nicht, dass § 2 Abs. 1 TVG und § 11 Abs. 1 Satz 2, Abs. 2 Satz 2 ArbGG dieselben Voraussetzungen teilen müssen. Insofern können zwischen den einzelnen Normen Unterschiede in der Bedeutung des Begriffs Gewerkschaft bestehen. Deshalb spricht die Systematik des ArbGG nicht gegen eine gesetzesspezifische Bestimmung des Gewerkschaftsbegriffs.

Aus den prozessrechtlichen Bestimmungen der Sozialgerichtsbarkeit ergibt sich nichts anderes. Bisher wird dem Sozialrecht in Ermangelung eines eigenständigen sozialrechtlichen Gewerkschaftsbegriff zwar auch der arbeitsrechtliche einheitliche Gewerkschaftsbegriff zu Grunde gelegt,[196] jedoch lassen sich die Argumente, die in Bezug auf § 11 ArbGG herangezogen

---

[194] *Germelmann/Matthes/Prütting/Müller-Glöge* § 11 ArbGG Rn 59; Kempen/Zachert/*Kempen* § 2 TVG Rn 78; *Rüthers/Roth* Anm. zu BAG AP Nr. 32 zu § 2 TVG unter II. 5. d).

[195] *Wank/Ramrath* NZA 93, 345 (350).

[196] GK-Sozialversicherung/*Schwerdtfeger* § 48a SGB IV Rn 2.a); *Hauck/Noftz* § 48a SGB IV 5; *Meyer-Ladewig/Keller/Leitherer* § 73 SGG Rn 6 & § 166 SGG Rn 6.

werden, ohne weiteres auch auf die sozialrechtlichen Verfahrensbestimmungen gemäß §§ 14 Abs. 1, 73 Abs. 6 Satz 3, 166 Abs. 2 SGG übertragen.

2. Sozialversicherungsrecht

Eine vergleichbare Differenzierung findet sich in § 48a Abs. 1 Satz 1 SGB IV. Gemäß § 48a Abs. 1 Satz 1 SGB IV haben Arbeitnehmervereinigungen nur dann das Recht, Vorschlagslisten einzureichen, wenn sie die arbeitsrechtlichen Voraussetzungen für die Gewerkschaftseigenschaft erfüllen oder wenn sie nach dem Gesamtbild der tatsächlichen Verhältnisse, insbesondere nach Umfang und Festigkeit ihrer Organisation, der Zahl ihrer beitragzahlenden Mitglieder, ihrer Tätigkeit und ihrem Hervortreten in der Öffentlichkeit eine ausreichende Gewähr für die Ernsthaftigkeit und Dauerhaftigkeit ihrer sozial- oder berufspolitischen Zwecksetzung und der Unterstützung der auf ihren Vorschlag hin gewählten Organmitglieder und Versichertenältesten bieten.

Explizit spricht das Gesetz hier in der ersten Alternative von den *arbeitsrechtlichen* Voraussetzungen der Gewerkschaftseigenschaft, an die das Vorschlagsrecht für die Besetzung der Selbstverwaltungsorgane der Sozialversicherungsträger geknüpft sein kann. Diese Formulierung wurde in den Gesetzestext eingefügt, weil die Gewerkschaftseigenschaft ebenso wie die Eigenschaft als sonstige Arbeitnehmervereinigung umstritten sein könnte.[197] So sollte verhindert werden, dass sich ein eigenständiger sozialrechtlicher Gewerkschaftsbegriff entwickelt.[198]

Auf den ersten Blick spricht dies zwar gegen einen an den Bedürfnissen der einzelnen Gesetze ausgelegten relativen Gewerkschaftsbegriff, jedoch hat die Differenzierung in § 48a Abs. 1 Satz 1 SGB IV keine tatsächlichen Auswirkungen. Im Einzelfall muss in § 48a Abs. 1 Satz 1 SGB IV nicht positiv festgestellt werden, ob eine Vereinigung als Gewerkschaft im Sinne von § 2 Abs. 1 TVG angesehen werden kann, weil die Anforderungen an eine Gewerkschaft nicht grundlegend anders, sondern lediglich strikter sind, als die Anforderungen, unter welchen den sonstigen Arbeitnehmervereinigungen gemäß § 48a Abs. 1 Satz 1 SGB IV ein Vorschlagsrecht zukommt. Demnach reicht es aus, die Vorschlagsberechtigung im Sinne der zweiten Alternative als sonstige Arbeitnehmervereinigung festzustellen, weil ihr gemäß § 48a Abs. 1 Satz 1 SGB IV dieselben Rechte zustehen, wie einer durchsetzungsfähigen Gewerkschaft. Ob der Verband auch die Voraussetzungen der Tariffähigkeit erfüllt, ist uninteressant. Weil die Unterscheidung im konkreten Fall keinerlei Auswirkung nach sich zieht, kann die Systematik von § 48a Abs. 1

---

[197] BT – Drucks. 10/1658, S. 15.

[198] GK-Sozialversicherungsrecht/*Schwerdtfeger* § 48a SGB IV Rn 2.a).

Satz 1 SGB IV nicht als Argument gegen den relativen Gewerkschaftsbegriff herangezogen werden.

III. Historisches Argument

Neben dem systematischen Argument soll auch die Historie für einen absoluten Gewerkschaftsbegriff sprechen. Da es Gewerkschaften lange vor dem Inkrafttreten der einzelnen Gesetze gegeben habe und Tariffähigkeit in sämtlichen rechtlichen Zusammenhängen notwendige Voraussetzung für das Vorliegen einer Gewerkschaft gewesen sei, verbiete sich ein Rückgriff auf den jeweiligen Gesetzeszweck.[199]

Dem ist entgegenzuhalten, dass zwar davon ausgegangen werden kann, dass bei Inkrafttreten der einzelnen Bestimmungen, die den Gewerkschaftsbegriff verwenden, auch die bereits bestehenden gewerkschaftlichen Organisationsformen anerkannt werden sollten, jedoch sind die im Laufe der Zeit entwickelten Anforderungen an die Gewerkschaften nicht einfach deskriptiv erfolgt. Vielmehr haben Rechtsprechung und Lehre über die Jahre hinweg die Merkmale zur Bestimmung einer Gewerkschaft fortentwickelt und die Verbände auf diese Weise organisatorisch geprägt. Bestes Beispiel hierfür ist die Entwicklung der Rechtsprechung zum Kriterium der Durchsetzungsfähigkeit.

Wie oben bereits dargestellt wurde, entstand das Kriterium der Durchsetzungsfähigkeit erst nach Aufgabe der Arbeitskampfbereitschaft und wurde im Laufe der Jahre immer wieder modifiziert. Insbesondere weil die Bestimmung der sozialen Mächtigkeit auf einer schwer verallgemeinerungsfähigen Einzelfallentscheidung beruht und sich eine schematische Lösung grundsätzlich verbietet, befindet sich die Rechtsprechung diesbezüglich weiterhin im Fluss. So konnte auch der Gesetzgeber, als er beispielsweise die Unterscheidung in § 11 Abs. 1 ArbGG im Jahre 1953 schuf,[200] letztlich nicht wissen, dass der Aspekt der Arbeitskampfbereitschaft einst von einer gewissen Durchsetzungsfähigkeit abgelöst würde. Allein daran wird deutlich, wie sehr sich die Voraussetzungen, die zu einer Annahme einer tariffähigen Gewerkschaft führen, im Laufe der Zeit verändert haben und wie weit die Rechtsprechung über eine bloße Deskription hinausgegangen ist. Mag der Gesetzgeber bei der Schaffung von § 11 Abs. 1 ArbGG von einem einheitlichen Gewerkschaftsbegriff ausgegangen sein, das Erfordernis der sozialen Mächtigkeit und seine Auswirkungen konnte er dabei nicht im Blick haben. Auch das Bundesarbeitsgericht räumt ein, dass bei der Kodifizierung des

---

[199] BAG v. 19.9.2006, AP Nr. 5 zu § 2 BetrVG 1972; Kempen/Zachert/*Kempen* § 2 TVG Rn 78.

[200] BGBl. I – 1267 (1269).

Gewerkschaftsbegriffs die tatsächlichen Anforderungen an die Tariffähigkeit nicht abschließend festgestanden hätten.[201]

Der heute verwendete Begriff einer Gewerkschaft ist das Ergebnis eines langwierigen Prozesses richterlicher Rechtsfortbildung bezogen auf die Funktion, die eine Gewerkschaft innerhalb des Tarifrechts erfüllt.[202] Deshalb könnte dieser Prozess nun unter Berücksichtigung aller Gesetzeszwecke weiter voranschreiten. Die bislang einseitige Auslegung des Gewerkschaftsbegriffs im Funktionszusammenhang mit der Tarifautonomie wäre zu revidieren und durch eine Auslegung des Gewerkschaftsbegriffs im Funktionszusammenhang mit allen Gesetzen, die den Begriff verwenden, zu ersetzen, damit die Nuancen des Gewerkschaftsbegriffs im Sinne aller Vorschriften ausgearbeitet werden könnten. Aus historischer Sicht erscheint ein Umdenken hin zu einem relativen Gewerkschaftsbegriff entgegen dem Bundesarbeitsgericht daher eher geboten.

IV. Teleologisches Argument

Letztlich entscheidend ist, ob Sinn und Zweck der einzelnen Normen der anderen Gesetze eine von den Erfordernissen des Tarifrechts losgelöste Definition der Gewerkschaft erfordern oder ob die von ihnen gestellten Anforderungen mit dem Telos des Tarifvertragsrechts übereinstimmen.

1. Arbeitsgerichtsgesetz

Sinn und Zweck von § 11 ArbGG ist erstens, die Verbandsvertreter den Rechtsanwälten im arbeitsgerichtlichen Verfahren gleichzustellen, da Verbandsvertreter erfahrungsgemäß wie Rechtsanwälte in arbeitsrechtlichen Fragestellungen über besondere Sach- und Fachkunde verfügen. Zweitens soll Arbeitnehmern und kleineren Unternehmen eine Alternative zu einer kostenträchtigen Vertretung durch Rechtsanwälte ermöglicht werden.[203] Drittens sollen Verbände ihren Mitgliedern eine weitere Dienstleistung anbieten können.[204] Die für die Tariffähigkeit geforderte Autorität gegenüber dem sozialen Gegenspieler ist hingegen für das arbeitsgerichtliche Verfahren ohne jegliche Bedeutung.[205] Andernfalls käme man zu dem absurden Satz, dass der Sachverstand des Verbandsvertreters von der ökonomischen Stärke

---

[201] BAG v. 19.9.2006, AP Nr. 5 zu § 2 BetrVG 1972.

[202] *Richardi* AuR 86, 33 (35).

[203] *Schleusener* NZA 99, 408 (409); *Wank/Ramrath* NZA 93, 345 (350).

[204] *Gamillscheg* § 9 IV. 3. e).

[205] *Wiedemann/Oetker* § 2 TVG Rn 216; *Wahl* S. 101 ff.

des Verbandes abhängt.[206] Deshalb kann nicht pauschal behauptet werden, dass ein kleiner Verband keinen Anwalt ersetzen kann.[207]

Darüber hinaus wird das Faktum, dass die Durchsetzungsfähigkeit im arbeitsgerichtlichen Verfahren keine Rolle spielen kann, im Beschlussverfahren besonders deutlich. Gemäß § 83 Abs. 1 ArbGG erforscht das Gericht im Beschlussverfahren den Sachverhalt von Amts wegen. Auf Grund der Offizialmaxime ist somit letztlich nur die Autorität, Durchsetzungsfähigkeit und Sachkunde des Gerichts von Interesse. Während im Urteilsverfahren, wo die Dispositionsmaxime als allgemeiner zivilprozessualer Verfahrensgrundsatz Gang und Inhalt des Verfahrens dirigiert, ein Zusammenhang der Durchsetzungsfähigkeit gegenüber dem Sozialpartner und der Durchsetzungsfähigkeit gegenüber dem Gericht eventuell noch vorstellbar ist, kann diesem Ergebnis im Beschlussverfahren, in dem die Verfahrensführung den Parteien völlig entzogen ist und das Gericht selbständig den Sachverhalt ermittelt, bereits im Ansatz nicht gefolgt werden. Hier kann es von vornherein weder auf die Durchsetzungsfähigkeit des Verbandes, noch auf dessen Sachkunde ankommen.

Unabhängig davon ist es nicht unproblematisch die tarifrechtliche Durchsetzungsfähigkeit im Arbeitsgerichtsprozess durch den Aspekt der Rechts- und Sachkunde zu ersetzen. Der Aspekt der Sachkunde muss insgesamt kritisch betrachtet werden, da er kaum justitiabel ist. Es fehlt bisher an Kriterien, um im Hinblick auf einen Verband dessen Sachkunde für die Führung von arbeitsgerichtlichen Verfahren zu überprüfen. Zudem muss die Sachkunde weniger beim Verband als beim Prozessvertreter selbst gegeben sein.[208] Es darf aber nicht sein, dass in Ermangelung eines eigenständigen prozessrechtlichen Kriteriums ein sachfremdes und rein tarifrechtliches Kriterium zur Bestimmung der prozessrechtlichen Gewerkschaftseigenschaft herangezogen wird. Deshalb ist es die Aufgabe der Rechtsprechung im Laufe der Zeit den prozessrechtlichen Gewerkschaftsbegriff mit Hilfe des Kriteriums des Sachverstands oder anderen Aspekten auszugestalten und zu konkretisieren.

Selbst wenn sich der Aspekt der Sachkunde als nicht justitiabel erweisen sollte, verbleiben die beiden anderen genannten Zielsetzungen von § 11 ArbGG, an denen sich die Auslegung des prozessrechtlichen Gewerkschaftsbegriffs ebenso zu orientieren hat. Folglich darf man nicht auf die Durchsetzungsfähigkeit des Verbandes abstellen, sondern muss den anders gelagerten Sinn und Zweck der arbeitsgerichtlichen Prozessvertretung im

---

206 *Grunsky* JZ 77, 473 (474).

207 So aber: *Gamillscheg* § 9 IV. 3. e).

208 *Germelmann/Matthes/Prütting/Müller-Glöge* § 11 ArbGG Rn 58.

Auge haben. Von § 2 Abs. 1 TVG lassen sich keine Schlüsse für das arbeits- und sozialrechtliche Prozessrecht herleiten.

2. Mitbestimmungsgesetz

Im Allgemeinen verfolgt die Repräsentanz von Arbeitnehmern in den Aufsichtsräten nach § 7 MitbestG das Ziel, die Arbeitnehmerinteressen bei der Unternehmensführung stärker zu berücksichtigen. Mit der Mitgliedschaft von Gewerkschaftsvertretern neben Arbeitnehmern des Unternehmens im Aufsichtsrat bezweckt das Mitbestimmungsgesetz im besonderen, dem Gewicht der Gewerkschaften als überbetriebliche Interessenvertretung Rechnung zu tragen und sicherzustellen, dass übergeordnete Anliegen in die Arbeit des Aufsichtsrates eingebracht werden können. Gerade die Unabhängigkeit der Gewerkschaftsmitglieder vom betroffenen Unternehmen ist ein wichtiges Element der Meinungsbildung im Aufsichtsrat.[209]

Abgesehen von dem Aspekt der Unabhängigkeit der Gewerkschaftsvertreter wird das Mitbestimmungsrecht aber von einem ganz anderen Prinzip beherrscht als das Tarifrecht. Während das Tarifvertragsrecht durch die Gegensätzlichkeit der Interessen, des Konflikts und des Kampfes bestimmt ist, steht bei der Arbeit im Aufsichtsrat die Einigung und das vertrauensvolle Zusammenwirken der beteiligten Personen im Vordergrund.[210] Natürlich treffen auch im Aufsichtsrat unterschiedliche Ansichten und verschiedene Interessen aufeinander, die Lösung hat sich aber stets am Wohle des Unternehmens zu orientieren, während für Tarifvertragsparteien während eines Arbeitskampfes und dem anschließenden Abschluss eines Tarifvertrages weit überwiegend das Wohl ihrer Mitglieder im Mittelpunkt steht. Das für Tarifverträge typische Spannungsverhältnis kann und darf im Interesse des Unternehmens bei der Mitbestimmung gar nicht im vergleichbaren Maße auftreten. Die Anwendung des Kriteriums der sozialen Mächtigkeit ist wegen der fehlenden Kampfsituation in §§ 7 Abs. 2, 16 MitbestG verfehlt. Die Gewerkschaften beweisen im Sinne des MitbestG eine ausreichende Durchsetzungsfähigkeit, wenn ihre Kandidaten gewählt werden.[211] Folglich lässt sich auf Grund des andersartigen Telos des MitbestG kein Schluss von § 2 Abs. 1 TVG auf das Mitbestimmungsrecht ziehen.

---

209 BT – Drucks. 7/4845 S. 5 f.; *Brox* SAE 86, 232 (234); Ulmer/Habersack/Henssler/*Henssler* § 7 MitbestG Rn 62.

210 BVerfG v. 1.3.1979, BVerfGE 50, 290 (371).

211 *Brox* SAE 86, 232 (234); Ulmer/Habersack/Henssler/*Henssler* § 7 MitbestG Rn 62.

3. Betriebsverfassungsgesetz

Teilweise wird explizit gefordert, dass die Gewerkschaften im Sinne des Betriebsverfassungsrechts sozial mächtig sein müssten. Um die ihnen nach dem Betriebsverfassungsgesetz zugewiesenen Aufgaben im Interesse der Arbeitnehmer effektiv wahrnehmen zu können, müsse eine Gewerkschaft unabhängig und mächtig sein sowie durch eine dauernde Organisation ihre Aufgaben konstant wahrnehmen können. Die Stärke einer Gewerkschaften bei der Wahrnehmung ihr nach dem Betriebsverfassungsgesetz zugewiesenen Aufgaben, hänge entscheidend davon ab, ob sie auch die zuständige Tarifpartei sei. Beides sei untrennbar miteinander verbunden.[212] Nach der Auffassung des Bundesarbeitsgerichts zeige sich die enge Verflechtung von Tarif- und Betriebsverfassungsrecht gerade in den Bezugspunkten §§ 77 Abs. 3, 87 Abs. 1 BetrVG und möglichen Öffnungsklauseln für Betriebsvereinbarungen in Tarifverträgen.[213] Von der Übertragung betriebsverfassungsrechtlicher Aufgaben auf die Gewerkschaften erhoffe sich der Gesetzgeber eine umfassende und verantwortungsvolle Unterstützung von Betriebsrat und Belegschaft. Dies könne nicht jede Arbeitnehmerorganisation leisten. Der Zweck der Einbeziehung in das System der Betriebsverfassung verlange eine gewisse Sachkunde der Gewerkschaft. Dazu sei es notwendig, dass die Koalition über ausreichend Mitglieder, hinreichende Finanzkraft sowie entsprechende Organisationsstrukturen verfüge und auf kompetentes Personal mit dem erforderlichen Fachwissen zurückgreifen könne. Nicht tariffähige Gewerkschaften würden eine derartige Struktur regelmäßig nicht aufweisen.[214]

In derselben Entscheidung räumt das Bundesarbeitsgericht aber zugleich ein, dass im Rahmen der Betriebsverfassung die Aufgabenwahrnehmung nicht stets davon abhänge, dass eine Arbeitnehmervereinigung in gleicher Weise wie eine tariffähige Koalition Druck auf den Arbeitgeber ausüben könne.Im Einzelfall mögen daher auch geringere Anforderungen an die soziale Mächtigkeit genügen.[215] Insofern relativiert das Bundesarbeitsgericht selbst seine eigene Forderung nach einem einheitlichen Gewerkschaftsbegriff. Zu Recht erkennt das Bundesarbeitsgericht auch, dass auch einem nicht tariffähigen Verband die Möglichkeit der Selbstpräsentation innerhalb eines Betriebes offen stehen muss. So räumt das Bundesarbeitsgericht diesen Verbänden zwar keine betriebsverfassungsrechtlichen Teilhaberechte ein,

---

[212] Kempen/Zachert/*Kempen* § 2 TVG Rn 78.

[213] BAG v. 19.9.2006, AP Nr. 5 zu § 2 BetrVG 1972.

[214] BAG v. 19.9.2006, AP Nr. 5 zu § 2 BetrVG 1972.

[215] BAG v. 19.9.2006, AP Nr. 5 zu § 2 BetrVG 1972.

verwährt ihnen aber nicht den Zutritt zum Betrieb. Aus Art. 9 Abs. 3 GG ergebe sich, dass jede Koalition Mitglieder im Betrieb werben dürfe.[216]

Darüber hinaus ist aber auch zweifelhaft, das Recht auf Teilnahme an Betriebsratswahlen, Betriebsversammlungen oder auf Einladung an Betriebsratssitzungen auf die tariffähigen Verbände zu beschränken. Wie das Bundesarbeitsgericht selbst andeutet, muss eine Gewerkschaft im betriebsverfassungsrechtlichen Sinne lediglich die zur Unterstützung des Betriebsrats erforderliche Mitgliederzahl, Organisationsstruktur, finanzielle Ausstattung und Sachkenntnis besitzen.[217]

Auf die Tariffähigkeit im Sinne des Tarifvertragsgesetzes kann es dagegen insbesondere aus zwei Gründen nicht ankommen. Das Betriebsverfassungsrecht enthält anders als das Tarifrecht eine gesetzlich vorgesehene Konfliktlösung. Die Zwangsschlichtung durch das Einigungsstellenverfahren sichert die Pflicht der Betriebsparteien, ausgewogene Regelungen zu treffen. Das vorhandene Instrumentarium garantiert bereits eine ausgewogene Interessenlage. Deshalb ist es überflüssig, das Element der Durchsetzungsfähigkeit in das System des Betriebsverfassungsrechts integrieren zu wollen.[218]

Unabhängig davon wird das Betriebsverfassungsrecht wie das Mitbestimmungsrecht besonders stark vom Grundsatz der vertrauensvollen Zusammenarbeit geprägt. Die betriebsverfassungsrechtliche Kooperation verdrängt die tarifvertragliche Konfrontation. Diesem Grundsatz würde es widersprechen, wenn dem Sozialpartner durch Ausüben von Druck ein bestimmtes Verhalten abgetrotzt werden soll.[219] Folglich bietet § 2 Abs. 1 TVG auch im BetrVG keinen Anhaltspunkt zur Bestimmung des Gewerkschaftsbegriffs. Vielmehr muss auch der betriebsverfassungsrechtliche Gewerkschaftsbegriff losgelöst vom Tarifrecht bestimmt werden.

4. Zwischenergebnis

Somit gebieten Sinn und Zweck der verschiedenen Vorschriften eine gesetzesspezifische und funktionstypische differenzierende Auslegung des Gewerkschaftsbegriffs. Die teleologische Auslegung zwingt zu einer Abkehr von dem absoluten hin zu einem relativen Gewerkschaftsbegriff. Insofern ist jede Rechtsnorm aus sich selbst heraus und in ihrem Zusammenhang auszulegen.[220] Der absolute und einheitliche Gewerkschaftsbegriff führt zu

---

[216] BAG v. 19.9.2006, AP Nr. 5 zu § 2 BetrVG 1972.

[217] GK – BetrVG/*Kraft/Franzen* § 2 BetrVG Rn 33.

[218] *Schüren/Behrend* NZA 03, 521 (524) Fn 30.

[219] *Löwisch* SAE 72, 229 (231); *Wahl* S. 118 ff.

[220] *Buchner* in FS 25 Jahre BAG S. 55 (68); *Dütz* DB 96, 2385 (2390); *Grunsky* JZ 77, 473 (474); Wiedemann/*Oetker* § 2 TVG Rn 220.

fragwürdigen Ergebnissen, da Normzweck und Rechtsfolge nicht gemäß den jeweiligen Vorschriften aufeinander bezogen werden.[221] Während das Tarifvertragsgesetz eine Durchsetzungsfähigkeit zum Erhalt der Funktionsfähigkeit des Tarifvertragsystems erfordern mag, ist dies nach Sinn und Zweck der anderen Gesetze nicht geboten.

V. Verfassungsrechtliches Argument

Das verfassungsrechtliche Argument gegen den einheitlichen Gewerkschaftsbegriff ergibt sich unmittelbar aus der teleologisch begründeten Kritik. Fordert man in allen gesetzlichen Bestimmungen die Durchsetzungsfähigkeit der Gewerkschaften, muss ein Verband auch in Ausübung seiner Sekundärrechte den Erfordernissen der Tariffähigkeit gerecht werden. Einem Verband dem dies nicht gelingt, werden zwangsläufig alle mit dem Gewerkschaftsstatus verknüpften Rechte aberkannt. Die verbleibenden Restkompetenzen spiegeln aber keine von der Verfassung gemäß Art. 9 Abs. 3 GG unbeschränkt garantierte Koalitionsfreiheit wieder. Zudem wird so die in Art. 9 Abs. 3 GG zum Ausdruck kommende Privilegierung einer Vereinigung zur Wahrung und Förderung der Arbeits- und Wirtschaftsbedingungen gegenüber den gemeinen Vereinen und Gesellschaften des Art. 9 Abs. 1 GG vollständig negiert, fällt die Gewerkschaft doch auf den Status eines jeden anderen Vereins zurück.

Dies widerspricht dem verfassungsrechtlichen Grundsatz der Verhältnismäßigkeit. Dabei kommt dem Grundsatz der Verhältnismäßigkeit eine die individuelle Rechts- und Freiheitssphäre verteidigende Funktion zu. Vor allem bildet die Verhältnismäßigkeit eine Grenze für die Beschränkung von Grundrechten auf Grund von Gesetzesvorbehalten oder kollidierendem Verfassungsrecht.[222] Zwar schützt Art. 9 Abs. 3 GG auch die Funktionsfähigkeit, Rechtssicherheit und Rechtsklarheit des Tarifsystems, die möglicherweise mit der Koalitionsfreiheit der kleinen Verbände kollidiert, jedoch rechtfertigt dies keinen Eingriff in die Bereiche gewerkschaftlichen Handelns außerhalb des Tarifrechts. Der Erhalt der Funktionsfähigkeit des Tarifsystems kann nur die tarifrechtlich geforderte Durchsetzungsfähigkeit rechtfertigen, aber keinesfalls Eingriffe in die verbandsrechtlichen Sekundärrechte.

Daher zwingt der verfassungsrechtliche Grundsatz der Verhältnismäßigkeit zu einem relativen Verständnis des Gewerkschaftsbegriffs. Mit einer Gewerkschaft kann also in jedem Gesetz zunächst nur ein Verband gemeint sein, der

---

[221] ErfK/*Franzen* § 2 TVG Rn 16; *Franzen* RdA 01, 1 (7); GK – BetrVG/*Kraft/ Franzen* § 2 BetrVG Rn 33.

[222] *Jarass/Pieroth* Art. 20 GG Rn 80 f.

den allgemeinen Anforderungen an eine Gewerkschaft frei jeden tarifrechtlichen Einflusses gerecht wird. Jede über diese Basis hinausgehende weitere Einschränkung muss teleologisch mit den Zielen des jeweiligen Gesetzes oder gesetzgeberisch gerechtfertigt werden.

VI. Europarechtliches Argument

In einer immer weiter voranschreitenden Europäisierung der nationalen Rechtssysteme soll ein Blick auf die europäische Ebene nicht unterbleiben. Daher gilt es zu hinterfragen, ob auch Bedenken europarechtlicher Natur gegen einen einheitlichen Gewerkschaftsbegriff sprechen. Dabei existiert auf europäischer Ebene ebenso wenig wie auf nationaler Ebene eine Definition der Gewerkschaftseigenschaft. Folglich ist durch Auslegung zu ermitteln, ob ein spezifischer europarechtlicher Gewerkschaftsbegriff besteht, der womöglich von dem deutschen Verständnis abweicht und zur Aufgabe des einheitlichen Gewerkschaftsbegriffs zwingt.

Anders als die nationalen Vorschriften sprechen der Vertrag zur Gründung der Europäischen Gemeinschaft und der Vertrag über die Europäische Union von Sozialpartnern. Die Bedeutung dieses zentralen und entscheidenden Begriffs ist jedoch angesichts einer fehlenden Präzisierung in den Verträgen größtenteils unklar.[223] Indessen zwingt das stetige Wachstum von Rechten und Pflichten der Sozialpartner im Rahmen des europäischen Gesetzgebungsverfahrens zu einer klaren Auslegung des Begriffs.[224] Dabei ist zu beachten, dass die Sozialpartner entsprechend der rechtlichen Rahmenbedingungen auf vielfältige Weise in das Gesetzgebungsverfahren eingebunden werden können. Der europäische soziale Dialog stellt daher kein in sich geschlossenes rechtliches Institut dar, sondern beschreibt deskriptiv die

---

[223] *Bödding* S. 83; Calliess/Ruffert/*Krebber* Art. 138 EGV Rn 4; Däubler/*Schiek* Einleitung TVG Rn 766; Groeben/Schwarze/*Rust* Art. 138 EGV Rn 129; *Hanau/Steinmeyer/Wank* § 12 Rn 118; *Heinze* ZfA 97, 505 (510); *Konzen* EuZW 95, 39 (46); MüArbR/*Löwisch/ Rieble* § 242 Rn 64; *Schwarze* EAS B 8100 Rn 16.

[224] Zu Beginn des sozialen Dialogs stand 1970 nur ein informelles Treffen von Arbeitgeber- und Arbeitnehmerorganisationen mit einer Delegation gebildet durch Rat und Kommission. Diese und sich daran anschließenden Dreierkonferenzen zielten weniger auf die Europäisierung der tariflichen Beziehungen als auf eine bessere Koordinierung der Wirtschaftspolitik ab. Erst 1985 wurde der soziale Dialog in seiner heutigen Form in dem belgischen Schloss *Val Duchesse* noch ohne vertragliche Grundlage von der Europäischen Kommission eingeleitet und intensiviert. Die rechtliche Grundlage des sozialen Dialogs wurde durch den Vertrag von Maastricht geschaffen. Vgl.: *Schwarze* EAS B 8100 Rn 4; *Wisskirchen* in FS – Deutscher Arbeitsgerichtsverband, S. 653 (662).

verschiedenen Erscheinungsformen der Einbindung der Sozialpartner in die politische Gestaltung.[225]

Neben der vereinzelten Erwähnung des Begriffs der Sozialpartner in den Art. 126 Abs. 2, 130 Abs. 2 EGV wird insbesondere in den Art. 136 ff. EGV des Titels XI. „Sozialpolitik, allgemeine und berufliche Bildung und Jugend" auf sie Bezug genommen. Bei dem Versuch einer Definition des Begriffs der Sozialpartner ist schon fraglich, ob es allein in Titel XI. des EGV einen einheitlichen Sozialpartnerbegriff gibt. So beziehen sich Art. 138, 139 Abs. 1 EGV auf die Arbeitgeber- und Gewerkschaftsverbände auf Gemeinschaftsebene, während Art. 137 Abs. 3, 139 Abs. 2 EGV von der Einbindung der nationalen Koalitionen in den europäischen Prozess ausgehen und in Art. 140 Abs. 1 Nr. 7 EGV Kollektivverhandlungen auf mitgliedstaatlicher Ebene angesprochen werden.

Art. 138, 139 Abs. 1 EGV beziehen sich bereits ausweislich ihres Wortlauts ausschließlich auf die Sozialpartner der Gemeinschaftsebene. Dass es sich in Art. 139 Abs. 1 EGV nur um Sozialpartner auf Gemeinschaftsebene handeln kann, ergibt sich auch daraus, dass andernfalls rein nationale Vereinbarungen zustande kommen könnten, womit das grenzüberschreitende Element als europarechtliche Prämisse missachtet würde. Unabhängig davon wäre die Beteiligung der beträchtlichen Zahl der nationalen Gewerkschaften und Arbeitgeberverbände im sozialen Dialog praktisch kaum durchführbar.[226] Dass hingegen Art. 137 Abs. 3, 139 Abs. 2 EGV von der Einbindung der nationalen Koalitionen in den europäischen Prozess ausgehen, wird dadurch deutlich, dass hier die Mitgliedstaaten befugt sind, die Umsetzung von Gemeinschaftsrecht den Sozialpartnern zu überlassen. Die einzelnen Nationalstaaten können aber nur ihre nationalen Verbände beauftragen, das europäische in nationales Recht umzusetzen. Dass in Art. 140 Abs. 1 Nr. 7 EGV wiederum nur die rein mitgliedstaatliche Ebene angesprochen wird, lässt sich daraus entnehmen, dass in Art. 140 Abs. 1 Nr. 7 EGV von Koalitionsrecht und Kollektivverhandlungen zwischen Arbeitgebern und Arbeitnehmern die Rede ist. Weil bisher kein europäisches Koalitions- oder Tarifrecht existiert, können an dieser Stelle nur nationale Verbände und Systeme ohne europäischen Bezug angesprochen werden.[227] Folglich wird der Terminus Sozialpartner in dem Vertrag zur Gründung der Europäischen Gemeinschaft nicht einheitlich verwendet.

Somit stellt sich die Frage, wie sich die aufgesplitterte Bedeutung des Begriffs in Sozialpartner auf Gemeinschaftsebene, in nationale Sozialpartner, die auf Gemeinschaftsebene agieren, und rein mitgliedstaatliche Sozialpartner

---

[225] Calliess/Ruffert/*Krebber* Art. 138 EGV Rn 5.

[226] Calliess/Ruffert/*Krebber* Art. 138 EGV Rn 8; *Heinze* ZfA 97, 505 (510).

[227] Calliess/Ruffert/*Krebber* Art. 138 EGV Rn 7; *Heinze* ZfA 97, 505 (510).

auf eine europarechtliche Definition auswirkt. Die Mindermeinung schließt aus der fehlenden vertraglichen Definition, dem freiwilligen Charakter des sozialen Dialogs und seiner ursprünglich geringen Verrechtlichung, dass keine Anforderungen an die Anerkennung als Sozialpartner im Sinne des Europarechts zu stellen seien.[228] An dieser Auffassung ist zwar richtig, dass die Repräsentativität nicht darüber entscheidet, ob es sich bei einem Verband überhaupt um einen Sozialpartner handelt, jedoch entscheidet die Repräsentativität darüber, welche Handlungskompetenzen der Verband hat.[229] Im Zusammenhang mit der weiteren rechtlichen Fixierung des sozialen Dialogs nach den Art. 136 ff. EGV ist die These, das Kriterium der Repräsentativität sei vollkommen entbehrlich, nicht mehr haltbar. Eine gewisse Repräsentativität, worunter eine schwächere Ausformung der Durchsetzungsfähigkeit nach nationalem deutschen Recht zu verstehen ist, muss für die Stellung als Sozialpartner als maßgebliches Einschränkungskriterium vorausgesetzt werden.[230] Die Europäische Kommission hat allerdings in einer Mitteilung festgestellt, dass sich die Anforderungen an die Repräsentativität, welche die Legitimität und Wirksamkeit der Anhörung begründet, nach der Art der Zuständigkeit der Akteure unterscheiden. So sind die Anforderungen höher, wenn die Sozialpartner Rechtsnormen festlegen dürfen, als bei einer einfachen Anhörung.[231] Darüber hinaus kann es auch notwendig sein, je nach Art der Durchführung einer Sozialpartnervereinbarung höhere Anforderungen an das Maß der Repräsentativität zu stellen. Die höchsten Anforderungen an die Repräsentativität sind bei der Umsetzung durch Ratsbeschluss zu stellen. Dagegen können die Anforderungen umso geringer ausfallen, je geringer die Rechtsverbindlichkeit der Sozialpartnervereinbarung einzustufen ist.[232]

Zwar ist Vorsicht bei Schlussfolgerungen aus dem Europarecht geboten, da es auch viele Jahre gedauert hat, bis die Systeme der Mitgliedsaaten ihre jetzige Ausprägung erreicht haben, während die Entwicklung auf der europäischen Ebene erst am Anfang steht. Jedoch lässt sich dem Europarecht die Tendenz entnehmen, dass auf europäischer Ebene der Sozialpartnerbegriff gerade nicht einheitlich verstanden wird. Die Erfordernisse an den Status der Sozialpartner sind im Sinne der Rechte und Pflichten der einzelnen Artikel

---

[228] *Däubler* Rn 1734 (allerdings zur alten Rechtslage nach Art. 118b EGV).

[229] Däubler/*Schiek* Einleitung TVG Rn 764.

[230] *Blanpain/Schmidt/Schweibert* Rn 28; *Birk* EuZW 97, 453 (455); *Bödding* S. 86 ff.; *Buchner* RdA 93, 193 (202 f.); Calliess/Ruffert/*Krebber* Art. 138 EGV Rn 15; Däubler/*Schiek* Einleitung TVG Rn 764 ff.; Groeben/Schwarze/*Rust* Art. 138 EGV Rn 140 ff.; *Konzen* EuZW 95, 39 (46); *Schwarze* EAS B 8100 Rn 16; Vgl. zu Fragen des Europarechts auch S. 116 ff. & S. 205 ff.

[231] KOM (2002) 341 S. 9 f.

[232] Däubler/*Schiek* Einleitung TVG Rn 767.

des Vertrages zur Gründung der Europäischen Gemeinschaft zu bestimmen. Folglich spricht die an den einzelnen Normen ausgerichtete europäische Herangehensweise eher gegen einen nach allen Vorschriften einheitlich zu bestimmenden Gewerkschaftsbegriff auf nationaler Ebene.

VII. Fazit

Die Gesetzesauslegung ergibt, dass für eine absolute Gewerkschaftsdefinition, derer sich die Rechtsprechung bedient, wenig Raum bleibt. Folglich sollte der Gewerkschaftsbegriff zukünftig in Übereinstimmung mit den Kritikern der Rechtsprechung anhand der einzelnen Gesetzeszwecke bestimmt werden. Mithin ist der einheitliche durch einen relativen Gewerkschaftsbegriff zu ersetzen. Handelt eine Gewerkschaft nur in Ausübung ihrer prozess-, betriebsverfassungs-, mitbestimmungs- und sozialrechtlichen Sekundärrechte muss sie nicht sozial mächtig sein, sondern den spezifischen Anforderungen des jeweiligen Sekundärrechts gerecht werden. Dadurch wird Raum für weitere sozialpolitische, gesellschafts- und gemeinnützige Angebote geschaffen. Das angestrebte Ziel, eine größere Gewerkschaftsvielfalt zu schaffen, wird nicht mehr von vornherein untergraben, weil es so auch kleineren Koalitionen möglich ist, gegebenenfalls wenigstens sekundäre Gewerkschaftsrechte auszuüben. Aus dieser Position heraus kann sich für kleinere Verbände die Möglichkeit ergeben, zu einer vollwertigen durchsetzungs- und tariffähigen Gewerkschaft zu erstarken.

E. Das freie Spiel der Kräfte

Neben dem Vorenthalten der sekundären Gewerkschaftsrechte durch den einheitlichen Gewerkschaftsbegriff, resultiert aus der Mächtigkeitslehre der Rechtsprechung insbesondere eine exklusive Zugangsschranke zu dem zentralen gewerkschaftlichen Handlungsfeld der Tarifautonomie, weil dem Erfordernis durch Ausüben von Druck und Gegendruck, den sozialen Gegenspieler zum Abschluss eines Tarifvertrages zu zwingen, nur die „Elite" der Gewerkschaften gerecht werden kann. Außerhalb des Deutschen Gewerkschaftsbundes ist es daher oft nur hoch spezialisierten Nischenverbänden vergönnt, sich am Tarifgeschehen zu beteiligen, eigene tarifliche Forderungen zu formulieren und in eigenen Tarifabschlüssen umzusetzen. Folglich verhindert die Mächtigkeitslehre einen breiten Koalitionspluralismus. Mithin gibt es trotz einer rechtlichen Gewerkschaftsvielfalt de facto eine Gewerkschaftseinheit und keinen Wettstreit um die erfolgreichste Interessenvertretung der Arbeitnehmerschaft.

Da sich weder im Wortlaut von Art. 9 Abs. 3 GG, in demjenigen von § 2 Abs. 1 TVG oder in dem eines anderen Gesetzes, noch in der Etymologie des Wortes „*Gewerkschaft*"[233] ein Anhaltspunkt für das Erfordernis der sozialen Mächtigkeit findet, stellt die Rechtsprechung nach einer weit verbreiteten Auffassung in der Literatur einen Eingriff in das Grundrecht der positiven Koalitionsfreiheit dar. Nach dieser Auffassung wird der Charakter von Art. 9 Abs. 3 GG als Freiheitsrecht nicht hinreichend gewahrt, da es kleinen und neu gegründeten Gewerkschaften durch überzogene Anforderungen unverhältnismäßig erschwert wird, überhaupt Mitglieder zu gewinnen und zu halten.[234]

---

[233] Vgl. *Kluge/Seebold* „Gewerkschaft": Im mittelhochdeutschen Sprachgebrauch war ein „*Gewerke*" die Bezeichnung für einen Handwerks- oder Zunftgenossen oder Teilhaber an einem Bergwerk. Schon früh wurde die Bedeutung allerdings auf den Bergbau reduziert, so dass lange Zeit mit dem Wort „*Gewerkschaft*" als Kollektiv von „*Gewerke*" die Gesamtheit der Betreiber eines Bergwerks bezeichnet wurde. Erst in der Mitte des 19. Jahrhunderts unter dem Einfluss der englischen *trade unions* („*Arbeiterverbände*") entwickelte sich das heutige Verständnis des Begriffs.

[234] Statt aller: *Gamillscheg* § 9 IV 3. d) (2); *Kraft* SAE 78, 37 (44); *Mayer-Maly* RdA 79, 356 (358); *Oetker* Anm. zu BAG AP Nr. 55 zu § 2 TVG II. 3.; *Reichel* RdA 72, 143 (149); HWK/*Henssler* § 2 TVG Rn 18; Richardi/*Richardi* § 2 BetrVG Rn 57; *Richardi* NZA 04, 1025 (1026); Staudinger/*Richardi* Vorb. § 611 BGB Rn 581; Ulmer/Habersack/Henssler/*Henssler* § 7 MitbestG Rn 61; *Wiedemann* Anm. zu BAG AP Nr. 24 zu Art. 9 GG II. 2.; Wiedemann/*Oetker* § 2 TVG Rn 399; *Zöllner/Loritz* § 34 I. 2. a); *Zöllner* AöR 73, 71 (92); *Zöllner* SAE 69, 137 (140).

Ein Teil der Kritiker vertritt daher die Auffassung, dass die Rechtsprechung zu wenig auf die natürliche Selektion der Verbände vertraue. Bei der Tariffähigkeit könne man es dem freien Spiel der Kräfte überlassen, ob sich ein Verband durchsetze. Sei eine Koalition für die Durchsetzung eigener tarifpolitischer Vorstellungen zu schwach, könne sie ihre Mitglieder nicht halten und das vermeintliche Problem löse sich von selbst.[235] Umgekehrt sei es aber auch das gute Recht jedes Arbeitnehmers, sich dennoch für einen schwachen Verband zu entscheiden und sich für dessen Erstarken einzusetzen. Arbeitnehmer könnten im Zuge ihrer negativen Koalitionsfreiheit ganz auf gewerkschaftlichen Schutz verzichten und einen Verbandsbeitritt ablehnen. Folglich müssten sich die Arbeitnehmer *a maiore ad minus* auch für einen schwachen Verband entscheiden können.[236] Anhand der juristischen Methodik soll daher überprüft werden, ob die Tariffähigkeit nur sozial mächtigen Organisationen zuerkannt werden darf oder ob bereits das freie Spiel der Kräfte zur Bestimmung des Kreises der tariffähigen Gewerkschaften genügt.

I. Historisches Argument

Auf den ersten Blick spricht die Historie gegen das Erfordernis der Durchsetzungsfähigkeit und für ein freies Spiel der Kräfte. Weder in der Tarifvertragsordnung der Weimarer Republik, noch in den verschiedenen Entwürfen zum heutigen Tarifvertragsgesetz war das einschränkende Element der Durchsetzungsfähigkeit Bestandteil des Verordnungs- oder Entwurfstextes, da man den Kreis der tariffähigen Gruppierungen möglichst weit offen halten wollte. Das Heranziehen des Kriteriums der sozialen Mächtigkeit hätte das Entstehen des modernen Tarifvertragswesens daher wesentlich erschwert oder sogar vereitelt. Weil die Durchsetzungsfähigkeit in der geschichtlichen Entwicklung des Gewerkschaftsbegriffs keine Rolle spielte, soll dieser Aspekt auch bei der Auslegung des heute gültigen Tarifvertragsgesetzes nicht berücksichtigt werden.[237]

Die in der Weimarer Republik einschlägige und mit Gesetzeskraft ausgestattete Tarifvertragsverordnung normierte, wie das heute gültige Tarifvertragsgesetz, nicht die Voraussetzungen, die eine Koalition erfüllen musste, um tariffähig zu sein. Sie ließ sogar eine weitere Interpretation einer tariffähigen Partei zu, indem § 1 Abs. 1 TVVO nicht von „Gewerkschaften“,

---

[235] *Gamillscheg* § 9 IV. 3. e) (3).

[236] *Grunsky* JZ 77, 470 (473 f.); *Henssler* S. 62; *Mayer-Maly* SAE 91, 100 (101).

[237] *Gamillscheg* § 9 IV 3. d) (3); *Henssler* S. 13 & 52; *Wiedemann* Anm. zu BAG AP Nr. 24 zu Art. 9 GG II. 1. a).

sondern lediglich von „Vereinigungen von Arbeitnehmern" sprach. § 1 Abs. 1 Satz 1 TVVO lautete:

*§ **1 TVVO** (1) Sind die Bedingungen für den Abschluss von Arbeitsverträgen zwischen Vereinigungen von Arbeitnehmern und einzelnen Arbeitgebern oder Vereinigungen von Arbeitgebern durch schriftlichen Vertrag geregelt (Tarifvertrag), so sind Arbeitsverträge zwischen den beteiligten Parteien insoweit unwirksam, als sie von der tariflichen Regelung abweichen. [...]*[238]

Folglich ließ sich auch damals aus dem Gesetzeswortlaut weder ein Argument für das Erfordernis der sozialen Mächtigkeit, noch für die Notwendigkeit eines der anderen heute zur Bestimmung des Gewerkschaftsbegriffs verwendeten Elemente gewinnen. Dass zwischen der Bestimmung des Gewerkschaftsbegriffs während der Weimarer Republik und heute dennoch Differenzen bestanden, verdeutlicht aber die damalige Rechtsprechung. Das Reichsarbeitsgericht führte in zwei Urteilen aus, dass eine fehlende Überbetrieblichkeit der Annahme der Tariffähigkeit nicht entgegenstünde. Eine Arbeitnehmerkoalition könne durchaus die Mitgliedschaft auf einen Betrieb beschränken. Es widerspreche auch nicht dem Wesen einer Gewerkschaft, wenn eine Vereinigung lediglich den Abschluss von Werkstarifen anstrebe.[239]

Aber nicht nur das Element der Überbetrieblichkeit war unerheblich; auch dem Kriterium der Gegnerunabhängigkeit wurde zur Weimarer Zeit kaum Bedeutung zugemessen. Deshalb wurden neben den freien, der Sozialdemokratie nahe stehenden, den christlichen und den Hirsch-Dunckerschen Gewerkschaften auch die so genannten gelben oder wirtschaftsfriedlichen Gewerkschaften anerkannt. Sie wurden von den Arbeitgebern unterstützt und konnten mit deren Geldern soziale Leistungen erbringen, wozu andere Gewerkschaften nur durch die Erhebung von Mitgliedsbeiträgen in der Lage waren. Dieser Vorteil der gelben gegenüber den freien Gewerkschaften entpuppte sich letztlich aber als Nachteil. Da sie von den finanziellen Zuwendungen der Arbeitgeber abhängig waren, mussten sie als Gegenleistung die Bedingungen der Arbeitgeber ohne Arbeitskämpfe akzeptieren.[240]

Im Zuge der rechtspolitischen Diskussion wurde 1931 ein Referentenentwurf vorgelegt, mit dessen Hilfe die bestehenden Mängel behoben werden sollten. Sein § 5 Abs. 1 lautete folgendermaßen:

---

[238] Vollständiger Verordnungstext abgedruckt bei Wiedemann/*Oetker* Geschichte TVG Rn 8.

[239] RAG v. 10.10.1928, RAGE 2, 299 (302); RAG v. 9.2.1929, RAGE 3, 170 (172).

[240] *Gamillscheg* § 2, 3. a) (8).

§ 5 Tariffähigkeit im allgemeinen.

(1) Zum Abschlusse von Tarifverträgen befähigt (tariffähig) ist eine Vereinigung von Arbeitgebern und Arbeitnehmern, die

1. *eine nicht nur vorübergehende Verbindung darstellt, einen eigenen Namen führt, einen Vorstand hat und nach ihrer Satzung vom Wechsel der Mitglieder unabhängig ist;*
2. *nach ihrer Satzung die Regelung von Arbeitsbedingungen zu ihren Aufgaben zählt oder sich tatsächlich mit der Regelung von Arbeitsbedingungen befasst, auch wenn es im Widerspruch mit der Satzung geschieht;*
3. *nach ihrem Wesen und Verhalten die Gewähr bietet, dass sie die Angelegenheiten ihrer Mitglieder selbständig und unabhängig von der Gegenseite wahrnimmt.*[241]

Der nie Gesetz gewordene Referentenentwurf nennt einige Kriterien zur Bestimmung der Tariffähigkeit, die auch heute von Bedeutung sind. In Nr. 1 werden die Kriterien Dauerhaftigkeit, organisierte Willensbildung und körperschaftlicher Struktur aufgezählt. In Nr. 2 ist von einer Zweckbestimmung die Rede, die mit dem heutigen Zweck nach Art. 9 Abs. 3 GG wesensverwandt ist. Das Kriterium der Gegnerunabhängigkeit wird in Nr. 3 genannt. Dagegen werden die Unabhängigkeit von Staat, Partei und Kirche sowie Überbetrieblichkeit ebenso wenig genannt, wie eine demokratische Willensbildung, Tarifwilligkeit, Anerkennung des Tarif- und Schlichtungsrecht, Arbeitskampfbereitschaft oder die Fähigkeit, Druck auf den Gegenspieler auszuüben. Somit waren, wie der Referentenentwurf als Ergebnis einer jahrelangen juristischen Diskussion zeigt, nach dem damaligen Verständnis neben dem Kriterium der Durchsetzungsfähigkeit zahlreiche weitere Voraussetzungen der Gewerkschaftseigenschaft, die heute zu den selbstverständlichen Bestandteile des Gewerkschaftsbegriffs zählen, wohl so unerheblich, dass sie nicht einmal in den Gesetzesentwurf aufgenommen wurden.

Also zeigt der zweite Blick auf die Geschichte des Gewerkschaftsbegriffs, dass die Argumentation, das Kriterium der Durchsetzungsfähigkeit sei historisch nicht gewachsen und daher nicht mit der geltenden Rechtslage zu vereinbaren, nicht zwingend ist. Zum einen ist die Durchsetzungsfähigkeit nicht das einzige Kriterium zur Bestimmung der Gewerkschaftseigenschaft, welches in der Weimarer Zeit und in den Entwürfen zum Tarifvertragsgesetz nicht berücksichtigt wurde. Dennoch fordert niemand, die anderen historisch nicht belegbaren Elemente des Gewerkschaftsbegriffs zu verwerfen. Zum anderen ist die Forderung nach einer sozialen Mächtigkeit nur konsequent,

---

[241] Vollständiger Text des Referentenentwurfes abgedruckt bei Wiedemann/*Oetker* Geschichte TVG Rn 14.

wenn man verhindern will, dass Verbände, wie die gelben Gewerkschaften, zu Marionetten der Arbeitgeber werden. Deshalb ist das Erfordernis der Durchsetzungsfähigkeit gerade Schlussfolgerung der Lehren, die aus der geschichtlichen Entwicklung gewonnen werden konnten. Weil in der Weimarer Republik die Unabhängigkeit der Arbeitnehmerschaft insgesamt nicht die überragende Relevanz innehatte, die ihr heute gebührt, wäre es vor dem historischen Hintergrund verfehlt, die Aufgabe des Kriteriums der Durchsetzungsfähigkeit zu fordern. Verlangt man die Aufgabe des Erfordernisses der sozialen Mächtigkeit auf Grund der historischen Auslegung, müsste man konsequenterweise auch auf Gegnerunabhängigkeit und Überbetrieblichkeit verzichten. Auch diese Kriterien entspringen den historischen Ereignissen und garantieren die Unabhängigkeit der Gewerkschaften. Folglich ist in Übereinstimmung mit der historischen Auslegung kein freies Spiel der Kräfte zu fordern, weil das Erfordernis der sozialen Mächtigkeit nach der Aufgabe der Arbeitskampfbereitschaft gerade Folge der geschichtlichen Entwicklung ist und aus den geschichtlichen Erfahrungen heraus gerade die Abkehr von dem freien Spiel der Kräfte bezweckt.

II. Systematisches Argument

Im Gegensatz zu den historischen Bedenken könnte die Gesetzessystematik Anlass dazu geben, das Erfordernis der sozialen Mächtigkeit zu überdenken und auf ein freies Spiel der Kräfte zu vertrauen, da das deutsche Tarifrecht kein staatliches Zulassungsverfahren kennt, in dem Arbeitnehmervereinigungen vor der Teilhabe an der Tarifautonomie die Tariffähigkeit zugesprochen werden müsste.[242]

1. Vergleich mit § 12 TVG

§ 12 TVG normiert, dass unbeschadet der Regelung in § 2 TVG Spitzenorganisationen im Sinne des Tarifvertragsgesetzes nur diejenigen Zusammenschlüsse von Gewerkschaften oder von Arbeitgebervereinigungen sind, die für die Vertreter der Arbeitnehmer- oder der Arbeitgeberinteressen im Arbeitsleben des Bundesgebietes wesentliche Bedeutung haben. Dementsprechend scheint es systematisch verfehlt zu sein, die dem Gesetz in § 12 TVG geläufige Differenzierung der wesentlichen Bedeutung auch in § 2 Abs.

---

[242] *Henssler* S. 29.

1 TVG vorzunehmen, wo das Gesetz eine solche Differenzierung nicht vorsieht.[243]

Der systematische Rückschluss der Voraussetzungen von § 12 TVG auf diejenigen von § 2 Abs. 1 TVG ist aber nur dann zulässig, wenn beide Vorschriften denselben Normzweck verfolgen. Der auffälligste Unterschied besteht schon darin, dass § 12 TVG von Spitzenorganisationen spricht, während § 2 Abs. 1 TVG nur die einfachen Gewerkschaften im Blick hat. Unterstrichen wird dieser essentielle Unterschied durch den gesetzlichen Einschub, dass § 12 TVG unbeschadet der Regelung von § 2 TVG besteht. Hier wird deutlich, dass die Voraussetzungen nach § 2 Abs. 1 TVG strikt von denjenigen nach § 12 TVG zu trennen sind.

Im Zusammenhang mit § 2 Abs. 1 TVG sind deshalb nur die allgemeinen Fähigkeiten zu ermitteln, die notwendige Voraussetzungen zur Erfüllung der tariflichen Koalitionsaufgaben sind. Die Anforderungen nach § 12 TVG gehen dagegen über diejenigen von § 2 Abs. 1 TVG hinaus. § 12 TVG ist zunächst immanent, dass die Mitgliedsverbände oder deren Spitzenorganisation selbst tariffähig sein müssen, weil nur diejenigen Akteure, die selbst am Tarifsystem teilnehmen, kompetent für die Besetzung des Tarifausschusses nach § 5 Abs. 1 TVG und den Erlass von Durchführungsverordnungen gemäß § 11 TVG sind.[244] Erst neben diese ungeschriebene Grundvoraussetzung tritt der Aspekt, dass die Spitzenorganisationen wesentliche Bedeutung im Arbeitsleben des Bundesgebietes haben müssen. Dieser Umstand ergibt sich daraus, dass nur besonders bedeutsamen Spitzenorganisationen die Rechte aus §§ 5, 11 TVG zustehen sollen, weil nicht sämtliche Verbände an einer Allgemeinverbindlichkeitserklärung und der Ausarbeitung von Durchführungsbestimmungen mitwirken können, ohne die Arbeitsfähigkeit der entscheidenden Gremien zu beeinträchtigen. Mithin geht der Normzweck des § 12 TVG über denjenigen von § 2 Abs. 1 TVG hinaus. So wurde während des Gesetzgebungsverfahrens zur Einfügung der Definition der Spitzenorganisationen im Tarifvertragsgesetz darauf hingewiesen, dass hier eine wesentliche Bedeutung verlangt werden müsse, damit nicht irgendein unwesentlicher Verband in Form einer Spitzenorganisation ein größeres Recht inne hat als andere faktisch viel gewichtigere Gewerkschaften.[245]

Folglich lässt der unterschiedliche Normzweck kein *argumentum e contrario* von § 12 TVG auf die Voraussetzungen des § 2 Abs. 1 TVG zu.

---

[243] *Benecke* SAE 98, 60 (64); *Gamillscheg* § 9 IV 3. d) (1); *Mayer-Maly* SAE 91, 100 (102); *Richardi* NZA 04, 1025 (1025); *Wiedemann* Anm. zu BAG AP Nr. 24 zu Art. 9 GG II. 1. a).

[244] *Löwisch/Rieble* § 12 TVG Rn 3.

[245] Wiedemann/*Oetker* TVG Geschichte Rn 62.

Somit ist es nicht verfehlt, die Gewerkschaftseigenschaft von der sozialen Mächtigkeit abhängig zu machen, obwohl der Begriff der Bedeutsamkeit nur in einer anderen Vorschrift ihren Niederschlag gefunden hat.[246]

2. Vergleich mit den Anforderungen an die Arbeitgeberseite

Als weiteres systematisches Argument gegen das Erfordernis der sozialen Mächtigkeit wird ein unauflöslicher Wertungswiderspruch zur Tariffähigkeit des einzelnen Arbeitgebers und der Arbeitgeberverbände gesehen.[247] § 2 Abs. 1 TVG hält jeden einzelnen Arbeitgeber unabhängig von seiner wirtschaftlichen Größe, Bedeutung oder sozialen Mächtigkeit für tariffähig. Zusätzlich hat die Rechtsprechung das Erfordernis der Durchsetzungsfähigkeit für Arbeitgeberverbände verneint, obwohl der Staatsvertrag über die Wirtschafts-, Währungs- und Sozialunion für Arbeitgeberverbände ebenso wie für Gewerkschaften verlangt, dass sie durch Ausüben von Druck zu einem Abschluss eines Tarifvertrages kommen können müssen.[248] Da § 2 Abs. 1 TVG nicht weiter zwischen Arbeitgebern und Arbeitnehmern differenziert, kann, nach dieser Ansicht, *e contrario* für die Arbeitnehmerseite kein weiteres Kriterium aufgestellt werden.[249] Wenn eine derartige Differenzierung dennoch zulässig sein sollte, untergrabe die Rechtsprechung ihr Hauptargument der Sicherung eines stabilen geordneten Tarifvertragssystems, da schwache Arbeitgeberverbände die tarifvertragliche Ordnung ebenso wenig wie schwache Gewerkschaften garantieren könnten.[250] Folgt man dieser Ansicht, führt die Rechtsprechung zu einer Verletzung von Art. 3 Abs. 1 GG, weil Parteien, die gleichermaßen und gleichberechtigt am Tarifvertragssystem mitwirken, ungleich behandelt werden. Das Resultat wäre demnach eine Diskriminierung der Gewerkschaften.

Im Gegensatz zu der Auffassung der Kritiker der Mächtigkeitslehre, deutet die Tatsache, dass der Gesetzgeber dem einzelnen Arbeitgeber die Tariffähigkeit bar sämtlicher Einschränkungen zuspricht, aber grundsätzlich darauf hin, in allen anderen Fällen weitere Kriterien als Voraussetzung zum Erlangen der Tariffähigkeit zu verlangen.[251] Zudem beruht das Fehlen des Elements der

---

[246] Im Ergebnis ebenso: *Doerlich* § 9 II. 1.; *Dütz* AuR 1976, 65 (74); *Rüthers/Roth* Anm. zu BAG AP Nr. 32 zu § 2 TVG unter II. 5. c).

[247] *Franzen* RdA 01, 1 (7); *Henssler* S. 33 f.; *Wiedemann* Anm. zu BAG AP Nr. 24 zu Art. 9 GG II. 1. a); Wiedemann/*Oetker* § 2 TVG Rn 404; *Zeuner* in FS 25 Jahre BAG S. 727 (730 f.); *Zöllner/Loritz* § 34 I. 2. a); *Zöllner* SAE 69, 137 (140).

[248] BAG v. 20.11.1990, AP Nr. 40 zu § 2 TVG.

[249] *Zeuner* in FS 25 Jahre BAG S. 727 (730 f.).

[250] *Franzen* RdA 01, 1 (7).

[251] *Rüthers/Roth* Anm. zu BAG AP Nr. 32 zu § 2 TVG unter II. 5. c).

sozialen Mächtigkeit für die Tariffähigkeit des einzelnen Arbeitgebers auf einem sachlichen Grund. Das Gesetz will auch dann einen Tarifpartner zur Verfügung stellen, wenn ein Arbeitgeberverband nicht existiert.[252] Der Arbeitgeber soll sich mit dem Austritt aus dem Verband dem Abschluss eines Tarifvertrages nicht entziehen können. Wäre der einzelne Arbeitgeber nicht tariffähig, könnte er nach seinem Austritt aus dem Arbeitgeberverband von der Gegenseite nicht durch einen Arbeitskampf zu einem Tarifvertrag gezwungen werden, so dass Firmentarifverträge nur freiwillig abgeschlossen werden könnten.[253]

Im Anschluss daran gelangt das Bundesarbeitsgericht zu der Überlegung, dass der einzelne Arbeitgeber sich möglicherweise dem Tarifvertrag entziehen könnte, indem er sich einem Arbeitgeberverband anschließt, dem die soziale Mächtigkeit fehlt. Dies würde der Intention des Gesetzgebers, auf Arbeitgeberseite immer einen Tarifpartner zu garantieren, widersprechen. Der Arbeitgeber könnte nun seine Tarifunfähigkeit zwar nicht durch einen Austritt, jedoch durch seinen Beitritt zu einem schwachen Verband herbeiführen.[254] Demzufolge verliert der Arbeitgeber seine eigenständige Tariffähigkeit, wenn er einem Verband beitritt und sich dessen potentieller Tariffähigkeit unterwirft. Da die Arbeitsverhältnisse der Arbeitnehmer in einem solchen Fall mit dem Arbeitgeberverband tariflich geregelt werden können, besteht dann für die zusätzliche Tariffähigkeit des einzelnen Arbeitgebers kein Bedarf mehr.[255] Diese Ansicht schießt aber über das Ziel hinaus; denn der einzelne Arbeitgeber verliert seine Tariffähigkeit niemals. Trotz einer bestehenden Verbandszugehörigkeit steht dem Arbeitgeber das Recht zu, weiterhin Firmentarifverträge abzuschließen.[256] Folglich könnte ein Arbeitgeber nie durch einen Verbandsbeitritt seine Tariffähigkeit verlieren und sich somit nicht dem Abschluss eines Tarifvertrages entziehen.

Selbst wenn man davon ausgeht, dass der einzelne Arbeitgeber seine Tariffähigkeit auch bei einem Verbandsbeitritt nicht verlieren kann, sprechen darüber hinaus weitere Gründe gegen einen Widerspruch innerhalb der Gesetzessystematik. Verleiht § 2 Abs. 1 TVG dem einzelnen Arbeitgeber in jedem Fall die Tariffähigkeit, kann die Tariffähigkeit des Arbeitgeberverbandes zum einen erst Recht nicht von einem Mächtigkeitserfordernis abhängen. Zum anderen bedürfen die Arbeitgeber nicht desselben Schutzes wie

---

[252] BVerfGE v. 20.10.1981, BVerfGE 58, 233 (256); *Gitter* in FS Kissel S. 265 (267).

[253] *Lieb/Jacobs* Rn 562.

[254] BAG v. 20.11.1990, AP Nr. 40 zu § 2 TVG.

[255] *Matthes* in FS Schaub S. 477 (482).

[256] ErfK/*Franzen* § 2 TVG Rn 20 f.; *Gamillscheg* § 14 I. 2. b) (3); *von Hoyningen-Huene* ZfA 80, 453 (459); *Söllner/Waltermann* Rn 380; Wiedemann/*Oetker* § 2 TVG Rn 149.

die Arbeitnehmer, da das strukturelle Ungleichgewicht des Arbeitslebens nur zu Lasten der Arbeitnehmer ins Gewicht fällt. Der Arbeitgeber besitzt durch seine Verfügungsmacht über die Produktionsmittel und seinem Recht zur Organisation des Arbeitsprozesses per se ein Übergewicht an Überlegenheit gegenüber den Arbeitnehmern. So hat ein Arbeitgeber die faktische Möglichkeit, individualvertraglich kollektive Regeln zu setzen. Seine Mächtigkeit speist sich daher aus anderen Quellen, als diejenige der Arbeitnehmerseite.[257] Daher können Gewerkschaften auch mit einem schwachen Arbeitgeberverband brauchbare Arbeits- und Wirtschaftsbedingungen aushandeln, so dass keine Destabilisierung des Tarifvertragssystems zu befürchten ist.[258]

Unabhängig davon ist es nach Art. 3 Abs. 1 GG nicht zu beanstanden, wenn der Gesetzgeber das Interesse, einen Tarifpartner auf Arbeitgeberseite zur Verfügung zu stellen, höher veranschlagt als die Frage nach seiner Durchsetzungsfähigkeit.[259] Demzufolge ist es nicht verfehlt, auf Seiten der Arbeitgeber keine Durchsetzungsfähigkeit zu verlangen. Die Mächtigkeitslehre steht weder im systemwidrigen Widerspruch zur Tariffähigkeit des einzelnen Arbeitgebers und der Arbeitgeberverbände, noch wird dadurch die Stabilität eines geordneten Tarifvertragssystems in Frage gestellt oder der Gleichheitssatz gemäß Art. 3 Abs. 1 GG verletzt.

Mithin verlangt die Gesetzessystematik weder in Folge eines Vergleichs mit § 12 TVG, noch einer Gegenüberstellung mit den Anforderungen an die Tariffähigkeit der Arbeitgeber im Rahmen von § 2 Abs. 1 TVG die Aufgabe der Durchsetzungsfähigkeit für Arbeitnehmerverbände.

III. Wettbewerbsrechtliches Argument

Bisweilen rügen Kritiker der Mächtigkeitslehre, dass die Rechtsprechung ein rechtswidriges Monopol der Mitgliedsverbände des Deutschen Gewerkschaftsbundes schütze, gegen das Wettbewerbsrecht verstoße und die Unlauterkeit fördere.[260] Diese Kartellwirkung gelte es zu verhindern und durch ein freies Spiel der Kräfte zu ersetzen. Somit stellt sich die Frage, ob der Konzentration des Rechts, Tarifverträge zugunsten der Arbeitnehmer zu

---

[257] *Däubler* Rn 63; *Kocher* AuR 05, 336 (337).

[258] *Gamillscheg* § 9 IV 3. f). So wurde in BAG AP Nr. 40 zu § 2 TVG der Antrag des Arbeitgeberverbandes durch die Gewerkschaft HBV unterstützt.

[259] BVerfG v. 20.10.1981, BVerfGE 58, 233 (256).

[260] ArbG Stuttgart v. 12.09.2003, <AZ 15 BV 250/96> S. 16 f., 23 (Klägervortrag nicht veröffentlicht); ebenfalls in diese Richtung: *Richardi* NZA 04, 1025 (1028); *Wiedemann* Anm. zu BAG AP Nr. 24 zu Art. 9 GG.

vereinbaren, in den Händen einiger weniger etablierter Großverbände mit den Mitteln des Kartell- und Wettbewerbsrechts begegnet werden muss.

1. Kartellrecht

Unter den Anwendungsbereich des Kartellrechts fällt jede zivilrechtliche Vereinbarung. Also müsste grundsätzlich auch ein Tarifvertrag von § 1 GWB erfasst werden.[261] Dies wäre aber nur dann der Fall, wenn es sich bei tariflichen Vereinbarungen um rechtswidrige Wettbewerbsbeschränkungen handelt. Zwar bezweckt und bewirkt der Tarifvertrag spürbare Wettbewerbsbeschränkungen, da er die Handlungsfreiheit von Arbeitnehmern und Arbeitgebern beschränkt, Fragen ihrer Arbeits- und Wirtschaftsbedingungen autonom zu regeln, und die Bedingungen der Arbeitsverhältnisse mit normativer Wirkung festlegt, jedoch verfolgen Arbeitnehmer und Arbeitgeber mit dem Tarifvertrag keinen gemeinsamen wettbewerbsfeindlichen Zweck.[262] Obwohl ein Tarifvertrag Verhaltensweisen aufeinander abstimmt und den Wettbewerb einschränkt, wird die Kartellwirkung von der Tarifautonomie nicht nur umfasst, sondern sogar gefordert. Art. 9 Abs. 3 GG enthält eine verfassungsrechtliche Kartellerlaubnis zur Regelung der Arbeits- und Wirtschaftsbedingungen, die vom einfachrechtlichen Kartellrecht nicht eingeschränkt werden kann. Ein Tarifvertrag soll den Wettbewerb gerade durch das Festlegen der Arbeitsbedingungen einschränken, um das strukturelle Ungleichgewicht des Arbeitsrechts auszugleichen und die Arbeitgeber gleichmäßig zu belasten. Insofern handelt es sich um ein verfassungsrechtlich gebotenes Monopol. Würde man Tarifverträge dagegen dem Kartellrecht unterwerfen, würde deren sozialer Schutzzweck missachtet und das Tarifsystem ausgehöhlt.[263] Folglich ist ein Tarifvertrag keine rechtswidrige Wettbewerbsbeschränkung im Sinne von § 1 GWB.

Unabhängig von der Frage der grundsätzlichen Vereinbarkeit der Tarifverträge mit dem Kartellrecht liegt das Kernproblem im Zusammenhang mit der Mächtigkeitslehre aber darin, ob die Rechtsprechung der Gerichte für Arbeitssachen in den Wettbewerb zwischen verschiedenen Tarifangeboten und damit in den Wettbewerb miteinander konkurrierender Gewerkschaften eingreift und so gegen kartellrechtliche Vorgaben verstößt. Das Kriterium der Durchsetzungsfähigkeit führt letzten Endes dazu, dass bis auf einige spezialisierte Nischenverbände nur die im Deutschen Gewerkschaftsbund organisierten Arbeitnehmerverbände gewerkschaftliche Rechte ausüben

---

[261] *Bechtold* RdA 83, 99 (99).

[262] BAG v. 27.6.1989, AP Nr. 113 zu Art. 9 GG.

[263] BAG v. 27.6.1989, AP Nr. 113 zu Art. 9 GG; KG v. 21.2.1990, AP Nr. 60 zu Art. 9 GG; *Buchner* ZfA 04, 229 (230); MüArbR/*Löwisch/Rieble* § 247 Rn 6.

können, so dass Konkurrenz um die Gunst, die Interessen der Arbeitnehmer zu vertreten, nahezu ausgeschlossen ist.

Neben tarifvertraglichen Regelungen unterstehen aber auch Arbeitnehmer und ihre Verbände als solche nicht dem Kartellrecht, weil das Kartellrecht die Koalitionsfreiheit und das Tarifsystem in seiner Gesamtheit nicht in Frage stellen kann und will und den von den Koalitionen gepflegten Sektor völlig unberührt lässt.[264] Zum einen ist die menschliche Arbeit selbst kein kommerzielles Gut. Das bloße Anbieten von menschlicher Arbeit durch die Arbeitnehmer ist keine kartellrechtlich relevante unternehmerische Handlung.[265] Zum anderen ist auch das Bündeln, Wahren und Fördern der Arbeitnehmerinteressen durch die Gewerkschaften keine Handlung im Sinne von § 1 GWB, da es sich nicht um eine gewerbliche Dienstleistung, sondern um eine sozialpolitische, gesellschafts- und gemeinnützige Tätigkeit handelt.[266] Unter Berufung auf die amtliche Begründung des Gesetzes gegen Wettbewerbsbeschränkungen führt das Bundesarbeitsgericht aus, dass die Fassung des Gesetzes klarstelle, dass Abreden über den Abschluss oder Inhalt von Arbeits- oder Dienstverhältnissen nicht unter seinen Anwendungsbereich fielen. Diese seien keine gewerblichen Leistungen. Kooperative Bindungen der Arbeitgeber oder der Arbeitnehmer über die Gestaltung der Lohn- und Arbeitsbedingungen unterlägen also ebenfalls nicht diesem Gesetz.[267] Fällt die gewerkschaftliche Betätigung als solche aber nicht in den Anwendungsbereich des Kartellrechts, kann auch der Wettbewerb konkurrierender Gewerkschaften im Schutzbereich von Art. 9 Abs. 3 GG keinen kartellrechtlichen Schranken unterworfen werden.

2. Unlauterer Wettbewerb

Der Zweck des Gesetzes gegen den unlauteren Wettbewerb wird nun von dem neuen Gesetz gegen den unlauteren Wettbewerb wiedergegeben. Nach § 1 UWG dient das Gesetz dem Schutz der Mitbewerber, der Verbraucher sowie der sonstigen Marktteilnehmer vor unlauterem Wettbewerb und schützt zugleich das Interesse der Allgemeinheit an einem unverfälschten Wettbewerb. Des Weiteren enthält § 2 Abs. 1 Nr. 1 UWG nun eine Definition der Wettbewerbshandlung. Eine Wettbewerbshandlung ist demnach jede Hand-

---

[264] *Bechtold* RdA 83, 99 (100); *Herschel* AuR 76, 225 (240).

[265] *Gamillscheg* § 16 II. 3. b) (1); Immenga/Mestmäcker/*Zimmer* § 1 GWB Rn 36 ff.

[266] ArbG Stuttgart v. 12.9.2003, NZA-RR 04, 540 (543); *Bechtold* RdA 83, 99 (99); Immenga/Mestmäcker/*Zimmer* § 1 GWB Rn 77, 64; MüArbR/*Löwisch/Rieble* § 247 Rn 27 f. (Anders ist es beispielsweise, wenn Gewerkschaften Versicherungsleistungen anbieten. Dabei handelt es sich dann um Dienstleistungen iSv § 1 GWB.).

[267] BAG v. 27.6.1989, AP Nr. 113 zu Art. 9 GG Arbeitskampf.

lung einer Person mit dem Ziel, zugunsten des eigenen oder eines fremden Unternehmens den Absatz oder den Bezug von Waren oder die Erbringung oder den Bezug von Dienstleistungen, einschließlich unbeweglicher Sachen, Rechte und Verpflichtungen zu fördern.

Zwar kann auch das Handeln sonstiger Organisationen, wie Parteien, Kirchen oder Gewerkschaften eine Wettbewerbshandlung sein, jedoch ist die eigentliche koalitionsspezifische Betätigung der Gewerkschaften, die lediglich der Erfüllung sozialpolitischer, gesellschafts- und gemeinnütziger Aufgaben dient, keine Wettbewerbshandlung. Die typischen Tätigkeiten der Koalitionen entsprechen nicht der gesetzlichen Definition einer Wettbewerbshandlung, weil sie nicht darauf zielen, den Absatz oder den Bezug von Waren oder die Erbringung oder den Bezug von Dienstleistungen zu fördern.[268]

Das Recht des unlauteren Wettbewerbs tritt im Zusammenhang mit Tarifrecht nur dann in Erscheinung, wenn der Geschäftsverkehr den Tarifvertrag als Ergebnis der sozialpolitischen Betätigung der Koalitionen missachtet und beispielsweise Arbeitnehmer unter Tarif beschäftigt. Hierin kann ein Verstoß gegen das Wettbewerbsrecht zu sehen sein.[269] Die koalitionsspezifische Betätigung als solche steht aber außerhalb des unternehmerischen Wettbewerbs, so dass die Konkurrenz von Gewerkschaften nicht vom Recht des unlauteren Wettbewerbs erfasst wird.

3. Zwischenergebnis

Mithin ist festzuhalten, dass die rechtlichen Grundsätze des Kartell- und Wettbewerbsrecht für die gewerkschaftliche Betätigung nicht einschlägig sind. Vielmehr dienen die Rügen, die Rechtsprechung schütze ein rechtswidriges Monopol, verstoße gegen das Wettbewerbsrecht und fördere die Unlauterkeit, lediglich der Absicht, Stimmung gegen die Rechtsprechung mit den negativ belasteten Begriffen des Kartell- und Wettbewerbsrechts zu machen. Trotzdem enthält die Kritik ein Korn der Wahrheit. Zwar geht es nicht um ein Kartell im engeren Sinne, jedoch wirkt die Rechtsprechung zur sozialen Mächtigkeit unstrittig konkurrenzabwehrend und begünstigt bestehende Großkoalitionen. Dieses Problem kann aber nicht mit Hilfe des Kartell- und Wettbewerbsrechts bewältigt werden, sondern muss mit eigenständigen tarifrechtlichen Instrumentarien im Rahmen von Art. 9 Abs. 3 GG

---

[268] Hefermehl/Köhler/Bornkamm/*Köhler* § 2 UWG Rn 46; *Rieble* BB 04, 885 (886) (Dies ist wieder nur dann anders zu beurteilen, wenn die koalitionsspezifische Betätigung nicht mehr im Vordergrund steht und die Gewerkschaften, wie beim Angebot von Versicherungsleistungen, als Anbieter oder Abnehmer am Wettbewerb des Gütermarkts teilnehmen. Siehe dazu BGH v. 25.1.1990, BGHZ 110, 156 (160)).

[269] ArbG Stuttgart v. 12.9.2003, NZA-RR 540 (544); MüArbR/*Löwisch/Rieble* § 247 Rn 30; *Schüren/Riederer von Paar* AuR 04, 241 (246).

gelöst werden.[270] Ein freies Spiel der Kräfte innerhalb des Tarifsystems kann somit nicht mit kartell- und wettbewerbsrechtlichen Grundsätzen begründet werden.

IV. „Typologisches" Argument

Die staatsentlastenden Gewerkschaften werden immer wieder mit den staatstragenden politischen Parteien verglichen, um je nach Intention das Kriterium der Durchsetzungsfähigkeit zu stützen oder zu erschüttern.[271] Den Ausgangspunkt solcher Überlegungen bilden regelmäßig Art. 21 Abs. 1 GG und § 2 Abs. 1 Satz 1 ParteiG, die jeweils normative Merkmale politischer Parteien beinhalten, welche den Voraussetzungen einer Gewerkschaft in vielen Aspekten ähneln. Insoweit stellt sich zum einen die Frage, wie sehr die Strukturen von Parteien und Gewerkschaften übereinstimmen, und zum anderen gilt es aufzuzeigen, ob eine Parallele aus dem Recht der Parteien die Idee des freien Spiels der Kräfte oder die Mächtigkeitslehre stützt.

1. Gemeinsamkeiten und Unterschiede von Gewerkschaften und Parteien

In Art. 21 Abs. 1 Satz 1 GG heißt es, dass Parteien bei der politischen Willensbildung des Volkes mitwirken, ihre Gründung frei ist und ihre innere Ordnung demokratischen Grundsätzen entsprechen muss. § 2 Abs. 1 Satz 1 ParteiG umschreibt den Begriff der Partei folgendermaßen: Parteien sind Vereinigungen von Bürgern, die dauernd oder für längere Zeit für den Bereich des Bundes oder eines Landes auf die politische Willensbildung Einfluss nehmen und an der Vertretung des Volkes im Deutschen Bundestag oder einem Landtag mitwirken wollen, wenn sie nach dem Gesamtbild der tatsächlichen Verhältnisse, insbesondere nach Umfang und Festigkeit ihrer Organisation, nach der Zahl ihrer Mitglieder und nach ihrem hervortreten in der Öffentlichkeit eine ausreichende Gewähr für die Ernsthaftigkeit dieser Zielsetzung bieten.

Folglich wird zur Bestimmung der Parteieigenschaft wie bei der Bestimmung der Gewerkschaftseigenschaft auch auf die Kriterien der freiwilligen Bildung, der Dauerhaftigkeit, der demokratischen und körperschaftlichen Struktur und dem Vorliegen eines bestimmten Zwecks abgestellt. Daneben fordert § 2 Abs. 1 Satz 1 ParteiG, dass eine Partei eine gewisse

---

270 Vgl. auch *Buchner* ZfA 04, 229 (230 ff.); *Kraft* SAE 78, 37 (44).

271 BVerfG v. 20.10.1981, BVerfGE 58, 233 (250); *Däubler* Rn 51; *Dütz* AuR 76, 65 (76); *Gamillscheg* § 9 IV 3. a), d) (2); *Mayer-Maly* SAE 91, 100 (101); *Reichel* RdA 72, 143 (149); *Rieble* in FS Wiedemann S. 519 (520); *Rüthers/Roth* Anm. zu BAG AP Nr. 32 zu § 2 TVG unter II 6.; *Söllner* AuR 76, 321 (323 f.); *Zeuner* in FS 25 Jahre BAG S. 727 (730).

Ernsthaftigkeit an den Tag legen muss. Hier ist eine Parallele zur Durchsetzungsfähigkeit erkennbar, die ebenfalls auch mit Hilfe der Mitgliederzahl und der Organisationsstruktur bestimmt wird. Die Rechtsprechung stellt an die Ernsthaftigkeit einer Partei freilich keine allzu großen Anforderungen. Art. 21 Abs. 1 GG garantiert schließlich die Möglichkeit, jederzeit neue Parteien zu gründen, um so neuen politischen Vorstellungen die Chance zu eröffnen, im Prozess der politischen Willensbildung wirksam zu werden.[272] Wegen dieser verfassungsrechtlich verbürgten Freiheit der Parteiengründung kann von Parteien, die sich noch im Stadium der Gründung befinden und im Prozess der politischen Willensbildung erst Fuß zu fassen beginnen, eine Wahrnehmung personen- und sachmittelintensiver Aufgaben nur in Ansätzen verlangt werden.[273] Deshalb ist Zurückhaltung bei der Verneinung der Parteieigenschaft zu fordern.[274] So hat das Bundesverfassungsgericht bereits 400 Parteimitglieder für die Erkennbarkeit der Ernsthaftigkeit ausreichen lassen.[275]

Nun stellt sich die Frage, ob dieses Phänomen in einem typologischen Vergleich auf die Definition des Terminus der Gewerkschaft übertragen werden kann. Wenn bereits bei staatstragenden Parteien keine strengen Anforderungen an die Bejahung der Ernsthaftigkeit gestellt werden dürfen, könnte daraus der Schluss gezogen werden, dass im Gegensatz zur restriktiven Mächtigkeitslehre an staatsentlastende Gewerkschaften höchstens gleich hohe oder gar geringere Anforderungen an die Durchsetzungsfähigkeit zu stellen sind.

So überzeugend dieser Schluss zunächst erscheint, darf eine Überlegung nicht in Vergessenheit geraten: Obwohl es unstrittige Gemeinsamkeiten zwischen Parteien und Gewerkschaften gibt, besteht durch die divergierenden Zweckbestimmungen ein gravierender Unterschied. Während Gewerkschaften gemäß Art. 9 Abs. 3 GG die Arbeits- und Wirtschaftsbedingungen wahren und fördern, wirken die Parteien gemäß Art. 21 Abs. 1 Satz 1 GG bei der politischen Willensbildung des Volkes mit. Der Zweck der Parteien besteht darin, auf die politische Willensbildung Einfluss zu nehmen. Die Teilnahme an Parlamentswahlen auf Bundes- oder Landesebene machen das Wesentliche einer Partei aus. Sie ist seitens der Verfassung das unverzichtbare Element des Parteibegriffs.[276] Dagegen ist das Aushandeln von Tarifverträgen durch das Ausüben von Druck auf den sozialen Kontrahenten zwar eine wesentliche,

---

272 BVerfG v. 17.11.1994, BVerfGE 91, 262 (267).

273 BVerfG v. 17.11.1994, BVerfGE 91, 262 (269).

274 BGH v. 9.1.1974, NJW 74, 565 (567); *Jarass/Pieroth* Art. 21 GG Rn 10.

275 BVerfG v. 3.12.1968, BVerfGE 24, 300 (320, 331 f.).

276 BVerfG v. 17.11.1994, BVerfGE 91, 262 (267 f.).

jedoch nur eine Möglichkeit unter vielen, die Arbeits- und Wirtschaftsbedingungen der Arbeitnehmer zu wahren und zu fördern. Darüber hinaus ist die Selbsteinschätzung eines Verbandes zu der Frage, ob sie tariffähig ist, unerheblich,[277] während in der Gründungsphase einer Partei der Wille zur politischen Betätigung eine besonders wichtige Rolle spielt.[278] Die durch die andersartige Zwecksetzung bedingten aufgezeigten Unterschiede machen deutlich, dass trotz aller Gemeinsamkeiten, ein Schluss von dem Recht der politischen Parteien auf Gewerkschaften nur begrenzt möglich ist.[279]

2. Fünfprozenthürde

Auch im Parteinrecht wird die Funktions- und Entscheidungsfähigkeit des Parlaments geschützt. Der Gesetzgeber hat diesen Schutzmechanismus in § 6 Abs. 6 Satz 1 BWahlG eingebaut. Danach werden bei Verteilung der Sitze auf die Landeslisten nur Parteien berücksichtigt, die mindestens 5 von Hundert der im Wahlgebiet abgegebenen gültigen Zweitstimmen erhalten oder in mindestens drei Wahlkreisen einen Sitz errungen haben.

Folglich existiert im Parteienrecht ein nachgeschalteter Schutz, der eine frühzeitigere strengere Kontrolle überflüssig macht. Für das Tarifrecht existiert *ex post* demgegenüber kein vergleichbarer Schutz und keine Korrektur, weil sich eine Inhaltskontrolle des Verhandlungsergebnisses verbietet.[280] Deshalb kann nur *ex ante* beurteilt werden, wer das Recht haben soll, Tarifverträge abzuschließen. Insofern bedarf der Parteibegriff keiner tief greifenden Einschränkungen, während das staatliche Interesse an dem Aufrechterhalten eines funktionsfähigen Tarifvertragssystems nur mit Hilfe eines vorgelagerten Schutzes durchgesetzt werden kann. Daher sind die Fünfprozenthürde und das Erfordernis der sozialen Mächtigkeit in ihrer Zielrichtung vergleichbar.[281]

Interessant an dieser Parallele ist, dass auch die verfassungsgemäße Fünfprozentklausel darauf kontrolliert werden muss, ob sich die Verhältnisse nicht derart geändert haben, dass die Klausel überflüssig geworden ist. Mit diesem Argument hat der Verfassungsgerichtshof Nordrhein-Westfalen die Notwendigkeit einer Fünfprozenthürde auf kommunaler Ebene verneint.[282]

---

[277] BAG v. 14.3.1978, AP Nr. 30 zu § 2 TVG.

[278] BVerfG v. 17.11.1994, BVerfGE 91, 262 (270).

[279] Vgl. dazu auch *Mayer-Maly* SAE 91, 100 (101); *Reichel* RdA 72, 143 (149).

[280] Zur Inhaltskontrolle siehe S. 113 f.

[281] BVerfG v. 20.10.1981, BVerfGE 58, 233 (250); *Dütz* AuR 76, 65 (76); *Rüthers/Roth* Anm. zu BAG AP Nr. 32 zu § 2 TVG unter II. 6.; mit gegenteiligem Ergebnis *Söllner* AuR 76, 321 (324).

[282] VerfGH NRW v. 11.5.1994, DVBl 1995, 152 (153).

Wenn die Messlatte, die eine Partei als staatstragendes Element überspringen muss, niedriger gehängt werden muss, könnte man in Anlehnung an den Verfassungsgerichtshof Nordrhein-Westfalen auch verlangen, dass die Messlatte, die eine Koalition als staatsentlastende Organisation überspringen muss, tiefer gehängt wird. Ein Fortfall der Fünfprozenthürde könnte im Rahmen eines typologischen Vergleichs und unter Berücksichtigung des divergenten Zwecks die Position der Kritiker der Mächtigkeitslehre stärken. Allerdings existiert sowohl auf Bundes-, als auch auf Landesebene weiterhin unangefochten eine Fünfprozenthürde gemäß § 6 Abs. 6 BWahlG bzw. § 33 Abs. 2 LWahlG NRW. Flächentarifverträge werden aber nach bisherigem Verständnis nicht für einzelne Kommunen abgeschlossen, sondern regelmäßig nur für großflächige Tarifgebiete. Daher müsste die öffentlich-rechtliche Rechtsprechung Fünfprozenthürden wenigstens auch auf Landesebene für unzulässig erachten, damit dieser Vergleich fruchtet und unter Umständen Parallelen für das Arbeitsrecht aufgezeigt werden können.

Der Vergleich mit der Fünfprozenthürde hinkt aber auch noch aus einem ganz anderen Grund: Das Erlangen der Tariffähigkeit kann nicht von einer festen Mindestrepräsentanz, wie sie nach § 6 Abs. 6 Satz 1 BWahlG existiert, abhängig gemacht werden, weil auch eine Koalition mit einer geringen Mitgliederzahl in der Lage sein kann, tarifpolitische Vorstellungen zu entwickeln, diese in Tarifverhandlungen zu vermitteln und genügend Druck auf den Gegner auszuüben.[283] Somit wäre ein Institut, das mit einer starren Fünfprozenthürde vergleichbar wäre, im Tarifrecht undenkbar.

3. Parteiverbot

Nach vereinzelter Auffassung ist die Rechtsprechung zur sozialen Mächtigkeit weniger mit der Fünfprozenthürde des § 6 Abs. 6 BWahlG vergleichbar, als mit der Wirkung eines Parteiverbots.[284] Dies wäre aber nur zutreffend, wenn die Rechtsfolge eines Parteiverbots und diejenige der Mächtigkeitslehre übereinstimmen.

Rechtsfolge eines Parteiverbots ist gemäß Art 21 Abs. 2 GG i.V.m. § 46 Abs. 3 BVerfGG die zwingende Auflösung der Partei und das Verbot der Gründung von Ersatzorganisationen verbunden mit der Option der Einziehung des Parteivermögens. Sollte man eine für verfassungswidrig erklärte

[283] BAG v. 16.11.1982, AP Nr. 32 zu § 2 TVG; LAG Stuttgart v. 1.1.0.2004, NZA-RR 05, 85 (90); *Herschel* AuR 76, 225 (237); Maunz/Dürig/Herzog/*Scholz* Art. 9 GG Rn 218.

[284] ArbG Stuttgart v. 12.9.2003, <AZ 15 BV 250/96> S. 23 (Anträge nicht veröffentlicht); *Gamillscheg* § 9 IV 3. d) (2); *Rieble* in FS Wiedemann S. 519 (520); *Rieble* BB 04, 885 (886).

Partei fortführen, droht gemäß § 84 StGB gar eine Freiheitsstrafe von drei Monaten bis zu fünf Jahren.

Dieselbe Rechtsfolge ordnen die Vorschriften zum Vereinsverbot nach Art. 9 Abs. 2 GG i.V.m. §§ 3 Abs. 1, 16 VereinsG an. Auch hier gibt es den parallelen Straftatbestand des § 85 StGB. Allerdings bestehen gravierende Bedenken, ob § 16 VereinsG und das Verbot von Arbeitnehmer- und Arbeitgebervereinigungen überhaupt verfassungsgemäß sind. Im Schrifttum ist umstritten, ob die Schranke des Art. 9 Abs. 2 GG auch für Koalitionen im Sinne von Art. 9 Abs. 3 GG gilt. Für die Anwendung von Art. 9 Abs. 2 GG spricht, dass militante Koalitionen nicht aufgelöst werden könnten, wenn die Koalitionsfreiheit schrankenlos gewährt wird. Auch Koalitionen sind verboten, wenn ihr Zweck oder ihre Tätigkeit den Strafgesetzen zuwiderläuft oder sie sich gegen die verfassungsmäßige Ordnung oder gegen die Grundgedanken der Völkerverständigung richten. Dies ergibt sich daraus, dass Art. 9 Abs. 2 GG und Art. 9 Abs. 3 GG den Begriff Vereinigung mit dem gleichen Wortsinn verwenden. Verfassungsimmanente Schranken können dagegen nicht zum Verbot, sondern nur zur Tätigkeitsbegrenzung führen.[285] Außerdem kann eine Koalition, welche die Verfassung nicht anerkennt, deren Schutz nicht erwarten.[286]

Gegen die Anwendung der Schranke spricht der Vergleich mit Art. 5 GG, wo die Kunst- und Wissenschaftsfreiheit nach Art. 5 Abs. 3 GG *lex specialis* gegenüber der allgemeinen Meinungsfreiheit nach Art. 5 Abs. 1 GG ist. Die Schranke des Art. 5 Abs. 2 GG, die für Art. 5 Abs. 1 gilt, darf daher nicht auf Art. 5 Abs. 3 GG übertragen werden.[287] Dem Aufbau von Art. 5 GG entspricht der von Art. 9 GG. Das *lex generalis* der Vereinigungsfreiheit ist in Art. 9 Abs. 1 GG enthalten. Art. 9 Abs. 2 GG nennt die Schranke der Vereinigungsfreiheit. Dem folgt das *lex specialis* der Koalitionsfreiheit gemäß Art. 9 Abs. 3 GG. Daher ist das systematische Argument aus Art. 5 GG auf Art. 9 GG übertragbar. Insofern ist die Schranke des Art. 9 Abs. 2 GG nicht für arbeitsrechtliche Koalitionen anwendbar und es bestehen nur verfassungsimmanente Schranken.[288] Da §§ 3 Abs. 1, 16 VereinsG selber keine Verbotsgründe normieren, sondern sich akzessorisch zu Art. 9 Abs. 2 GG verhalten und auf dessen Verbotsgründe verweisen, würde § 16 VereinsG das Verbot von Koalitionen erlauben, obwohl dies verfassungsrechtlich – zumindest nach einer Auffassung – nicht zulässig wäre. Mithin wäre § 16 VereinsG verfassungswidrig.

---

[285] *Henssler* ZfA 98, 1 (7); Maunz/Dürig/Herzog/*Scholz* Art. 9 GG Rn 337 ff.; MüArbR/*Löwisch/Rieble* § 244 Rn 27 ff.; von Münch/Kunig/*Löwer* Art. 9 GG Rn 89.

[286] *Hanau/Adomeit* Rn 174.

[287] BVerfG v. 24.2.1971, BVerfGE 30, 173 (190 ff.).

[288] *Jarass/Pieroth* Art. 9 GG Rn 49; Sachs/*Höfling* Art. 9 GG Rn 127.

Dem dargestellten Streit fehlt es allerdings an Brisanz, da dieser Frage kaum eine praktische Bedeutung zukommt, weil Koalitionen mit den nach Art. 9 Abs. 2 GG ausgeschlossenen Zielen kaum vorstellbar sind.[289] Selbst wenn man dennoch ein Vereinsverbot für Koalitionen gemäß Art. 9 Abs. 2 GG anerkennt, bleibt die Rechtsfolge im Sinne von §§ 3 Abs. 1, 16 VereinsG immer noch eine andere, als die nach einem Verfahren über die Tariffähigkeit gemäß § 97 ArbGG, in dem der Mächtigkeitslehre die tragende Rolle zukommt. Sollte in einem Verfahren nach § 97 ArbGG das erkennende Gericht deklaratorisch feststellen, dass der Koalition auf Grund fehlender Durchsetzungsfähigkeit die Tariffähigkeit fehlt, führt dies nicht zu einem Gewerkschaftsverbot. Im Gegenteil entfällt auf Grund der deklaratorischen Feststellung des fehlenden Gewerkschaftsstatus „nur" *ex tunc* die normative Wirkung aller von der vermeintlichen Gewerkschaft bisher geschlossenen Tarifverträge, *ex nunc* kann sie keine normativ wirkenden Tarifverträge mehr abschließen und verliert ihre sekundären Gewerkschaftsrechte. Dagegen verbleibt dem Verband – anders als bei einem Partei- oder Vereinsverbot – die Möglichkeit sich weiterzuentwickeln und an sozialer Macht hinzuzugewinnen. Weil es sich bei einem Beschluss nach § 97 ArbGG um eine Entscheidung mit Dauerwirkung handelt, wirkt die materielle Rechtskraft nach § 322 ZPO nur solange, wie sich die entscheidungserheblichen tatsächlichen oder rechtlichen Verhältnisse nicht wesentlich ändern.[290] Ein Partei- oder Vereinsverbot wirkt dagegen endgültig. Darüber hinaus macht man sich nicht nach §§ 84, 85 StGB strafbar, wenn man trotz eines gegenteiligen Beschlusses an einem Tarifvertrag festhält, der mit einer tarifunfähigen Gewerkschaft geschlossen wurde, und nun als Koalitionsvereinbarung zugunsten Dritter gemäß § 328 BGB Anwendung auf die einzelnen Arbeitsverhältnisse findet.

Da die Rechtsfolgen eines Partei- oder Vereinsverbots sich erheblich von den Rechtsfolgen der Mächtigkeitslehre und dem Verfahren nach § 97 ArbGG unterscheiden, trifft der Vergleich mit dem Parteiverbot nicht zu. Auch hinter dieser These versteckt sich die Absicht, Stimmung gegen das Kriterium der Durchsetzungsfähigkeit zu machen.

4. Zwischenergebnis

Insgesamt ist deshalb festzuhalten, dass trotz aller Gemeinsamkeiten der Parteien zu den Gewerkschaften die erheblichen Unterschiede, die sich aus der unterschiedlichen Zwecksetzung ergeben, nicht außer Acht gelassen werden dürfen, so dass aus parteienrechtlicher Sicht kein zwingender Schluss

---

[289] *Brox/Rüthers/Henssler* Rn 670; ErfK/*Dieterich* Art. 9 GG Rn 47.

[290] BAG v. 06.06.2000, AP Nr. 9 zu § 97 ArbGG 1979.

für oder gegen die tarifrechtliche Durchsetzungsfähigkeit gezogen werden kann. Folglich streitet ein typologischer Vergleich zwischen Parteien und Gewerkschaften nicht für ein freies Spiel der Kräfte.

V. Teleologisches Argument

Der folgende Punkt ist der Frage gewidmet, inwiefern die Rechtsprechung zum Kriterium der sozialen Mächtigkeit mit der Teleologie des Tarifvertragsrechts harmoniert.

Tarifverträge haben in erster Linie eine Schutzfunktion zu Gunsten der Arbeitnehmer. Durch das Bündeln der Arbeitnehmerinteressen in Gewerkschaften zu einer kollektiven Macht kann die Disparität zwischen Arbeitgeber und Arbeitnehmer auf der individualvertraglichen Ebene mit normativer Wirkung ausgeglichen werden. Daher ist der primäre Zweck der Tarifverträge, Arbeitsbedingungen festzusetzen, die nicht nur die Interessen der Arbeitgeber, sondern auch diejenigen der Arbeitnehmer widerspiegeln. In diesem Sinne verhindert das Kriterium der Durchsetzungsfähigkeit, nach der Vorstellung der Gerichte für Arbeitssachen, dass die Arbeitgeber auf der kollektivrechtlichen Ebene Verhandlungsangebote der Arbeitnehmer übersehen. Nur wenn die Arbeitnehmer so viel Druck ausüben können, dass sich die Arbeitgeberseite auf Verhandlungen einlassen muss, kann ein angemessener Interessenausgleich abgeschlossen werden, der den sozialen Frieden und die Ordnung des Arbeitslebens sichert. Ein schwacher Verband kann diesen kollektiven Schutz nicht gewähren, so dass die Gefahr von Gefälligkeitsabschlüssen und verschleierten Tarifdiktaten bestünde. Demzufolge können nur sozial mächtige Koalitionen an der Tarifautonomie teilhaben, die den von der staatlichen Rechtsordnung freigelassenen Raum des Arbeitslebens durch Tarifverträge sinnvoll gestalten können. Aufgabe der Tarifautonomie ist gerade, durch Bildung eines Gegengewichts die Schwäche des Arbeitsvertrages zu kompensieren und dem einzelnen Arbeitnehmer kollektiven Schutz zu gewähren, so dass Arbeitsbedingungen nicht einseitig zu Lasten der Arbeitnehmer festgesetzt werden können. Somit verfolgt die Rechtsprechung mit Hilfe der Durchsetzungsfähigkeit das Ziel, das Machtungleichgewicht der individualvertraglichen Ebene nicht auf der kollektiven Ebene fortzusetzen.

Es muss aber die Frage erlaubt sein, ob der mit Hilfe der Rechtsprechung zur sozialen Mächtigkeit erreichte Arbeitnehmerschutz nicht über den Zweck des Ausgleichs der Disparität hinausschießt. Die Arbeitnehmer könnten im Zuge ihrer negativen Koalitionsfreiheit ganz auf gewerkschaftlichen Schutz verzichten und einen Verbandsbeitritt ablehnen. Folglich müssten sich die Arbeitnehmer *a maiore ad minus* auch für einen schwachen Verband ent-

scheiden können, ob sich dieser Verband dann durchsetzt, bleibt dem freien Spiel der Kräfte überlassen.[291]
Bei dieser Argumentation bleibt allerdings unberücksichtigt, dass Gewerkschaften in Bezug auf tarifdispositives Gesetzes- und Richterrecht viel weitergehende Möglichkeiten als die einzelnen Arbeitnehmer haben.[292] Während Arbeitsbedingungen, die für den einzelnen Arbeitnehmer günstiger sind, ohne weiteres vereinbart werden dürfen, besteht die Bedeutung der tarifdisponiblen Bestimmungen darin, eine Schlechterstellung der Arbeitnehmer zu erlauben. Dabei macht der Gesetzgeber von der Öffnung der Normen zugunsten der Tarifvertragsparteien immer öfter Gebrauch, so dass mittlerweile eine Vielzahl von Normen existiert, die eine Änderung der Gesetze zu Lasten der Arbeitnehmer ermöglicht.[293] Tarifliche Abweichungen sind zum Beispiel für Kündigungsfristen gemäß § 622 Abs. 4 BGB, im Urlaubsrecht gemäß § 13 BUrlG, bei der betrieblichen Altersversorgung nach § 17 Abs. 3 BetrAVG, für befristete und Teilzeitarbeitsverhältnisse gemäß §§ 8 Abs. 4, 12, Abs. 3, 13 Abs. 4, 14 Abs. 2 Sätze 3, 4 TzBfG, für die Entgeltfortzahlung nach § 4 Abs. 4 EFZG, für prozessrechtliche Bestimmungen nach §§ 48 Abs. 2, 101 Abs. 1, 2 ArbGG und im Arbeitszeitrecht gemäß §§ 7, 12 ArbZG zulässig.[294]

Die Möglichkeit, durch einen Tarifvertrag Verschlechterungen für den einzelnen Arbeitnehmer herbeizuführen, kann allerdings durch die Anwendung zwingenden Europarechts beschränkt sein. Ein Abweichen von zwingendem Europarecht ist nur dann zulässig, wenn der Arbeitnehmer der Regelung ausdrücklich und frei zugestimmt hat. Eine Verweisung im Arbeitsvertrag auf einen verschlechternden Tarifvertrag genügt dem nicht. Insofern findet ein Tarifvertrag keine Anwendung, der in Abweichung der Richtlinie 93/104/EG gemäß § 7 ArbZG eine wöchentliche Höchstarbeitsdauer von über 48 Stunden festlegt.[295] Somit erscheint die Gefahr, dass schwache Verbände in gesteigertem Maße verschlechternde Tarifverträge für ihre Mitglieder vereinbaren, bei schützenden europarechtlichen Normen als weniger gravierend.

Bei rein nationalen Rechtsproblemen besteht die Gefahr – bis auf die Prüfung eines Verstoßes gegen zwingendes Gesetzesrecht oder gesetzes-

---

[291] In diesem Sinne: *Grunsky* JZ 77, 470 (473 f.); *Henssler* S. 62; *Mayer-Maly* SAE 91, 100 (101).

[292] BAG v. 28.3.2006, AP Nr. 4 zu § 2 TVG Tariffähigkeit; *Wiedemann* Anm. zu BAG AP Nr. 24 zu Art. 9 GG II. 2. c).

[293] BAG v. 28.3.2006, AP Nr. 4 zu § 2 TVG Tariffähigkeit; *Löwisch/Rieble* § 1 TVG Rn 333; Wiedemann/*Wiedemann* Einleitung Rn 379 f.

[294] Allein angesichts dieser Beispiele und der gesetzgeberischen Tendenz, vermehrt tarifdispositives Recht zu schaffen, mit *Bayreuther* BB 05, 2633 (2636) von „nur spärlich gesäten tarifpositiven Arbeitnehmerschutzrechten" zu sprechen, ist nicht gerechtfertigt.

[295] EuGH v. 5.10.2004, NZA 04, 1145 (= EuZW 04, 691).

vertretendes Richterrecht durch die Gerichte für Arbeitssachen[296] – freilich ungemindert fort. Im Mittelpunkt der aktuellen arbeitsrechtlichen Diskussion stehen dabei die Regelungen der Arbeitnehmerüberlassung. Dem Grundsatz nach sind Leiharbeitnehmer wie die Stammbelegschaft zu behandeln. §§ 3 Abs.1 Nr. 3 Satz 2, 9 Nr. 2, 3. Halbsatz AÜG erlauben nun eine Schlechterstellung der Leiharbeitnehmer durch Tarifvertrag. Der Gesetzgeber hat sich dafür entschieden, die Regelungen der Leiharbeit in die Hände der Tarifpartner zu legen. Die Gleichbehandlung ist tarifdisponibel, so dass zu Lasten der Leiharbeitnehmer vom Grundsatz des *„equal pay"* und *„equal treatment"* abgewichen werden kann. Das Ungewöhnliche dieser Regelung ist, dass das verhandelbare Optimum für die Leiharbeitnehmer – *„equal pay"* und *„equal treatment"* – bereits gesetzlich vorgeschrieben ist. Daher bleibt hier ausschließlich Raum für eine tarifliche Regelung zu Lasten der Arbeitnehmer, während alle anderen tarifdispositiven Bestimmungen Regelungen zugunsten oder zu Lasten der Arbeitnehmer ermöglichen. Üblicherweise gibt das Gesetz nur ein Mindest- oder ein mittleres Niveau zum Schutz der Arbeitnehmer vor, welches durch Verhandlungen der Tarifvertragsparteien angehoben werden kann.[297] Das bisherige Regel-Ausnahmeverhältnis ist für den Bereich der Arbeitnehmerüberlassung nun in sein Gegenteil verkehrt worden. Die Tarifabschlüsse der Leiharbeitsbranche haben gezeigt, dass von der Option, von der Gleichbehandlung der Leiharbeitnehmer gegenüber der Stammbelegschaft, umfassend Gebrauch gemacht wurde.

Die Leiharbeitstarifverträge haben ausnahmslos zu schlechteren Arbeitsbedingungen – insbesondere zu geringeren Löhnen – geführt, als den Zeitarbeitnehmern nach dem Grundsatz des *„equal treatment"* zugestanden hätten.[298] Dies erscheint dann als problematisch, wenn Gewerkschaften, die nach den dargestellten Kriterien als nicht sozial mächtig eingestuft werden müssen, Tarifverträge zu Lasten der Arbeitnehmer vereinbaren, weil tarifdispositives Gesetzesrecht ein Verhandlungsgleichgewicht unterstellt, da letztlich nur eine ausgewogene Regelung an die Stelle des Gesetzesrechts treten darf.[299] Andererseits dürften gerade für die Leiharbeitsbranche keine allzu hohen Anforderungen an das Erreichen der Tariffähigkeit gestellt werden. Mit der gesetzlichen Anordnung des *„equal pay"* als Mindestarbeitsbedingung hat der Gesetzgeber einen Tarifzwang geschaffen, wenn sich die Sozialpartner von diesem Grundsatz lösen wollen. Angesichts dieser

---

[296] BAG v. 28.3.2006, AP Nr. 4 zu § 2 TVG Tariffähigkeit.

[297] ErfK/*Wank* § 3 AÜG Rn 32; *Schöne* DB 04, 136 (136).

[298] *Ankersen* NZA 03, 421 (423 f.); *W. Bayreuther* NZA 04, Sonderbeilage 1, 3 (7); *Martin* AuR 04, 247 (249); *Schüren/Riederer von Paar* AuR 04, 241 (242).

[299] *Böhm* DB 03, 2598 (2598); *Böhm* DB 04, 137 (137); MüArbR/*Richardi* § 9 Rn 36; Schüren/Hamann/*Schüren* § 9 AÜG Rn 114 ff.; *Schüren/Behrend* NZA 03, 521 (524 f.).

Rahmenbedingungen wird befürchtet, dass sich die Arbeitgeber einem Tarifdiktat der Gewerkschaften beugen müssen, weil ein Scheitern von Verhandlungen immer zur gesetzlichen Regelung der Gleichbehandlung führt.[300] Diese Befürchtung dürfte allerdings, was gerade die Tarifabschlüsse beweisen, überspitzt sein. Vielmehr kompensiert diese vermeintliche Stärke lediglich die Organisationsschwächen der Gewerkschaften im Bereich der Leiharbeit.[301]

Weitaus kritischer ist die Situation zu bewerten, in der ein Tarifvertrag die abweichenden Regelungen nicht selbst festlegt, sondern die Betriebspartner oder die Individualparteien des Leiharbeitsvertrages dazu ermächtigt. Einen solchen Beschäftigungssicherungstarifvertrag haben die Tarifgemeinschaft Christliche Gewerkschaften Zeitarbeit und PSA und der Arbeitgeberverband mittelständischer Personaldienstleister e.V. mit Wirkung zum 01.01.2005 abgeschlossen.[302] Mit dieser Konstruktion verstoßen die genannten Tarifparteien gegen Grundzüge des Tarifrechts. Tarifdispositives Recht räumt den Tarifparteien die Freiheit ein, ihre eigenen Vorstellungen von einer gerechten Verteilung der Chancen und Risiken im Arbeitsrecht umzusetzen. Dieser Freiheit steht aber keine Regelungspflicht gegenüber. Die Tarifparteien können die gesetzliche Wertung akzeptieren und auf eine Neuregelung durch Tarifvertrag verzichten. Machen die Tarifparteien von ihrer Regelungskompetenz aber Gebrauch, dürfen sie ihre Normsetzungsbefugnis nicht an Dritte abtreten. Andernfalls würden sie entgegen der Wertung des Gesetzgebers handeln, der eine Abweichung vom Gesetz eben nur durch Tarifvertrag und nicht durch Betriebsvereinbarung oder Individualabrede zulässt. Eine Öffnungsklausel im gesetzesverdrängenden Tarifvertrag kann also keine Verschlechterung der Arbeitsbedingungen nach sich ziehen, sondern nur zurück zur Anwendung des Gesetzes führen.[303] Insofern muss bezweifelt werden, ob ein Tarifvertrag, der den Individualparteien den Abschluss gestzesverdrängender Arbeitsverträge ermöglicht, noch als Tarifvertrag bezeichnet werden kann oder ob es sich dabei nicht eher um einen Gefälligkeitstarifvertrag handelt, mit dessen Hilfe ein Arbeitnehmerverband sich das Etikett einer Gewerkschaft erschwindeln möchte.[304]

---

[300] *Bauer/Krets* NJW 03, 537 (539); *Hümmerich/Holthausen/Welslau* NZA 03, 7 (10); *Lembke* BB 03, 98 (102 f.); *Rieble/Klebeck* NZA 03, 23 (28).

[301] *Ankersen* NZA 03, 421 (424); *Bayreuther* BB 05, 2633 (2638); *Böhm* DB 04, 137 (137); *Schöne* DB 04, 136 (137).

[302] *Böhm* DB 05, 2023 (2023).

[303] *Böhm* DB 05, 2023 (2024); i.E. ebenso: HWK/*Pods/Kalb* § 3 AÜG Rn 37; *Ulber* AuR 03, 7 (11); a.A. Thüsing/*Mengel* § 9 AÜG Rn 41.

[304] *Böhm* DB 05, 2023 (2024).

Die gesetzlichen Regelungen der Arbeitnehmerüberlassung sind unabhängig von diesen Überlegungen verfassungsgemäß. Laut Bundesverfassungsgericht dienen die Normen des Arbeitnehmerüberlassungsgesetzes der Verbesserung der Stellung der Leiharbeitnehmer und damit dem Schutz ihrer Berufsfreiheit gemäß Art. 12 Abs. 1 GG. Die Öffnungsklausel der §§ 3 Abs. 1 Nr. 3 Satz 2, 9 Nr. 2, 3. Halbsatz AÜG ermöglichen den Sozialpartnern erst eine eigenständige vom Gesetzestext abweichende Regelung, so dass sich dahinter weder eine Beschränkung der positiven noch der negativen Koalitionsfreiheit verbergen könne.[305]

Wie die Erfahrung zeigt, bleibt dennoch die Gefahr unvorteilhafter Tarifabschlüsse für die Leiharbeitnehmerschaft bestehen. Weil Tarifverträge notwendiger Weise Kompromisscharakter haben, müssen die Gewerkschaften den Arbeitgebern entgegenkommen und das gesetzlich angeordnete *„equal treatment*" zur Disposition stellen, wenn sie im Rahmen von Koppelungsgeschäften Abschläge beim Entgelt gegen andere Arbeitsbedingungen ihrer Agenda durchsetzen wollen.[306]

Führt man sich §§ 3 Abs. 1 Nr. 3 Satz 2, 9 Nr. 2, 3. Halbsatz AÜG und die anderen Bestimmungen vor Augen, nach denen zu Lasten der Arbeitnehmer durch Tarifvertrag von den gesetzlichen Bestimmungen abgewichen werden darf, wird deutlich, dass der Arbeitnehmer nicht nur Schutz hinsichtlich seiner schwachen Position als „Einzelkämpfer" bedarf, sondern auch Schutz vor schwachen Verbänden und deren potentiellen Aufmerksamkeiten zu seinen Lasten und zugunsten der Gegenseite. Ein durch einen faulen Tarifvertragsabschluss unangemessen benachteiligter Arbeitnehmer kann sich auch durch einen Verbandsaustritt nicht selbst schützen, da selbst dann die widrigen Arbeitsbedingungen gemäß § 3 Abs. 3 TVG bis zum Ablauf des Tarifvertrages auch für den Arbeitnehmer weiter gelten.[307] Deshalb ist die Kritik an der Mächtigkeitslehre zurückzuweisen. Die Freiheit der Arbeitnehmer, keinem Verband beitreten zu müssen, gebietet nicht, schwache Verbände als Gewerkschaften zu tolerieren. Folglich kann das freie Spiel der Kräfte den Anforderungen der Teleologie des Tarifvertrags nicht gerecht werden, während mit Hilfe der Mächtigkeitslehre eine Fortsetzung des Machtungleichgewichts auf kollektiver Ebene verhindert werden kann.

---

305 BVerfG v. 29.12.2004, NZA 05, 153 (154).

306 *Lembke* BB 03, 98 (102 f.).

307 BAG v. 4.4.2001, AP Nr. 27 zu § 4 TVG Tarifkonkurrenz; *Henssler* S. 61; HWK/*Henssler* § 3 TVG Rn 41 ff.; *Löwisch/Rieble* § 3 TVG Rn 85.

VI. Verfassungsrechtliches Argument

Ein weiterer strittiger Punkt ist, ob die Rechtsprechung zur Durchsetzungsfähigkeit mit der Verfassung im Einklang steht. Es könnte sein, dass der Gesetzgeber sich bei der Kodifizierung des Tarifvertragsrechts von der Idee des freien Spiels der Kräfte der Tarifparteien leiten ließ, da er die Kriterien einer tariffähigen Gewerkschaft nicht festlegte. Durch das Kriterium der sozialen Mächtigkeit wird nun durch die Hintertür eine Restriktion vorgesehen, die wohlmöglich dem gesetzgeberischen Interesse nicht entspricht.

1. Staatlich festgelegte Mindestarbeitsbedingungen und Mindestlöhne

Da der Gesetzgeber aber ebenfalls in großen Bereichen auf eine gesetzliche Regelung der Arbeits- und Wirtschaftsbedingungen – insbesondere auf eine Ausgestaltung der Lohnhöhe – verzichtet hat, muss dem Staat zugestanden werden, seine Kompetenzen nur zugunsten derjenigen Organisationen aufzugeben, die eine Garantie für die ausgewogene Repräsentanz aller beteiligten gegenläufigen Interessen übernehmen können. Das völlige Fehlen staatlicher Regelungen und die vermehrte Zahl tarifdispositiver Normen führen dazu, dass nur sozial mächtige Organisationen dem staatlichen Auftrag, diese Lücke zu füllen, gerecht werden können. In ein Tarifsystem, das an einem freien Spiel der Kräfte ausgerichtet ist, müsste der Staat immer dann regulierend eingreifen, wenn ein Verband den sozialen Frieden nicht mehr garantieren kann. Somit bestünde die Gefahr, dass die bisherige Ausnahme einer staatlichen Regelung besonders der Lohnhöhe zum Regelfall würde. Dass der subsidiäre staatliche Eingriff die Ausnahme bleiben soll, belegen auch die Erfordernisse zur Festsetzung von Mindestarbeitsbedingungen.

Gemäß § 1 MindestarbeitsbedingungenG erfolgt die Regelung von Entgelten und sonstigen Arbeitsbedingungen grundsätzlich in freier Vereinbarung zwischen den Tarifvertragsparteien durch Tarifverträge. Mindestarbeitsbedingungen können zur Regelung von Entgelten und sonstigen Arbeitsbedingungen nur festgesetzt werden, wenn Gewerkschaften oder Vereinigungen von Arbeitgebern für den Wirtschaftszweig oder die Beschäftigungsart nicht bestehen oder nur eine Minderheit der Arbeitnehmer oder Arbeitgeber umfassen und die Festsetzung von Mindestarbeitsbedingungen zur Befriedigung der notwendigen sozialen und wirtschaftlichen Bedürfnisse der Arbeitnehmer erforderlich erscheint und eine Regelung von Entgelten oder sonstigen Arbeitsbedingungen durch Allgemeinverbindlichkeitserklärung eines Tarifvertrages nicht erfolgt ist. Mithin kann der Gesetzgeber Mindestarbeitsbedingungen nur festsetzen, wenn alle genannten Voraussetzungen kumulativ vorliegen. Folglich ist nach dem gesetzgeberischen Willen staatliches Handeln die absolute Ausnahme. Erst das vollständige oder nahezu vollständige Fehlen einer gewerkschaftlichen Vertretung, eine Gefährdung der Befriedigung der notwendigen sozialen und wirtschaftlichen Bedürfnisse der Arbeitnehmer und der Ausschluss einer Allgemeinverbindlichkeitserklärung eines anderen Tarifvertrages zwingen den Gesetzgeber zum Handeln.

Würde der Staat trotz des bisher bestehenden Regel-Ausnahmeverhältnisses einen gesetzlichen Mindestlohn oder sonstige Mindestbedingungen über das bisher bestehende Maß wie beispielsweise den unabdingbaren gesetzlichen Mindesturlaub gemäß § 3 Abs. 1 BUrlG festsetzen, würde er zugleich das Kriterium der sozialen Mächtigkeit *ad absurdum* führen. Das Argument, der staatsfreie Raum könne nur durch durchsetzungsfähige Verbände angemessen ausgefüllt werden, verlöre seine Berechtigung, da der Gesetzgeber diesen Raum nun selbst füllt, wo er bisher auf die Ausübung seiner gesetzgeberischen Kompetenz zugunsten der Tarifvertragsparteien verzichtet hat. Die verbleibende Interessenvertretung der Arbeitnehmer könnte dann auch durch schwache Verbände erfolgen. In Ermangelung der Möglichkeiten bestünde gar nicht mehr die Gefahr von Gefälligkeitstarifen oder einseitigen Tarifdiktaten zu Lasten der Arbeitnehmer, weil der Gesetzgeber durch seine Regelungen und Mindeststandards den Bestand des sozialen Friedens selbst garantieren würde.

Zwar wurde in der Politik ein gesetzlicher Mindestlohn von brutto 7,50 € pro Stunde vorgeschlagen,[308] jedoch hat sich dieser Vorschlag bisher nicht durchsetzen können, weil auch die Gewerkschaften mehrheitlich lange Zeit den Standpunkt vertraten, dass in einer Demokratie anders als in einer Planwirtschaft die Löhne nicht vom Staat, sondern von den Betroffenen festgelegt werden sollten und die Einführung eines gesetzlichen Mindestlohns oder anderer gesetzlicher Mindestarbeitsbedingungen ein Eingriff in die Tarifautonomie darstelle.[309] Somit ist das Regel-Ausnahmeverhältnis tariflicher und staatlicher Festlegungen von Mindestarbeitsbedingungen und -löhnen nicht in sein Gegenteil verkehrt worden. Solange die Subsidiarität staatlichen Handelns im Tarifrecht nicht aufgehoben wird, kann das Erfordernis der Durchsetzungsfähigkeit einer Koalition nicht durch ein freies Spiel der Kräfte ersetzt werden.

---

[308] Vgl. Stellungnahme auf www.spd.de: Bei 38,5 Wochenstunden ergibt dies brutto € 1 250,- im Monat, was einem mit der Pfändungsgrenze gemäß § 850c ZPO übereinstimmenden Nettomonatslohn von € 930,- entspricht.

[309] Vgl. Stellungnahme auf www.dgb.de.

2. Ausweitung des Arbeitnehmerentsendegesetzes auf alle Berufe

Es könnte aber sein, dass die Anhebung des staatlichen Schutzes durch einen anderen gesetzgeberischen Mechanismus die Notwendigkeit der Mächtigkeitslehre in Frage stellt. Im Gegensatz zur Einführung gesetzlicher Mindestlöhne hat die Idee, die Regelungen der Arbeitnehmerentsendung auf alle Wirtschaftsbereiche auszuweiten, eine stattliche Zahl Fürsprecher gefunden. So wurde am 10.05.2005 ein Gesetzentwurf, der eine entsprechende Änderung des Arbeitnehmerentsendegesetzes vorsieht, in den Bundestag eingebracht.[310]

Nach § 1 Abs. 1 AEntG finden bisher bestimmte Normen der für allgemeinverbindlich erklärten Tarifverträge des Bauhaupt- und Baunebengewerbes auf alle Arbeitsverhältnisse dieser Branche Anwendung. Darunter fallen auch die Arbeitsverhältnisse mit einem Arbeitgeber aus dem Ausland, der seine Arbeitnehmer in den Geltungsbereich des entsprechenden Tarifvertrages entsandt hat. Zwar bedeutet eine Erweiterung der Reglungen der Arbeitnehmerentsendung auf andere Berufszweige eine verstärkte Einflussnahme des Staates auf die einzelnen Arbeitsverhältnisse, jedoch verfolgt das Arbeitnehmerentsendegesetz nur sekundär das Ziel des Arbeitnehmerschutzes. Primäres Ziel des Arbeitnehmerentsendegesetzes ist das Vermeiden von Wettbewerbsverzerrungen durch Lohndumping. Vor der Wahrung der Rechte der Arbeitnehmer steht der faire Wettbewerb als Schutzgut des Arbeitnehmerentsendegesetzes im Vordergrund. Dieser faire Wettbewerb ist dadurch gefährdet, dass Arbeitnehmer aus Staaten mit niedrigem Lohn- und Arbeitsschutzniveau in Deutschland arbeiten. Während deutsche Arbeitgeber die hohen heimischen Standards wahren müssen, müssen die Arbeitgeber aus dem Ausland größtenteils nur ihr eigenes Recht für die Arbeitsverhältnisse der entsandten Arbeitnehmer beachten. Die Ausnutzung des Lohn- und Arbeitnehmerschutzgefälles stellt eine Schieflage des Wettbewerbs dar, die es auszugleichen gilt.[311] Die Sozialpartner können bei dem Verfahren nach § 1 Abs. 1 AEntG im eigenen Interesse selbst die Mindestarbeitsbedingungen festlegen, die anschließend bei Vorliegen der Voraussetzungen gemäß § 5 TVG für allgemeinverbindlich erklärt werden können. Grundsätzlich bleiben die Verbände daher Herren der Lage und verlieren keine Kompetenzen an den Staat, weil das Arbeitnehmerentsendegesetz nur ausfüllungsbedürftige Rahmenbedingungen vorgibt. Demzufolge stellt die Ausweitung der Bestimmungen der Arbeitnehmerentsendung anders als die gesetzliche Fest-

---

[310] BT – Drucks 15/5445 S. 2, 5. Auf Grund des Grundsatzes der Diskontinuität des Gesetzgebungsverfahrens müsste der Gesetzentwurf während der neuen Legislaturperiode erneut in den Bundestag eingebracht werden.

[311] BT – Drucks. 13/2414 S. 6 f.; BT – Drucks. 15/5445 S. 5; ErfK/*Schlachter* § 1 AEntG Rn 4; HWK/*Strick* Vorb. AEntG Rn 2 f.; *Schwab* NZA-RR 04, 1 (1).

legung von Mindestlöhnen keinen gravierenden Eingriff in die Tarifautonomie dar. Vielmehr bedürfen die gesetzlichen Regelungen zu einer wirkungsvollen Umsetzung der Flankierung durch die Tarifvertragsparteien. Infolgedessen würde eine Änderung des Arbeitnehmerentsendegesetzes die Tarifautonomie nicht schwächen und ohne Handeln der Sozialpartner würde der staatliche Schutz nicht angehoben. Folglich ist es weiterhin angemessen, schwache Verbände vom Tarifvertragssystem auszuschließen, weil eine Änderung des Arbeitnehmerentsendegesetzes die arbeitsrechtliche Disparität nicht aufhebt. Somit tangieren die Entwicklungen innerhalb der Gesetzgebung die Notwendigkeit der Durchsetzungsfähigkeit einer Koalition nicht.

3. Aufgabe der Kernbereichslehre

Durch die Entscheidung des Bundesarbeitsgerichts über die Tariffähigkeit der Christlichen Gewerkschaft Metall scheint auch die Frage geklärt zu sein, inwiefern sich die Aufgabe der Kernbereichslehre durch das Bundesverfassungsgericht auf das Kriterium der sozialen Mächtigkeit auswirkt.

Früher ist das Bundesverfassungsgericht davon ausgegangen, dass das Grundgesetz der Koalitionsfreiheit den Gewerkschaften keinen inhaltlich unbegrenzten und unbegrenzbaren Handlungsspielraum eingeräumt habe, so dass die Koalitionsfreiheit nur in ihrem Kernbereich geschützt gewesen sei.[312] Der Kernbereich der Koalitionsfreiheit habe nach der Auffassung des Bundesverfassungsgerichts nur Bildung, Betätigung und Entwicklung der Koalitionen umfasst und den Verbänden grundsätzlich die Wahl der Mittel überlassen, die sie zur Erreichung ihres Ziels, die Arbeits- und Wirtschaftsbedingungen ihrer Mitglieder zu regeln, für geeignet gehalten hätten.[313] Weil das Recht, Tarifverträge zu vereinbaren, kein unabkömmliches Betätigungsrecht einer Koalition darstellte, wurde es daher auch nicht zwingend von der Koalitionsfreiheit nach Art. 9 Abs. 3 GG geschützt.

Das Bundesverfassungsgericht hat mittlerweile klargestellt, dass die Aussagen zum Kernbereich der Koalitionsfreiheit auf einem Missverständnis seiner Rechtsprechung beruhen. Ausgangspunkt der Überlegungen des Bundesverfassungsgerichts sei gewesen, dass das Grundgesetz die Koalitionsfreiheit nicht schrankenlos gewährleiste, sondern eine Ausgestaltung durch den Gesetzgeber zulasse. Mit der Kernbereichsformel habe das Gericht lediglich die dabei zu beachtende Grenze umschreiben wollen. Sie werde überschritten, soweit Einschränkungen nicht zum Schutz anderer Rechtsgüter bestünden. Deshalb müsse in jedem Fall die Intensität der Beeinträchtigung

---

[312] BVerfG v. 20.10.1981, BVerfGE 58, 233 (247).

[313] BVerfG v. 6.5.1964, BVerfGE 18, 18 (32).

der Koalitionsfreiheit und das Gewicht der entgegenstehenden Rechtsgüter abgewogen werden.[314]

Nach der im letzten Beschluss geäußerten Auffassung des Bundesarbeitsgerichts komme es bei der Überprüfung der Verfassungsmäßigkeit des Erfordernisses der sozialen Mächtigkeit letztlich nicht darauf an, ob die Möglichkeit, Tarifverträge abzuschließen, zum Kernbereich der Koalitionsfreiheit gehöre. Das Erfordernis der Druckausübungsfähigkeit bedürfe unabhängig davon, einer verfassungsrechtlichen Rechtfertigung. Diese ergebe sich aus der im allgemeinen Interesse liegenden Funktionsfähigkeit der Tarifautonomie.[315] Somit wirkt sich nach der Meinung des Bundesarbeitsgerichts die Klarstellung durch das Bundesverfassungsgericht im Ergebnis nicht auf den Disput über die Notwendigkeit der sozialen Mächtigkeit aus. Insbesondere lässt sich kein neues Argument gegen die erforderliche Durchsetzungsfähigkeit und für ein freies Spiel der Kräfte gewinnen.[316]

4. Zwischenergebnis

Somit steht die Mächtigkeitslehre im Einklang mit der Verfassung und ist nicht durch ein freies Spiel der Kräfte zu ersetzen. Der Rechtsprechung und Teilen der Literatur ist entgegen ihren Kritikern darin zuzustimmen, dass das richterliche Erfordernis der sozialen Mächtigkeit zwar in die Betätigungsfreiheit einer Koalition eingreift, jedoch im Interesse einer funktionsfähigen Tarifautonomie grundsätzlich gerechtfertigt ist. Es ist verfassungsrechtlich nicht zu beanstanden, die Tariffähigkeit von gewissen Mindestvoraussetzungen abhängig zu machen. Es dürfen nur solche Koalitionen an der Tarifautonomie teilhaben, die in der Lage sind, den von der staatlichen Rechtsordnung freigelassenen Raum des Arbeitslebens durch Tarifverträge sinnvoll zu gestalten, um so die Gemeinschaft sozial zu befrieden, das Arbeitsleben zu ordnen und auf diesem Wege Rechtssicherheit zu schaffen. Bei der jeweiligen Einzelfallprüfung, ob das Aufrechterhalten der Funktionsfähigkeit der Tarifautonomie den Verlust der Tariffähigkeit eines Verbandes rechtfertigt, ist aber zu beachten, dass Art. 9 Abs. 3 GG nicht nur die staatsentlastende Tarifautonomie, sondern als Freiheitsrecht gerade auch die Interessen der Gewerkschaftsmitglieder schützt. Den Arbeitnehmern ihr Recht zu entziehen, ihre Arbeits- und Wirtschaftsbedingungen durch die von ihnen gewählte Gewerkschaft zu wahren und zu fördern, bedarf daher in jeder Entscheidung einer substantiierten verfassungsrechtlichen Rechtfertigung.

---

[314] BVerfG v. 14.11.1995, NZA 96, 381 (382); BVerfG v. 24.2.1999, NZA 99, 713 (714); *Richardi* NZA 04, 1025 (1027).

[315] BAG v. 28.3.2006, AP Nr. 4 zu § 2 TVG Tariffähigkeit.

[316] A.A. *Bayreuther* BB 05, 2633 (2636); *Henssler* S. 24 ff.

VII. Europa- und völkerrechtliches Argument

Die Befürworter eines freien Spiels der Kräfte innerhalb des Tarifsystems stützen ihre Argumentation häufig auch auf europarechtliche Argumente. Dabei existiert, wie bereits oben näher ausgeführt wurde, mangels einer Definition der Sozialpartner auf Gemeinschaftsebene kein einheitlicher europarechtlicher Gewerkschaftsbegriff. Dennoch spielt auch im Europarecht die Durchsetzungsfähigkeit bzw. die Repräsentativität eine wichtige Rolle.

1. Vertrag der Europäischen Gemeinschaft und Vertrag der Europäischen Union

Nach der herrschenden Auffassung muss eine gewisse Repräsentativität der Sozialpartner als maßgebliches Einschränkungskriterium vorausgesetzt werden,[317] wobei der Begriff der Repräsentativität letztlich nichts anderes ist als die schwächere europarechtliche Ausformung des Begriffs der Durchsetzungsfähigkeit.[318] Zum Einen muss die Europäische Kommission nach Sinn und Zweck der Art. 136 ff. EGV beanspruchen können, nur solche Verbände am sozialen Dialog zu beteiligen, die eine gewisse Breite aufweisen, da ansonsten die Funktionsfähigkeit des Anhörungsverfahrens in Frage gestellt würde.[319] Zum Anderen rechtfertigt nur die Repräsentativität der Verbände die Legitimität der mittlerweile erreichten Kompetenzen der Sozialpartner, weil gemäß Art. 138 Abs. 4, 139 EGV eine von den Sozialpartnern getroffene Vereinbarung eine legislative gemeinschaftsrechtliche Grundlage erhält, ohne dass auf das klassische Gesetzgebungsverfahren unter Beteiligung des Europäischen Parlaments zurückgegriffen wird und die Verbände aktiv in den politischen Prozess eingreifen können.[320] Die Beteiligung einer nicht repräsentativen Minderheit an dem sozialen Dialog würde insofern – wenigstens bei einem Verfahren nach Art. 138 Abs. 4, 139 EGV – demokratischen Grundsätzen widersprechen. Die Beteiligung

---

[317] *Blanpain/Schmidt/Schweibert* Rn 28; *Birk* RdA 95, 71 (74); *Birk* EuZW 97, 453 (455); *Bödding* S. 86 ff.; *Buchner* RdA 93, 193 (202 f.); Calliess/Ruffert/*Krebber* Art. 138 EGV Rn 15; Däubler/ *Schiek* Einleitung TVG Rn 764 ff.; Groeben/Schwarze/*Rust* Art. 138 EGV Rn 140 ff.; *Konzen* EuZW 95, 39 (46); *Schwarze* EAS B 8100 Rn 16; a.A. *Däubler* Rn 1734 (allerdings zur alten Rechtslage nach Art. 118b EGV).

[318] ArbG Stuttgart NZA-RR 04, 540 (542); *Deinert* AuR 04, 212 (214); *Kocher* DB 05, 2816 (2817).

[319] *Buchner* RdA 93, 193 (202 f.); Calliess/Ruffert/*Krebber* Art. 138 EGV Rn 15; *Schwarze* EAS B 8100 Rn 16.

[320] EuG v.17.6.1998, Slg. 1998 II – 2335 Rn 88 f.; *Konzen* EuZW 95, 39 (46).

einer nicht repräsentativen Gewerkschaft an der europäischen Rechtsetzung wäre demnach illegitim.[321]

Hinsichtlich der räumlichen Verteilung und des erforderlichen Grades der Repräsentativität fehlen zwar weitestgehend Anhaltspunkte, jedoch lassen sich zwei Gesichtspunkte ins Feld führen. In Bezug auf die räumliche Verteilung ist wegen des grenzüberschreitenden Elements eine Repräsentativität in mindestens zwei Mitgliedstaaten zu fordern, um der europarechtlichen Dimension gerecht zu werden.[322] Im Hinblick auf den Grad der Repräsentativität kann demgegenüber keine echte Durchsetzungsfähigkeit entsprechend der deutschen Rechtsvorstellung verlangt werden, da es mangels eines europarechtlichen Koalitions- und Tarifrechts nicht Sinn und Zweck des sozialen Dialoges ist, mittels Druckausübung den Gegenspieler zum Abschluss von Tarifverträgen zu zwingen.[323]

1993 legte die Kommission in einer Mitteilung drei Kriterien fest, die das Erfordernis der Repräsentativität näher charakterisieren und den Zugang von Arbeitgeber- und Arbeitnehmerorganisationen zu dem sozialen Dialog regeln sollen. Damit sollte das Dilemma der Kommission gelöst werden, einerseits keine Koalition kategorisch von dem sozialen Dialog auszuschließen und ein zu restriktives Vorgehen zu vermeiden sowie anderseits die Probleme, die durch die Vielfalt der in Frage kommenden Akteure entstehen, nicht aus den Augen zu verlieren. Dementsprechend lauten die drei Kriterien in grundlegender Übereinstimmung mit den voranstehenden Überlegungen:

- *Die Organisationen sollten branchenübergreifend, sektor- oder berufsspezifisch sein und über eine Struktur auf europäischer Ebene verfügen;*
- *sie sollten aus Verbänden bestehen, die in ihrem Land integraler und anerkannter Bestandteil des Systems der Arbeitsbeziehungen sind, sollten Vereinbarungen aushandeln können und so weit wie möglich alle Mitgliedstaaten vertreten;*
- *sie sollten über die geeigneten Strukturen verfügen, um effektiv an dem Anhörungsprozess teilnehmen zu können.*[324]

Die Wertungen der Kommission sind mit dem ersten zum sozialen Dialog vorliegenden Urteil des Europäischen Gerichtshofs erster Instanz (Union européenne de l'artisanat et des petites et moyennes entreprises[325] gegen den

---

[321] Kritisch zu dem Urteil des EuG v. 17.6.1998, Slg. 1998 II – 2335: *Britz/Schmidt* EuR 99, 467 (472 ff.).

[322] Calliess/Ruffert/*Krebber* Art. 138 EGV Rn 15.

[323] *Bödding* S. 87 f.

[324] KOM (1993) 600 Rn 24 = BR-Drucks 61/94 S. 13.

[325] Europäische Union des Handwerks und der kleinen und mittelständischen Betriebe (UEAPME).

Rat der Europäischen Union) wegen der als unzulässig abgewiesenen Klage auf Nichtigerklärung der Richtlinie 96/34/EG des Rates vom 03. Juni 1996 zu der Rahmenvereinbarung über Elternurlaub bestätigt worden.[326]

Trotz dieser von der Kommission und dem Europäischen Gerichtshofs erster Instanz gelegten Basis zur Bestimmung des Begriffs der Sozialpartner ist weiterhin Vorsicht bei der begrifflichen Präzisierung geboten. In den einzelnen Rechtsordnungen der Mitgliedstaaten bestehen beträchtliche Unterschiede bei den Anforderungen an Koalitionen und der Anerkennung der Tariffähigkeit, so dass keines davon als einheitliches Modell auf die europäische Ebene übernommen werden könnte. Zudem hat es viele Jahre gedauert bis die Systeme der Mitgliedstaaten ihre jetzige Ausprägung erreicht haben, während die Entwicklung auf der europäischen Ebene erst am Anfang steht. Deshalb wäre es verfehlt den derzeitigen Stand durch überzogene Anforderungen zu zementieren. Bei der Frage, wer als Sozialpartner fähig ist, am Dialog teilzunehmen, ist daher *in dubio pro libertate* zu verfahren.[327] Trotzdem wäre es unbefriedigend zur Bildung eines einheitlichen europarechtlichen Begriffs nur auf den kleinsten gemeinsamen Nenner zurückzugreifen,[328] weil der Anerkennung als Sozialpartner dann praktisch keine Grenzen mehr gesetzt werden könnten. Folglich sprechen die Vorgaben des Vertrages zur Gründung der Europäischen Gemeinschaft und des Vertrages über die Europäische Union grundsätzlich für das Erfordernis der Durchsetzungsfähigkeit und gegen ein freies Spiel der Kräfte.

2. Weitere europarechtliche Bestimmungen

Da die europäischen Verträge keine Definition des Sozialpartnerbegriffs enthalten, ist für die Ausarbeitung des Begriffs auf die Wertungen anderer europa- und völkerrechtlicher Bestimmungen zurückzugreifen. Dies ergibt sich erstens aus Art. 136 EGV, nach dessen Wortlaut die Gemeinschaft und die Mitgliedstaaten unter anderem eingedenk der Europäischen Sozialcharta handeln sollen. Zweitens heißt es in Art. 6 Abs. 1 EUV, die Europäische Union beruhe auf den Grundsätzen der Freiheit, der Demokratie, der Achtung der Menschenrechte und Grundfreiheiten sowie der Rechtstaatlichkeit. Gemäß Art. 6 Abs. 2 EUV achtet die Union die Menschenrechte und Grundfreiheiten, wie sie in der Europäischen Menschenrechtskonvention und in den gemeinsamen Verfassungsüberlieferungen der Mitgliedstaaten verankert sind. Somit müssen Art. 11 EMRK sowie Art. 11 i.V.m. Art. 14 EMRK, Art. 5, 6 ESC,

---

[326] EuG v.17.6.1998, Slg. 1998 II – 2335.

[327] KOM (1993) 600 Rn 23 = BR-Drucks 61/94 S. 13; *Bödding* S. 83 f.; Calliess/ Ruffert/*Krebber* Art. 138 EGV Rn 12 ff.; Groeben/Schwarze/*Rust* Art. 138 EGV Rn 134.

[328] Calliess/Ruffert/*Krebber* Art. 138 EGV Rn 14.

Art. 12 Abs. 1, 28 GRCharta, Art. 11 Konvention Nr. 87 IAO daraufhin untersucht werden, ob sie Anhaltspunkte für ein freies Spiel der Kräfte oder die Mächtigkeitslehre enthalten.

a) Europäische Menschenrechtskonvention

Bei der Europäischen Menschenrechtskonvention handelt es sich um unmittelbar geltendes nationales Recht im Range einfachen Bundesrechts. Somit ist der einzelne deutsche Richter an die Vorgaben der Menschenrechtskonvention gebunden.[329] Ein Anknüpfungspunkt der Kritik an der Rechtsprechung zur Durchsetzungsfähigkeit ist insbesondere Art. 11 EMRK.[330] In Art. 11 Abs. 1 EMRK sind die Rechte aller Menschen verbrieft, sich friedlich zu versammeln und sich frei mit anderen zusammenzuschließen sowie zum Schutze ihrer Interessen Gewerkschaften zu bilden und diesen beitreten zu können. Gemäß Art. 11 Abs. 2 EMRK darf die Ausübung dieser Rechte keinen anderen Einschränkungen unterworfen werden als den vom Gesetz vorgesehenen, die in einer demokratischen Gesellschaft im Interesse der nationalen und öffentlichen Sicherheit, der Aufrechterhaltung der Ordnung und der Verbrechensverhütung, des Schutzes der Gesundheit und der Moral und des Schutzes der Rechte und Freiheiten anderer notwendig sind.

Zwar sagt Art. 11 EMRK nicht, wann eine Vereinigung eine Gewerkschaft ist, jedoch spricht sie explizit von Gewerkschaften und nicht von Koalitionen und garantiert gerade die Bildung neuer und schützt nicht die Sicherung der etablierten Gewerkschaften.[331] Daher verstoße die Rechtsprechung zur Durchsetzungsfähigkeit nach einer Meinung gegen Art. 11 EMRK.[332]

Dagegen geht das Bundesverfassungsgericht davon aus, dass die von der Rechtsprechung getroffene Auslegung der Tariffähigkeit keinen Verstoß gegen Art. 11 EMRK darstellt. Ein solcher Verstoß liege nur dann vor, wenn die Rechtsprechung ohne gesetzliche Stütze eine Einschränkung von Art. 11 EMRK vornehmen würde. Die Rechtsprechung bestimme aber nur, welche Voraussetzungen vorliegen müssten, damit eine Gewerkschaft tariffähig sei. Sie schränke die Freiheit, Vereinigungen zu bilden, die sich zu tariffähigen Gewerkschaften weiter entwickeln könnten, nicht ein.[333] Im Übrigen lasse Art. 11 Abs. 2 EMRK sogar weitgehende Beschränkungen der Vereinigungsfreiheit zu, während Art. 9 Abs. 2 GG – dessen Anwendung auf Koalitionen

---

[329] MüArbR/*Löwisch/Rieble* § 242 Rn 72.

[330] *Mayer-Maly* SAE 91, 100 (102); *Mayer-Maly* RdA 79, 356 (358); *Wiedemann* Anm. zu BAG AP Nr. 24 zu Art. 9 GG unter II. 3.

[331] *Frowein/Peukert* Art. 11 EMRK Rn 10; *Mayer-Maly* SAE 91, 100 (102).

[332] *Mayer-Maly* SAE 91, 100 (102).

[333] BVerfG v. 20.10.1981, BVerfGE 58, 233 (254); *Däubler* Rn 52.

im Sinne von Art. 9 Abs. 3 GG schon umstritten ist – nur das Gewerkschaftsverbot bei Verstößen gegen die Strafgesetze, die verfassungsmäßige Ordnung oder gegen den Gedanken der Völkerverständigung zulasse. Damit gewähre Art. 9 Abs. 3 GG einen weiteren Schutz als Art. 11 EMRK.[334]

Wenn Art. 11 EMRK aber keinen weiteren Koalitionsschutz gewährt als Art. 9 Abs. 3 GG, dann ist eine Verletzung von Art. 11 EMRK durch die Mächtigkeitslehre nicht denkbar.

Darüber hinaus hat der Europäische Gerichtshof für Menschenrechte in Straßburg ausgeführt, die Konvention schütze lediglich die Freiheit, die Interessen der Gewerkschaftsmitglieder durch kollektive Maßnahmen zu verteidigen. Solche Maßnahmen müssten die Vertragsstaaten erlauben und möglich machen. Daraus folge zwar der Anspruch, dass Gewerkschaften gehört werden müssen, jedoch werde den Koalitionen keine bestimmte Handlung garantiert. Art. 11 EMRK stelle jedem Staat die Wahl der Mittel anheim, die zu diesem Zweck einzusetzen seien. Das Recht, Tarifverhandlungen zu führen und Tarifverträge im Interesse ihrer Mitglieder abzuschließen, könne ein solches Mittel sein, es gebe aber auch andere. Insofern sei das Recht, Tarifverträge abzuschließen, für eine wirksame Gewerkschaftsarbeit nicht unabdingbar.[335] Somit ist in der Rechtsprechung zur sozialen Mächtigkeit kein Verstoß gegen Art. 11 EMRK zu erblicken.

Ebenso urteilte der Europäischen Gerichtshofs für Menschenrechte, dass keine Verletzung von Art. 11 i.V.m. Art. 14 EMRK vorliege. Art. 14 EMRK schütze vor Diskriminierungen in der Wahrnehmung der Rechte und Freiheiten, die Art. 11 EMRK den einzelnen Verbänden zuerkenne. Selbst wenn ein Staat den Abschluss von Tarifverträgen als eines der Mittel gewählt habe, die Durchführung von kollektiven Maßnahmen möglich zu machen, sei es rechtmäßig, wenn der Staat bei einem hohen Maß an Zentralisierung der Gewerkschaftslandschaft nur Tarifvertragsabschlüsse repräsentativer Gewerkschaften anerkenne. So beuge er einer „gewerkschaftlichen Anarchie" vor, damit ein Ergebnis von Tarifverhandlungen leichter erreicht werden könne.[336] Eine Missbrauchsabsicht deutscher Gerichte, mit deren Hilfe die europarechtlichen Vorgaben umgangen werden sollen und die auf die Unrechtmäßigkeit der Rechtsprechung zur Durchsetzungsfähigkeit hindeutet, ist

---

[334] BVerfG v. 20.10.1981, BVerfGE 58, 233 (253 f.); BAG v. 28.3.2006, AP Nr. 4 zu § 2 TVG Tariffähigkeit; ArbG Stuttgart v. 12.9.2003, NZA-RR 04, 540 (542); *Rüthers/Roth* Anm. zu BAG AP Nr. 32 zu § 2 TVG unter II. 5. a).

[335] EGMR v. 27.10.1975, EuGRZ 75, 562 (564); EGMR v. 6.2.1976, EuGRZ 76, 62 (65); EGMR v. 6.2.1976, EuGRZ 76, 68 (70); *Frowein/Peukert* Art. 11 EMRK Rn 12.

[336] EGMR v. 27.10.1975, EuGRZ 75, 562 (567); EGMR v. 6.2.1976, EuGRZ 76, 62 (66 f.).

dagegen nicht ersichtlich. Folglich verstößt das Kriterium der Durchsetzungsfähigkeit nicht gegen Art 11 i.V.m. Art. 14 EMRK.

b) Europäische Sozialcharta

Obwohl die Mächtigkeitslehre die Europäische Menschenrechtskonvention nicht verletzt, könnte dennoch eine Verletzung von Art. 5, 6 ESC vorliegen. Die Europäische Sozialcharta ist wie die Europäische Menschenrechtskonvention ein Vertragswerk des Europarates und entsprang der Erkenntnis, dass die elementaren Menschenrechte und Grundfreiheiten der Menschenrechtskonvention allein nicht ausreichen, um ein menschenwürdiges Leben zu gewährleisten. Deshalb hat die Sozialcharta als soziales Gegenstück zur Europäischen Menschenrechtskonvention Mindestanforderungen formuliert, die von der Verpflichtung des Staates auf Vollbeschäftigung, dem Streikrecht, vom Recht auf soziale Sicherheit bis zu den Rechten ausländischer Arbeitnehmer reichen.[337]

So verpflichtet Art. 5 ESC die Vertragsparteien weder durch innerstaatliches Recht noch durch dessen Anwendung, die Freiheit der Arbeitnehmer und Arbeitgeber zu beeinträchtigen örtliche, nationale oder internationale Organisationen zum Schutze ihrer wirtschaftlichen und sozialen Interessen zu bilden und diesen Organisationen beizutreten. In Art. 6 ESC bekennen sich die Vertragsparteien, gewisse Rechte anzuerkennen, um eine wirksame Ausübung des Rechts auf Kollektivverhandlungen zu garantieren. Danach fördern sie die gemeinsamen Beratungen zwischen Arbeitgebern und Arbeitnehmern sowie Verfahren für freiwillige Verhandlungen zwischen Arbeitgebern oder Arbeitgeberorganisationen einerseits und Arbeitnehmerorganisationen andererseits, soweit dies notwendig und zweckmäßig ist, mit dem Ziele, die Beschäftigungsbedingungen durch Gesamtarbeitsverträge zu regeln. Darüber hinaus fördern sie die Einrichtung und Benutzung geeigneter Vermittlungs- und freiwilliger Schlichtungsverfahren zur Beilegung von Arbeitsstreitigkeiten. Schließlich erkennen sie das Recht der Arbeitnehmer und der Arbeitgeber auf kollektive Maßnahmen einschließlich des Streikrechts im Falle von Interessenkonflikten, vorbehaltlich etwaiger Verpflichtungen aus geltenden Gesamtarbeitsverträgen, an. Zwar entfaltet die Europäische Sozialcharta keine unmittelbare Wirkung für den einzelnen Bürger, weil ihr kein verbindlicher Rechtscharakter zukommt (*non self - executing*),[338] jedoch ist der Richter nicht befugt, diese Bestimmungen einfach zu ignorieren, sondern muss sie als Auslegungsmittel für das nationale Recht heranziehen, wenn der Gesetzgeber die entsprechenden Artikel der

---

[337] Agnelli/*Ehrenberg* S. 8.

[338] BAG v. 24.3.2004, NZA 04, 971 (974); *Hanau/Steinmeyer/Wank* § 36 Rn 24; MüArbR/*Birk* § 17 Rn 98.

Europäischen Sozialcharta als für sich verbindlich akzeptiert hat.[339] Da die Bundesrepublik gemäß Art. 20 ESC die Art. 5 und 6 ESC als für sich bindend anerkannt hat,[340] ist der Richter an Art. 5, 6 ESC als Interpretationshilfen gebunden.

Deshalb beeinträchtigt nach einer Auffassung die Mächtigkeitslehre die Freiheit, im Sinne von Art. 5, 6 ESC Gewerkschaften mit den genannten Rechten zu bilden.[341] Entgegen dieser Auffassung ist in dem Kriterium der Durchsetzungsfähigkeit aber keine Missachtung von Art 5, 6 ESC zu sehen. Selbst wenn sich aus Art. 5 ESC die Verpflichtung ergeben sollte, das nationale Recht und seine Anwendung dem Gedanken der Gewährleistung und Förderung der Koalition anzugleichen, so ergibt sich daraus nicht, dass jede Arbeitnehmervereinigung tariffähig sein muss. Die Arbeitnehmer müssen lediglich frei sein, Koalitionen zu bilden, die sich zu tariffähigen Verbänden entwickeln können müssen. Dies wird durch Art. 9 Abs. 3 GG und die Mächtigkeitsrechtsprechung gewährleistet.[342]

Darüber hinaus sind der Sozialcharta auch keine tiefer gehenden Beschränkungen der gesetzgeberischen Freiheit zu entnehmen als der Menschenrechtskonvention. Dem Vertragsstaat wird auch nach der Sozialcharta gestattet, die Mittel der Interessenvertretung im Einzelnen zu bestimmen und den Tarifvertrag durch andere Mittel zu ersetzen.[343] Auch die vorsichtige Wortwahl von Art. 6 ESC macht deutlich, dass die Sozialcharta nicht darauf abzielt, den Vertragsstaaten weitergehende Verpflichtungen abzuringen, die Kleinstgewerkschaften weitere Rechte einräumen.[344]

Trotzdem ist beachtlich, dass in Art. 6 ESC zwischen Arbeitnehmern (Art. 6 Nr. 1 und Nr. 4 ESC) und Arbeitnehmerorganisationen (Art. 6 Nr. 2 ESC) unterschieden wird. In Italien, Frankreich und den Benelux Staaten darf – freilich weniger auf Grund der Bestimmungen der Europäischen Sozialcharta, denn auf Grund des jeweiligen nationalen Rechtsverständnisses – der einzelne Arbeitnehmer streiken, ohne Sanktionen fürchten zu müssen.[345] Daraus lässt

---

[339] BVerfG v. 20.10.1981, BVerfGE 58, 233 (254); BAG v. 28.3.2006, AP Nr. 4 zu § 2 TVG Tariffähigkeit; *Däubler* AuR 98, 144 (147); MüArbR/*Löwisch/Rieble* § 242 Rn 75.

[340] Am 09.08.1965, BGBl. II, S. 1122.

[341] Agnelli/*Ehrenberg* S. 8; *Mayer-Maly* SAE 91, 100 (102); *Mayer-Maly* RdA 79, 356 (358); *Wiedemann* Anm. zu BAG AP Nr. 24 zu Art. 9 GG unter II. 3.

[342] BVerfG v. 20.10.1981, BVerfGE 58, 233 (254 f.); ; BAG v. 28.3.2006, AP Nr. 4 zu § 2 TVG Tariffähigkeit; ArbG Stuttgart v. 12.9.2003, NZA-RR 04, 540 (542); Agnelli/*Berenstein* S. 50; *Däubler* Rn 52; *Rüthers/Roth* Anm. zu BAG AP Nr. 32 zu § 2 TVG unter II. 5. a).

[343] *Däubler* AuR 98, 144 (146) mit einem anderen Ergebnis in Bezug auf das Streikrecht.

[344] EGMR v. 27.10.1975, EuGRZ 75, 562 (564); EGMR v. 6.2.1976, EuGRZ 76, 62 (64).

[345] Agnelli/*Däubler* S. 127; Agnelli/*Kahn-Freund* S. 156 ff.

sich aber nicht der Schluss ziehen, dass auch schwachen Verbänden die Tariffähigkeit zuzusprechen ist, weil Tarifverhandlungen nach unserer nationalen Rechtsvorstellung und Kollektivverhandlungen im Sinne der Sozialcharta kein identisches Begriffspaar sind.[346] Während Tarifverhandlungen den Abschluss von Tarifverträgen bezwecken, fallen unter den Terminus der Kollektivverhandlungen weit mehr kollektive Betätigungsrechte. Kollektivverhandlungen können zum Beispiel auch von Betriebsrat und Arbeitgeber mit dem Ziel, eine Betriebsvereinbarung abzuschließen, geführt werden. Gemäß § 77 Abs. 3 BetrVG können aber nach bisher gültigem deutschen Recht in solchen Verhandlungen weder die Höhe der Arbeitsentgelte noch sonstige Arbeitsbedingungen, die durch Tarifvertrag geregelt sind oder üblicherweise geregelt werden, festgelegt werden. So liegen Tarifverträgen und Betriebsvereinbarungen nach nationalem Recht unterschiedliche Regelungsgegenstände zu Grunde, während sie gemäß Art. 6 ESC beide dem Begriff der Kollektivverhandlungen zugeordnet werden können. Ein zwingender Schluss gegen das Erfordernis der sozialen Mächtigkeit als Voraussetzung des Rechts, Tarifverträge vereinbaren zu dürfen, lässt sich demnach aus der Europäischen Sozialcharta nicht gewinnen.

c) Charta der Grundrechte der Europäischen Union

Obwohl sich nach der bisherigen Prüfung europarechtlicher Normen die Annahme, dass die Rechtsprechung zur sozialen Mächtigkeit revidiert werden muss, nicht bestätigt hat, muss die Situation möglicherweise nach dem Beschluss der Charta der Grundrechte der europäischen Union anders beurteilt werden.

Derzeit wurde die Grundrechtscharta lediglich feierlich proklamiert. Sie ist deshalb noch nicht rechtsverbindlich.[347] Trotzdem ist bereits jetzt davon auszugehen, dass die Charta der Grundrechte der europäischen Union sowohl in der Rechtsprechung des Europäischen Gerichtshofs, als auch in den Judikaten nationaler Gerichte oder des Europäischen Gerichtshofs für Menschenrechte seinen Niederschlag finden wird, um beispielsweise die gefundenen Ergebnisse durch den Inhalt der Charta zu bestätigen.[348] Die Charta wird auch deshalb nicht ganz ohne Auswirkungen bleiben, weil die Gemeinschaftsorgane, welche die Charta proklamiert haben, wenigstens politisch an ihre Achtung gebunden sind.[349]

---

[346] Agnelli/*Däubler* S. 122.

[347] *Calliess* EuZW 01, 261 (266); *Grabenwarter* DVBl 01, 1 (1, 11); *Tettinger* NJW 01, 1010 (1010); *Zachert* NZA 01, 1041 (1046).

[348] *Grabenwarter* DVBl 01, 1 (1); *Zachert* NZA 01, 1041 (1046).

[349] *Pache* EuR 01, 475 (486).

Darüber hinaus erteilte der Rat der Europäischen Union auf der letzten Konferenz der Staats- und Regierungschefs der Mitgliedsstaaten unter der deutschen Ratspräsidentschaft im Jahre 2007 das Mandat für die Regierungskonferenz zur Ausarbeitung des Reformvertrages des Vertrages zur Gründung der Europäischen Gemeinschaft und des Vertrages über die Europäische Union. Danach soll die Grundrechtscharta durch einen Verweis in Art. 6 Abs. 1 EUV Rechtsverbindlichkeit erlangen.[350] Sollten alle Mitgliedsstaaten den Reformvertrag ratifizieren, wird die europäische Grundrechtscharta somit in absehbarer Zeit rechtsverbindlich. Eventuell könnten sich daraus dann neue Impulse für die Rechtsprechung zur Tariffähigkeit eines Arbeitnehmerverbandes ergeben.

So normiert die Charta in Art. 12 Abs. 1 das Recht jeder Person, sich insbesondere im politischen, gewerkschaftlichen und zivilgesellschaftlichen Bereich auf allen Ebenen frei und friedlich mit anderen zu versammeln und frei mit anderen zusammenzuschließen, was das Recht jeder Person umfasst, zum Schutz ihrer Interessen Gewerkschaften zu gründen und Gewerkschaften beizutreten.

Der Wortlaut von Art. 12 Abs. 1 GRCharta und derjenige von Art. 11 Abs. 1 EMRK sind nahezu identisch, so dass davon ausgegangen werden kann, dass Art. 12 Abs. 1 GRCharta keinen weitergehenden Schutz der Koalitionsfreiheit gewähren will als die Menschenrechtskonvention. Letztlich besteht der einzige Unterschied zu Art. 11 Abs. 1 EMRK darin, dass der Anwendungsbereich auf die Ebene der Europäischen Union ausgedehnt wurde.[351] Auch ein Vergleich mit den anderen Artikeln des Kapitels II (Art. 6 bis Art. 19 GRCharta) macht deutlich, dass die Charta hier im Wesentlichen nur die aus der Europäischen Menschenrechtskonvention bekannten Freiheitsrechte formuliert.[352] Dies wird zum einen auch durch die Präambel gestützt, in der es heißt, dass die Charta die Rechte bekräftigt, die sich unter anderem aus den gemeinsamen Verfassungstraditionen, der Europäischen Menschenrechtskonvention, der Europäischen Sozialcharta und der Rechtsprechung von Europäischen Gerichtshof und Europäischen Gerichtshof für Menschenrechte ergeben. Zum anderen stimmt dies mit der Entstehungsgeschichte der Charta überein, da die Charta nichts Neues schaffen, sondern Bestehendes zusammenfassen sollte.[353] Folglich gestattet auch Art. 12 Abs. 1 GRCharta nicht das

---

[350] Mandat für die Regierungskonferenz 2007, Rat der Europäischen Union 11218/07; Großbritannien wird danach von dem Anwendungsbereich der Grundrechtscharta ausgenommen.

[351] Meyer/*Bernsdorff* Art. 12 GRCharta Rn. 19; Meyer/*Borowsky* Art. 52 GRCharta Rn 32; *Zachert* NZA 01, 1041 (1044).

[352] *Calliess* EuZW 01, 261 (263); *Grabenwarter* DVBl 01, 1 (4); *Pache* EuR 01, 475 (480).

[353] *Grabenwarter* DVBl 01, 1 (10).

bedingungslose Recht, Tarifverträge zu vereinbaren. Es bleibt hiernach bei der Aussage des Europäischen Gerichtshofs für Menschenrechte, dass der Tarifvertrag nur ein möglicher Ausdruck der Koalitionsfreiheit unter vielen ist.

Wesentlich auffälliger als Art. 12 Abs. 1 GRCharta ist Art. 28 GRCharta des 4. Kapitels der Charta, welches die Überschrift „Solidarität“ trägt. Das 4. Kapitel enthält die wirtschaftlichen und sozialen Grundrechte der Charta, die allerdings weitgehend der Europäischen Sozialcharta entlehnt sind.[354] Gemäß Art. 28 GRCharta haben die Arbeitnehmerinnen und Arbeitnehmer sowie die Arbeitgeberinnen und Arbeitgeber oder ihre jeweiligen Organisationen nach dem Gemeinschaftsrecht und den einzelstaatlichen Rechtsvorschriften und den Gepflogenheiten das Recht, Tarifverträge auf den geeigneten Ebenen auszuhandeln und zu schließen sowie bei Interessenkonflikten kollektive Maßnahmen zur Verteidigung ihrer Interessen, einschließlich Streiks, zu ergreifen.

Anders als in der Menschenrechtskonvention oder in der Sozialcharta werden Tarifverträge hier ausdrücklich genannt und können nach dem Wortlaut sogar von einzelnen Arbeitnehmern vereinbart werden. Durch die Wortwahl „Arbeitnehmerinnen und Arbeitnehmer sowie Arbeitgeberinnen und Arbeitgeber oder ihre jeweiligen Organisationen“ wird von vornherein eine nicht nur kollektive Wahrnehmung dieses Rechts eröffnet, da neben den jeweiligen Organisationen auch die Einzelpersonen ausdrücklich ermächtigt werden, Tarifverträge nach den einzelstaatlichen Rechtsvorschriften und Gepflogenheiten zu schließen.[355] Dem widerspricht die Abhängigkeit der Tariffähigkeit von Mindestvoraussetzungen insbesondere von Mindestmitgliederzahlen.

Man muss aber berücksichtigen, dass Art. 52 Abs. 1 GRCharta einen allgemeinen Schrankenvorbehalt für die gesamte Charta normiert. Grundsätzlich wäre die Tariffähigkeit also unter Wahrung des Grundsatzes der Verhältnismäßigkeit beschränkbar, wenn die Einschränkung notwendig ist und den von der Union anerkannten dem Gemeinwohl dienenden Zielsetzungen oder den Erfordernissen des Schutzes der Rechte und Freiheiten anderer entspricht. Die Restriktion müsste gemäß Art. 51 Abs. 1 GRCharta gesetzlich vorgeschrieben sein. Schon im Zusammenhang mit Art. 11 EMRK geht das Bundesverfassungsgericht aber davon aus, dass die Rechtsprechung zur Durchsetzungsfähigkeit keine Einschränkung ohne Gesetz vornimmt.[356]

Unabhängig davon normiert Art. 28 GRCharta selbst, dass das Recht, Tarifverträge auszuhandeln und abzuschließen, sich nicht nur nach einzel-

---

[354] *Pache* EuR 01, 475 (481).

[355] Meyer/*Riedel* Art. 28 GRCharta Rn 20 und Art. 27 GRCharta Rn 29.

[356] BVerfG v. 201.10.1981, BVerfGE 58, 233 (254); *Däubler* Rn 52.

staatlichen Vorschriften, sondern auch nach einzelstaatlichen Gepflogenheiten richtet. Dahinter versteckt sich eine Regelungstechnik, die den eigenständigen Regelungsgehalt der gemeinschaftsrechtlichen Grundrechtsverbürgung weitgehend relativiert.[357] So besteht gerade kein ungeschriebener Grundsatz des Gemeinschaftsrechts, kleinere und nicht repräsentative Koalitionen an der Tarifautonomie teilhaben zu lassen. Im Gegenteil entspricht es den „Gepflogenheiten" der meisten Rechtsordnungen der Gemeinschaftsstaaten nicht alle Koalitionen unterschiedslos als tariffähig anzusehen.[358] Deshalb muss man behutsam mit der Schlussfolgerung aus Art. 28 GRCharta umgehen, dass neben Gewerkschaften und Arbeitgeberverbänden auch einzelne Arbeitnehmer bzw. nicht durchsetzungsfähige Verbände das Recht innehaben sollen, Tarifverträge abzuschließen. Dies würde innerdeutschen Vorschriften und Gepflogenheiten nicht entsprechen. Im Wortlaut der Norm hat sich vielmehr die in den romanischen Staaten vorherrschende Vorstellung durchgesetzt, wonach beispielsweise das Streikrecht primär ein individuelles Recht ist und nicht, wie etwa im deutschen Arbeitsrecht, streng funktionell auf die Tarifautonomie bezogen wird.[359] Mithin zwingt Art. 28 GRCharta nicht zu einer Änderung der Rechtsprechung. Dennoch weist er in eine andere Richtung. Wenn eventuell schon der einzelne Arbeitnehmer kollektive Rechte durchsetzen kann, dann dürfen an die Stärke eines Verbandes keine allzu hohen Anforderungen gestellt werden.

Art. 51 Abs. 1 GRCharta stellt indessen klar, dass durch die Charta keine neuen Zuständigkeiten europäischer Institutionen begründet werden sollen. Da sowohl die Kommission als auch andere gemeinschaftsrechtliche Gremien nur vereinzelte Kompetenzen auf dem Gebiet des Arbeitsrechts innehaben und das Arbeitsrecht weiterhin weitestgehend im Zuständigkeitsbereich der Mitgliedstaaten verbleibt, ist das Anwendungsfeld des Solidaritätskapitels der Charta von vornherein erheblich eingeschränkt.[360] Folglich ist eine Änderung der nationalen Rechtsprechung trotz der progressiven Entwicklung der sozialen Grundrechte der Charta vorerst selbst dann nicht zwingend zu erwarten, wenn die Charta der Grundrechte der Europäischen Union einst durch einen Verweis in Art. 6 Abs. 1 EUV rechtsverbindlich wird.

3. Völkerrecht

Letzten Endes könnte die Mächtigkeitslehre noch im Widerspruch zu dem arbeitsrechtlichen Völkerrecht insbesondere zu einigen Übereinkommen der

---

[357] Meyer/*Riedel* Art. 27 GRCharta Rn 28; *Pache* EuR 01, 475 (481).

[358] BAG v. 28.3.2006, AP Nr. 4 zu § 2 TVG Tariffähigkeit; *Birk* RdA 95, 71 (74).

[359] Meyer/*Riedel* Art. 28 GRCharta Rn 28; *Zachert* NZA 01, 1041 (1045).

[360] Meyer/*Riedel* Art. 28 GRCharta Rn 27.

Internationalen Arbeiter Organisation stehen.[361] Das Übereinkommen Nr. 87 enthält dabei insbesondere in Art. 11 eine Aussage über den Schutz des Vereinigungsrechts. Nach Art. 11 Nr. 87 IAO verpflichtet sich jedes Mitglied der Internationalen Arbeiterorganisation, für das dieses Übereinkommen in Kraft ist, alle erforderlichen und geeigneten Maßnahmen zu treffen, um den Arbeitnehmern und Arbeitgebern die freie Ausübung des Vereinigungsrechts zu gewährleisten.

Im scheinbaren Widerspruch zu der Forderung nach der freien Ausübung des Vereinigungsrechts beschränken die von der Rechtsprechung etablierten Voraussetzungen der Tariffähigkeit diese Freiheit. Dennoch liegt kein Verstoß vor. Bei den Übereinkommen der IAO handelt es sich um völkerrechtliche Verträge. Deshalb kann der Einzelne zunächst keine Rechte und Pflichten aus den Übereinkommen herleiten. Die von Deutschland ratifizierten Konventionen, wie z.B. Nr. 87 IAO, gelten zwar als innerstaatliche einfache Bundesgesetze, jedoch sind sie nur unmittelbar anwendbar (*self - executing*), wenn die Bestimmungen nach Wortlaut, Zweck und Inhalt geeignet und hinreichend bestimmt sind. Ansonsten sind sie nur bei der Rechtssetzung und der Rechtsanwendung zu beachten.[362] Im Zweifel ist eine unmittelbare Anwendbarkeit zu verneinen. Wenn eine solche Rechtsfolge gewünscht ist, soll sie auch eindeutig normiert werden. Die Staaten dürfen ihre Absichten nicht hinter nebulösen Texten verbergen.[363]

Die Rechtsprechung lässt die Frage nach der unmittelbaren Anwendbarkeit meist mit der Begründung offen, dass das Schutzniveau der Übereinkommen der IAO nicht über deutsches Recht hinausgeht. So sagt das Bundesverfassungsgericht über das Übereinkommen Nr. 87, dass es die Koalitionsfreiheit nur in ganz allgemeiner Form gewährleiste und nicht über die Grundsätze hinausgehe, die ohnehin durch Art. 9 Abs. 3 GG verfassungsrechtlich abgesichert seien. Tariffähigkeit und Gewerkschaftseigenschaft seien nicht unmittelbar angesprochen.[364] Mit Blick auf den sehr allgemein gehaltenen Wortlaut von Art. 11 Nr. 87 IAO kann dem Bundesverfassungsgericht nur zugestimmt werden. Ein über Art. 9 Abs. 3 GG hinausgehender Schutzzweck ist nicht erkennbar. Selbst wenn man doch von einem weiteren Schutzzweck ausgehen wollte, ist der Wortlaut so unbestimmt, dass aus Art. 11 Nr. 87 IAO keine unmittelbaren Rechte hergeleitet werden können. Deshalb sind auch keine völkerrechtlichen Bedenken an der Rechtsprechung zur Tariffähigkeit anzumelden.

---

[361] Zu „IAO" ist die Abkürzung „ILO" (International Labour Organisation) ein Synonym.

[362] *Hanau/Steinmeyer/Wank* § 34 Rn 93 ff.; MüArbR/*Löwisch/Rieble* § 242 Rn 89.

[363] *Hanau/Steinmeyer/Wank* § 34 Rn 108.

[364] BVerfG v. 20.10.1981, BVerfGE 58, 233 (255); *Däubler* Rn 52.

4. Zwischenergebnis

Somit muss das Resümee der europa- und völkerrechtlichen Prüfung lauten, dass weder der Vertrag zur Gründung der Europäischen Gemeinschaft, der Vertrag über die Europäische Union, die Europäische Menschenrechtskonvention, die Europäische Sozialcharta noch die Charta der Grundrechte der europäischen Union oder das Abkommen Nr. 87 der Internationalen Arbeiter Organisation einen Widerspruch zur Mächtigkeitslehre enthalten. Folglich verstößt die Rechtsprechung zur Durchsetzungsfähigkeit nicht gegen die europa- und völkerrechtlich garantierte Koalitionsfreiheit. Gleichzeitig lässt sich den internationalen Rechtsquellen kein Argument für ein freies Spiel der Kräfte im kollektiven Arbeitsrecht entnehmen.

VIII. Abwandlungen des freien Spiels der Kräfte

Einige Kritiker der Mächtigkeitslehre erkennen die Gefahr, dass nach dem Wegfall des Erfordernisses der Durchsetzungsfähigkeit die Seite der Arbeitgeber versucht sein könnte, die Gewerkschaften nicht mehr ernst zu nehmen. So soll durch eine erweiterte Inhaltskontrolle der Tarifverträge,[365] durch eine Missbrauchskontrolle[366] oder durch einen Verhandlungsanspruch der Gewerkschaften[367] verhindert werden, dass der Verzicht auf das Erfordernis der Durchsetzungsfähigkeit nicht zu einer Reduzierung der Möglichkeit zur Führung ernsthafter Tarifverhandlungen führt.

1. Inhaltskontrolle

Durch das Gesetz zur Modernisierung des Schuldrechts[368] hat der Gesetzgeber durch die Fassung von § 310 Abs. 4 Satz 1 BGB seine eindeutige Ablehnung einer Inhaltskontrolle von Tarifverträgen zum Ausdruck gebracht. § 310 Abs. 4 Satz 1 BGB nimmt Tarifverträge ausdrücklich aus dem Bereich der Inhaltskontrolle des Rechts der allgemeinen Geschäftsbedingungen gemäß §§ 305 ff. BGB heraus. Dabei handelt es sich – solange von § 310 Abs. 4 Satz 1

---

365 Wiedemann/*Oetker* § 2 TVG Rn 406; *Wiedemann* Anm. zu BAG AP Nr. 24 zu Art. 9 GG unter III; für eine Inhaltskontrolle bei Abweichen vom gesetzlichen Grundfall im Rahmen tarifdisponibler Normen: *Schüren/Behrend* NZA 03, 521 (525); *Schüren/Riederer von Paar* AuR 04, 241 (244).

366 *Bayreuther* BB 05, 2633 (2635 ff.); *Henssler* S. 56 ff.

367 Aus neuerer Zeit: *Seiter* SAE 84, 98 (100 ff.); Wiedemann/*Thüsing* § 1 TVG Rn 216 ff.; *Wiedemann* Anm. zu BAG AP Nr. 1 zu § 1 TVG Verhandlungspflicht; *Wiedemann/Thüsing* RdA 95, 280 (284 ff.); *Zöllner/Loritz* § 33 III 4.

368 Gesetz zur Modernisierung des Schuldrechts v. 26.11.2001, BGBl. I S. 3138 ff.

BGB Tarifverträge als solche erfasst werden – um eine rein deklaratorische Feststellung.[369] Tarifverträge sind keine für eine Vielzahl von Arbeitsverträgen von einer Partei vorformulierte Vertragsbedingungen. Sie wirken bei beiderseitiger Tarifgebundenheit unmittelbar und normativ auf das Arbeitsverhältnis ein. Es bedarf keiner Einbeziehung. Daher handelt es sich bereits nicht um allgemeine Geschäftsbedingungen im Sinne von § 305 Abs. 1 BGB.[370]

Sinn und Zweck von § 310 Abs. 4 Satz 1 BGB besteht darin, auch solche Tarifverträge von einer Inhaltskontrolle auszuschließen, auf die lediglich individualvertraglich Bezug genommen wird. Begründet wird diese Ausnahme damit, dass Tarifverträge im Gegensatz zu vielen anderen Vertragsschlüssen in der Privatwirtschaft von gleichberechtigten Partnern ausgehandelt werden. Deshalb treffen Tarifverträge eine ausgewogene auch die Arbeitnehmerinteressen berücksichtigende Regelung und bedürfen keiner Kontrolle gemäß §§ 305 ff. BGB.[371] Eine tarifliche Angemessenheitskontrolle hätte darüber hinaus dazu geführt, dass jeder Tarifvertrag von der staatlichen Billigung abhängig gewesen wäre. Dies käme einer verfassungsrechtlich bedenklichen Tarifzensur gleich und würde gegenüber dem Kriterium der Durchsetzungsfähigkeit einen ungleich schwereren Eingriff in die Tarif-.autonomie darstellen.[372] Tarifverträge haben notwendigerweise Kompromisscharakter. Ob ein Verhandlungsergebnis angemessen ist, entzieht sich deshalb weitestgehend der gerichtlichen Kontrolle, so dass Tarifverträgen eine Richtigkeitsgewähr immanent ist, die eine Inhaltskontrolle obsolet macht.[373] Alles andere würde dem Schutz der Tarifautonomie zuwiderlaufen. Mithin scheidet jede Inhaltskontrolle *de lege lata* aus.

2. Missbrauchskontrolle

Bedingt durch die Aufgabe der Kernbereichslehre des Bundesverfassungsgerichts[374] fordern einige Kritiker der Mächtigkeitslehre, das Kriterium der sozialen Mächtigkeit aufzugeben und durch eine Missbrauchskontrolle zu

---

[369] *Joost* in FS Ulmer, S. 1199 (1205 f.); *Witt* NZA 04, 135 (136).

[370] *Witt* NZA 04, 135 (136).

[371] ErfK/*Preis* §§ 305 – 310 BGB Rn 11; HWK/*Gotthardt* § 310 BGB Rn 20.

[372] *Deinert* AuR 04, 212 (217); *Henssler* S. 55; *Löwisch/Rieble* § 2 TVG Rn 35; *Witt* NZA 04, 135 (137).

[373] BAG v. 15.3.1977, AP Nr. 24 zu Art. 9 GG; LAG Stuttgart v. 1.10.2004, NZA-RR 05, 85 (86).

[374] Zur Aufgabe der Kernbereichslehre siehe S. 99 f.

ersetzen.[375] Nach dieser Auffassung seien die hinter dem Kriterium der sozialen Mächtigkeit stehenden Überlegungen nicht grundsätzlich verfehlt und es bedürfe keiner völligen Kehrtwende der Rechtsprechung. Notwendig sei lediglich eine Umkehr des bisherigen Regel-Ausnahmeverhältnisses. Es sei rechtlich nicht haltbar, dass eine Arbeitnehmervereinbarung ihre Durchsetzungsfähigkeit erst unter Beweis stellen müsse, um ihrem essentiellen Recht – dem Abschluss von Tarifverträgen – nachgehen zu können. Vielmehr sei eine Gewerkschaft solange tariffähig, bis die von ihr vereinbarten Tarifverträge konkrete Anhaltspunkte, wie zum Beispiel die absichtliche Umgehung von Schutzvorschriften zu Lasten der Arbeitnehmer, eine missbräuchliche Rechtsausübung erkennen ließen. Die Tariffähigkeit solle danach anders als bisher nicht die Ausnahme, sondern die Regel sein. Um dies zu garantieren, genüge eine Missbrauchskontrolle. Sie widerspreche anders als eine Inhaltskontrolle nicht der Tarifautonomie, da es sich um eine reine Rechtskontrolle handele.[376]

Eine intensive Missbrauchskontrolle reicht auf der einen Seite aber gefährlich nah an eine Inhaltskontrolle heran. Ohne eine genauere Überprüfung des Inhalts des Tarifvertrages wäre Missbrauch kaum feststellbar. Wird schlicht geprüft, ob überhaupt ausgleichende Arbeitnehmerrechte begründet wurden,[377] wäre im fiktiven Extremfall ein Missbrauch selbst dann ausgeschlossen, wenn eine Arbeitszeitverlängerung von zehn Wochenstunden durch eine Lohnerhöhung von 0,01 % aufgewogen würde. Ein minimaler Bonus zugunsten der Arbeitnehmer würde den Missbrauch demnach bereits ausschließen. Einer Umgehung des Arbeitnehmerschutzes wäre damit Tür und Tor geöffnet.

Auf der anderen Seite kommt eine restriktive Handhabung der Mächtigkeitslehre auf einem anderen Weg zu demselben Ergebnis, wie eine Missbrauchskontrolle, die gänzlich auf eine Inhaltskontrolle verzichtet.[378] Daher unterscheidet sich der Weg der zulässigen Missbrauchskontrolle nur geringfügig von demjenigen der Rechtsprechung, wonach seit je her missbräuchliche Scheintarifverträge ein gewichtiges Indiz fehlender Durchsetzungsfähigkeit sind.

---

375 *Bayreuther* BB 05, 2633 (2635 ff.); *Henssler* S. 27, 56 ff; Ulmer/Habersack/Henssler/*Henssler* § 7 MitbestG Rn 61.

376 *Bayreuther* BB 05, 2633 (2635 ff.); *Henssler* S. 56 ff.

377 So *Henssler* S. 60; *Bayreuther* BB 05, 2633 (2637) sympathisiert dagegen mit einer ergänzenden Inhaltskontrolle von Tarifverträgen schwacher Koalitionen.

378 Dies räumt auch *Henssler* S. 75 ein.

3. Verhandlungsanspruch

Unbestritten kann ein Verhandlungsanspruch zwischen Tarifparteien schuldrechtlich vereinbart werden.[379] Darüber hinaus lässt sich aber weder aus der Verfassung, noch aus anderen gesetzlichen Vorschriften ein Verhandlungsanspruch der Gewerkschaften herleiten.[380] Anders als im Betriebsverfassungsrecht, wo in den §§ 87, 94 Abs. 1, 95, 112 (Sozialplan) BetrVG volle Mitbestimmungsrechte des Betriebsrats gesetzlich normiert sind, existiert im Tarifrecht keine Bestimmung mit dem Inhalt, dass die Gewerkschaften bei der Festlegung der Lohnhöhen oder sonstigen materiellen Arbeitsbedingungen mitzubestimmen haben. Dennoch ist nach einer Auffassung ein Verhandlungsanspruch auf gesetzlicher Grundlage zu bejahen.[381]

Dieser Umstand ergebe sich bereits aus dem Erfordernis der Tarifwilligkeit.[382] Dieser Rückschluss vermag aber bereits deshalb nicht zu überzeugen, weil sich aus der generellen Bereitschaft, Tarifverträge abzuschließen, nicht die Pflicht ergeben kann, mit jeder anderen Partei Tarifverträge abzuschließen. Nur weil man den Tarifabschluss mit einem bestimmten Gegenspieler ablehnt, kann weiterhin die Bereitschaft bestehen, mit anderen Sozialpartnern zu verhandeln. Dem Mitgliederinteresse, dem das Kriterium der Tarifwilligkeit entspringt, wird auch dann genüge getan, wenn aus der Satzung hervorgeht, dass nur mit einem bestimmten Gegner verhandelt wird.

Ebenso wird vertreten, dass der Verhandlungsanspruch aus dem *Ultima – Ratio* – Prinzip des Arbeitskampfes hervorgehe.[383] Auch dies überzeugt letztlich nicht. Wenn sich eine Seite von vornherein ernsthaft und endgültig weigert, Tarifverhandlungen zu führen, kann von der anderen Partei nicht verlangt werden, auf Verhandlungen hinzuwirken. Dieser Partei bleibt dann nur die Möglichkeit des Arbeitskampfes als *Ultima – Ratio*.[384]

Es wird auch angenommen, dass sich aus dem mehrmaligen Abschluss von Tarifverträgen in der Vergangenheit eine Dauerrechtsbeziehung entwickle,

---

[379] BAG v. 14.2.1989, AP Nr. 52 zu Art. 9 GG; Wiedemann/*Thüsing* § 1 TVG Rn 216.

[380] BAG v. 14.7.1981, AP Nr. 1 zu § 1 TVG Verhandlungspflicht; BAG v. 14.2.1989, AP Nr. 52 zu Art. 9 GG.

[381] Aus neuerer Zeit: *Seiter* SAE 84, 98 (100 ff.); Wiedemann/*Thüsing* § 1 TVG Rn 216 ff.; *Wiedemann* Anm. zu BAG AP Nr. 1 zu § 1 TVG Verhandlungspflicht; *Wiedemann/Thüsing* RdA 95, 280 (284 ff.); *Zöllner/Loritz* § 33 III 4.

[382] Wiedemann/*Thüsing* § 1 TVG Rn 220; zur Tarifwilligkeit siehe S. 41.

[383] *Seiter* SAE 84, 98 (100 ff.); Wiedemann/*Thüsing* § 1 TVG Rn 218; *Zöllner/Loritz* § 33 III 4.

[384] Vgl. auch BAG v. 14.2.1989, AP Nr. 52 zu Art. 9 GG.

die zu einem Verhandlungsanspruch führe.[385] Selbst wenn dies zutreffen sollte, könnten kleine Gewerkschaften, die zu schwach zum Führen eines Arbeitskampfes oder sonstiger Druckausübung sind, davon nicht profitieren, da sich derartige Dauerschuldverhältnisse bisher wegen der bis dato bestehenden faktischen Gewerkschaftseinheit nur zwischen den Arbeitgeberverbänden und den Mitgliedsgewerkschaften des Deutschen Gewerkschaftsbundes entwickeln konnten.

Letztlich weist das Bundesarbeitsgericht zu Recht darauf hin, dass ein Verhandlungsanspruch, der keinen Abschlusszwang nach sich zieht, keinen praktischen Nutzen für die Funktionsfähigkeit des Tarifsystems hat.[386] Im Tarifrecht existiert aber kein Mechanismus, mit dessen Hilfe der Verhandlungsanspruch durchgesetzt werden könnte. Das Tarifrecht kennt kein gesetzlich geregeltes System der Konfliktlösung. Im Betriebsverfassungsrecht kann die Seite der Arbeitnehmer mit Hilfe des Einigungsstellenverfahrens ihren Verhandlungsanspruch geltend machen. Ebenso sichert die Zwangsschlichtung durch das Einigungsstellenverfahren die Pflicht der Betriebsparteien, ausgewogene Regelungen zu treffen. Die fehlende Zwangsschlichtung im Tarifsystem, sei es durch eine tarifliche Einigungsstelle oder durch einen verbindlichen Schlichterspruch, führt dazu, dass eine Gewerkschaft die Interessen der Arbeitnehmer in Tarifabschlüssen nur dann repräsentieren kann, wenn sie wirkungsvoll Druck auf den sozialen Gegenspieler ausüben kann. Die Teilnahme an Tarifverhandlungen kann man sich daher nicht erklagen, sondern nur erstreiken.[387] Somit besteht kein gesetzlicher Verhandlungsanspruch.

IX. Resümee

Das Voranstehende zeigt, dass gewichtige Argumente gegen ein freies Spiel der Kräfte im Tarifrecht und für das Element der Durchsetzungsfähigkeit sprechen. Allerdings führen die hohen Anforderungen der Durchsetzungsfähigkeit zwar zu einem stabilen, aber unflexiblen Tarifsystem, weil das Mitwirken neu gegründeter und kleiner Gewerkschaften auch nach der nunmehr liberaleren Rechtsprechung des Bundesarbeitsgerichts oft ausgeschlossen sein wird. So wird das Individual- und Kollektivgrundrecht aus Art. 9 Abs. 3 GG stark eingeschränkt, wenn der Einzelne nur noch über seine

---

[385] *Seiter* SAE 84, 98 (100 ff.); Wiedemann/*Thüsing* § 1 TVG Rn 219; *Zöllner/Loritz* § 33 III 4.

[386] BAG v. 14.2.1989, AP Nr. 52 zu Art. 9 GG.

[387] BAG v. 14.7.1981, AP Nr. 1 zu § 1 TVG Verhandlungspflicht; BAG v. 14.2.1989, AP Nr. 52 zu Art. 9 GG; *Hanau* NZA 03, 128 (129).

Mitgliedschaft in einer bestehenden Organisation entscheiden kann. Weit dürfen die Anforderungen an das Erreichen des Gewerkschaftsstatus dagegen nicht abgesenkt werden, da sonst Organisationen Rechte nach den einzelnen arbeitsrechtlichen Vorschriften und gegenüber der staatlichen Verwaltung erhielten, die ihrer tatsächlichen Bedeutung in keiner Weise entsprechen.[388]

Da auf der einen Seite ein freies Spiel der Kräfte dem nationalen Tarifsystem nicht gerecht wird und kein anderes gesetzliches Instrumentarium *de lege lata* die Ausgewogenheit der Tarifergebnisse garantieren kann, auf der anderen Seite die Rechtsprechung zur sozialen Mächtigkeit die Flexibilität des Tarifsystem einschränkt und einen effektiven Koalitionspluralismus beeinträchtigt, ist zu prüfen, wie die Anforderungen an das Kriterium der Durchsetzungsfähigkeit gemildert werden und der gordische Knoten aus Arbeitnehmerschutz und Tarifwettbewerb ohne Schwerthieb gelöst werden könnte.

---

[388] So *Däubler* Rn 52, falls die Anforderungen weiter angehoben werden sollten.

F. Die relative Tariffähigkeit

Der Knoten lässt sich nur lösen, wenn die Verwirklichung echter Gewerkschaftsvielfalt die Vertretung der Arbeitnehmerinteressen nicht schwächt. Die Analyse der bisher diskutierten Alternativen zum Erfordernis der Durchsetzungsfähigkeit hat gezeigt, dass weder das unverwässerte freie Spiel der Kräfte, noch dessen Anreicherungen durch einen Verhandlungsanspruch, einer Inhalts- oder Missbrauchskontrolle die Arbeitnehmerinteressen angemessen widerspiegeln. Im Gegensatz dazu verhindert die Mächtigkeitslehre ein breites Aufkommen eines Koalitionspluralismus jenseits von Nischenverbänden, die sich auf die Vertretung besonders qualifizierter Arbeitnehmergruppen spezialisiert haben. Daher soll im Folgenden geprüft werden, ob die absolute und universelle Tariffähigkeit nicht durch die relative und partielle Tariffähigkeit ersetzt werden kann.

Bisher geht die Rechtsprechung davon aus, dass einer Koalition, deren soziale Mächtigkeit von dem erkennenden Gericht verneint wird, zum einen wegen des einheitlichen Gewerkschaftsbegriffs der Status einer Gewerkschaft zur Gänze versagt und zum anderen die Tariffähigkeit zur Gänze aberkannt wird. Mithin bedeutet das Nichtanerkennen der Durchsetzungsfähigkeit für eine Gewerkschaft, dass sie ihre Tariffähigkeit im Hinblick auf alle tariflich regelbaren Sachfragen, im Sinne jeder tarifdisponiblen Norm, gegenüber allen anderen konkurrierenden Gewerkschaften, gegenüber allen denkbaren sozialen Gegenspielern – sei es beim Abschluss eines Firmen- oder Flächentarifvertrages – , im gesamten Bundesgebiet und für alle Wirtschaftsbereiche verliert.

Zwangsläufig wirft dies die Frage auf, ob die stabile Ordnung des Tarifsystems zur Sicherung des sozialen Friedens und zum Ausgleich der Disparität im Arbeitsrecht nicht auch dadurch protegiert werden kann, indem einer Gewerkschaft lediglich die Regelung einzelner Sachfragen, das Verdrängen einzelner tarifdisponibler Normen, das Handeln gegenüber wenigen konkurrierenden Gewerkschaften, gegenüber wenigen sozialen Gegenspielern, in wenigen Regionen oder für wenige Wirtschaftsbereiche versagt wird. Werden die Interessen der Arbeitnehmer nicht auch dann angemessen repräsentiert, wenn sich eine Gewerkschaft nur relativ in Bezug auf einen der genannten Punkte durchsetzen kann und man das „Alles-oder-Nichts-Prinzip" verneint?

Dementsprechend bedeutet relative Tariffähigkeit, dass eine Gewerkschaft ihre soziale Mächtigkeit immer in der konkreten Situation – zur Regelung der konkreten Sachfrage, gegenüber dem konkreten Kontrahenten, innerhalb des konkreten Wirtschaftssektors *etc. etc.* – nachweisen muss. Die Frage nach der Tariffähigkeit ist dann in jedem konkreten Einzelfall separat und immer neu zu beantworten. Wobei die einmal festgestellte Tariffähigkeit eine gewisse Indizwirkung für weitere Verfahren beinhaltet.

Folge einer relativen Sichtweise wäre eine Gewerkschaft, die zeitgleich in einer Situation dank ausreichender sozialer Macht tariffähig wäre, während ihr in der anderen Situation mangels genügend sozialer Mächtigkeit die Tariffähigkeit abgesprochen werden müsste. Dies würde eine Vielzahl kleinerer Gewerkschaften stärken, die nur so mächtig sind, dass sie punktuell erfolgreich agieren können. Darüber hinaus könnte es aber auch dazu führen, dass die etablierten Gewerkschaften, deren Tariffähigkeit bislang in jeder Hinsicht unstrittig war, dort ihre Tariffähigkeit verlieren, wo sie keine soziale Mächtigkeit aufweisen, während sie ansonsten weiterhin als durchsetzungs- und tariffähig anzusehen wären. Ob die Figur der relativen Tariffähigkeit mit der Rechtsordnung im Einklang steht, gilt es im Folgenden zu überprüfen.

I. Bezugspunkte der relativen Tariffähigkeit

Grundlage und Rahmen der relativen Tariffähigkeit ist eine geteilte Betrachtung der sozialen Mächtigkeit. Mithin lautet die erste Fragestellung, welche Aspekte und Situationen einer geteilten Bewertung der Durchsetzungs- und organisatorischen Leistungsfähigkeit zugänglich sind. Dafür ist die Bestimmung des Bezugspunktes der Relativität entscheidend. Denkbare Bezugspunkte sind dabei einzelne Sachthemen, einzelne Normen, gewerkschaftliche Konkurrenz, soziale Gegenspieler, Regionen und Wirtschaftszweige.

1. Einzelne Sachthemen

Hinter der Idee einer relativen Tariffähigkeit hinsichtlich einzelner Sachthemen verbirgt sich der Gedanke, dass eine Koalition über ausreichende soziale Macht verfügt, einzelne Fragestellungen, wie zum Beispiel die Zahl der Urlaubstage, zu regeln, während ihr die Befugnis zur tariflichen Regelung anderer Problemkreis, wie der Lohnhöhe, fehlt.

Per Tarifvertrag können alle mit einem Arbeitsverhältnis zusammenhängenden Fragestellungen geregelt werden. Was letzten Endes mittels Tarifvertrag geregelt wird, ist Verhandlungssache der Sozialpartner. So gibt es, um nur einige typische Beispiele zu nennen, Tarifverträge zur Bestimmung der Entgelte, über die Länge der Arbeitszeit und verschiedene Arbeitszeitmodelle, über vermögenswirksame Leistungen, über Vorruhestandsverhältnisse, über Entgeltfortzahlung im Krankheitsfall, über Anhebung des Kündigungsschutzes oder Beschäftigungssicherung.[389] Infolgedessen ist vorstellbar, dass einer Arbeitnehmerkoalition genügend soziale Macht zukommt, Aspekte geringerer Bedeutung mittels Tarifvertrag zu regeln, während ihr der Abschluss von grundlegenden und bedeutsamen Tarifverträgen verwehrt bleibt. Der absolut gesehen schwache, aber relativ durchsetzungsfähige Verband wäre dann nur in der Lage bestimmte Tarifverträge abzuschließen.

Dieser Ansatz führt aber erstens dazu, dass ein kleinerer und schwächerer Verband seine Attraktivität für den Mitgliedergewinn kaum steigern könnte, da er nur befugt wäre, Tarifverträge im Kontext wenig bedeutsamer Randthemen abzuschließen. Einem Verband beizutreten, der die zentralen Problemfelder des Arbeitslebens gar nicht angehen darf, wäre für jeden Arbeitnehmer nahezu sinnlos. Da die Koalition keine effektive Regelung der Arbeits- und Wirtschaftsbedingungen der Mitglieder garantieren könnte, würden ihre Wachstumschancen von vornherein minimal bleiben. Zudem lassen sich aus Zuordnungstarifverträgen gemäß § 3 Abs. 1 BetrVG, worunter möglicherweise eine Materie geringeren arbeits- und sozialpolitischen Gewichts verstanden werden könnte, allenfalls eingeschränkt Schlüsse auf die Durchsetzungsfähigkeit einer Gewerkschaft ziehen, wie das Bundesarbeitsgericht in seinem Beschluss zur fehlenden Tariffähigkeit des Interessenverbandes der Bediensteten der Technischen Überwachung ausgeführt hat.[390]

Zweitens könnte nur unter größten Schwierigkeiten festgelegt werden, bei welchen Themen es sich nur um Randfragen handelt und welche von sozialpolitischer wesentlicher Bedeutung sind, da dies von Tarifvertrag zu Tarifvertrag und je nach Auffassung der beteiligten Parteien verschieden sein dürfte. So kann nach den Vorstellungen der Tarifparteien einmal die Arbeitsplatzgarantie dann wiederum kürzere Arbeitszeiten oder höhere Löhne im Vordergrund stehen. Dies beweist allein der Umstand, dass in verschiedenen Zeiten der Abschluss von Tarifverträgen mit verschiedenem Inhalt im Vordergrund stand.[391]

Drittens weist diese Idee eine Parallele zur Tarifwilligkeit und zur Tarifzuständigkeit auf. Im Zusammenhang mit diesen Rechtsinstituten ist davon auszugehen, dass eine Koalition keine einzelnen Sachbereiche aus ihrem Satzungszweck ausklammern kann. Eine sinnvolle Ordnung der Arbeitsbedingungen setzt voraus, dass alle Probleme zu einer ausgleichenden Lösung zusammengebracht und verhandelt werden können. Das Ausklammern von

---

[389] Vgl. die Aufstellungen bei *Löwisch/Rieble* Grundlagen Rn 2; Wiedemann/*Thüsing* § 1 TVG Rn 33 ff.

[390] BAG v. 6.6.2000, AP Nr. 55 zu § 2 TVG; BAG v. 14.12.2004, AP Nr. 1 zu § 2 TVG Tariffähigkeit.

[391] Zu der Frage in welcher Zeit, welche Thematiken die Tarifvertragsabschlüsse geprägt haben vgl. Wiedemann/*Thüsing* § 1 TVG Rn 33 ff.

Tabuzonen und eine Beschränkung auf einzelne Sachthemen ermöglicht das gerade nicht, da sonst unter dem Vorwand fehlender Tariffähigkeit unerwünschte Regelungsgegenstände aus den Tarifverhandlungen und möglichen Arbeitskämpfen herausgenommen werden könnten.[392] Das Verneinen der Tariffähigkeit für einzelne Sachthemen würde im Ergebnis mit einer beschränkten Tarifwilligkeit oder Tarifzuständigkeit übereinstimmen, so dass eine Einschränkung der Tariffähigkeit auf einzelne Sachthemen nicht erfolgen kann.

Viertens wäre dieser Ansatzpunkt in der Praxis nicht umsetzbar. Entweder kann ein Verband genügend Druck auf die Gegenseite ausüben, um die Regelung gewisser Sachthemen zu erzwingen, oder er ist eben nicht stark genug, den Sozialpartner an den Verhandlungstisch zu zitieren. Man würde dann zu dem absurden Ergebnis gelangen, dass wohlmöglich der Industriegewerkschaft Metall die Tariffähigkeit in Bezug auf Regelungen der Arbeitszeit abzuerkennen wären, weil sie die 35 – Stunden – Woche in Ostdeutschland nicht mittels Arbeitskampf durchsetzen konnte. Infolgedessen scheidet eine relative Tariffähigkeit in Bezug auf einzelne durch Tarifvertrag regelbare Sachthemen als möglicher Bezugspunkt aus.

2. Einzelne Normen

Ein möglicher weiterer Ansatz zur Bestimmung der Voraussetzungen der relativen Tariffähigkeit wurde erst kürzlich angedeutet, wonach das Problem über eine Anknüpfung an den jeweiligen Zweck einer Gesetzesnorm, die einem Tarifvertrag den Vorrang zuweist, gelöst werden soll. Je nach Zweck der Vorschrift variiert demnach die Rechtsfolge eines Tarifvertrages.[393] Diese Idee birgt eine Relativierung in Hinsicht auf einzelne Rechtsvorschriften in sich. Hier ist die Relativität so zu verstehen, dass ein geschlossener Tarifvertrag beispielsweise nur hinsichtlich der vereinbarten Lohnhöhe normativ wirkt, während er hinsichtlich seiner Regelungen zur Urlaubszeit den Arbeitnehmerschutz aus § 13 BUrlG nicht verdrängen könnte und diesbezüglich nicht als Tarifvertrag, sondern nur als Vertrag zugunsten Dritter ohne normative Wirkung anzusehen wäre.

Ausgangspunkt der Überlegung ist also die Frage, ob jeder mit einer Gewerkschaft geschlossene Vertrag stets ein normativ wirkender Tarifvertrag mit all seinen privilegierenden Rechtsfolgen sein muss oder ob es sich auch

---

[392] Däubler/*Peter* § 2 TVG Rn 48; ErfK/*Franzen* § 2 TVG Rn 8; *Gamillscheg* § 14 I. 6. c); Kempen/Zachert/*Wendeling-Schröder* § 2 TVG Rn 148; *Löwisch* ZfA 74, 29 (34 ff.); *Löwisch/Rieble* § 2 TVG Rn 61; *Martens* SAE 87, 7 (9); *Oetker* Anm. zu BAG AP Nr. 4 zu § 97 ArbGG unter III.; Wiedemann/*Oetker* § 2 TVG Rn 81.

[393] *Richardi* NZA 04, 1025 (1029); *Richardi* in FS Wissmann S. 159 (172); ablehnend *Kocher* DB 05, 2816 (2819).

nur um einen schuldrechtlichen Vertrag zugunsten Dritter handeln kann. Diese Differenzierung kann insbesondere bei der Verdrängung tarifdispositiver Schutznormen und der Mitbestimmung des Betriebsrats vorgenommen werden.[394] Stellvertretend für alle tarifdispositiven Schutznormen sind die §§ 622 Abs. 4 BGB, 13 BUrlG, 17 Abs. 3 BetrAVG, 8 Abs. 4, 12, Abs. 3, 13 Abs. 4 TzBfG, 4 Abs. 4 EFZG, 7, 12 ArbZG und 3 Abs.1 Nr. 3 AÜG zu nennen.[395] Als Beispielnormen für die verdrängte Mitbestimmung des Betriebsrats muss an die §§ 77 Abs. 3, 87 Abs. 1 BetrVG gedacht werden. Will ein Verband nun durch einen Tarifvertrag zu Lasten seiner Mitglieder von den Schutznormen abweichen oder die Mitbestimmung des Betriebsrates verdrängen, muss er sozial mächtiger sein, als ein Verband, der nur zugunsten seiner Mitglieder von den Schutznormen abweichen oder Regelungen treffen will, in deren Bereich keine gesetzliche Schutznorm besteht.

Problematisch ist aber die praktische Bestimmung der Fälle, in denen einem zwischen den Sozialpartnern geschlossener Vertrag die Wirkung eines Tarifvertrages zukommen soll. Es dürften dieselben Probleme auftreten wie bei einer Anknüpfung an einzelne Sachthemen: Einerseits wird es schwer sein, zu bestimmen, bezüglich welcher Normen eine Gewerkschaft ausreichend mächtig sein soll, um einen gesetzesrechtsverdrängenden Tarifvertrag abzuschließen. Andererseits befriedigt die auf einzelne Fragestellungen beschränkte Verhandlungsmöglichkeit nicht. Probleme müssen durch den Ausgleich verschiedener Interessen auf verschiedenen Gebieten gelöst werden können. Eine Gewerkschaft kann keine ernsthaften Verhandlungen führen, wenn es ihr untersagt ist, Zugeständnisse zu machen und beispielsweise keine verschlechternde Arbeitsbedingungen gegen Beschäftigungsgarantien vereinbaren kann. An solchen Verhandlungen dürfte die Arbeitgeberseite kaum Interesse haben. Letztlich könnte die Gewerkschaft ihre Attraktivität so nicht steigern. Deshalb ist dieser Ansatz als Voraussetzung der relativen Tariffähigkeit abzulehnen.

3. Konkurrenzgewerkschaften

Des Weiteren könnte sich die Relativität auf die gewerkschaftliche Konkurrenz beziehen. Dementsprechend könnte eine Koalition nur dann als Gewerkschaft angesehen werden, wenn sie sich gegenüber konkurrierenden Gewerkschaften durchsetzen könnte. Die Relativität besteht hier darin, dass sich ein Verband mit seinen Vorstellungen gegenüber einer Gewerkschaft durchsetzen und einen Tarifvertrag vereinbaren kann, während sie im

---

[394] *Richardi* NZA 04, 1025 (1029); *Richardi* in FS Wissmann S. 159 (172).

[395] Zur europarechtlichen Beschränkung tarifdispositiven Rechts siehe S. 92.

Vergleich zu einer anderen Konkurrenzgewerkschaft das Nachsehen hat und bei Tarifverhandlungen nicht berücksichtigt wird.

Würde man allerdings die Mitgliedsgewerkschaften des Deutschen Gewerkschaftsbundes als Vergleichsmaßstab heranziehen, wäre es nahezu ausgeschlossen, dass sich in Deutschland weitere Gewerkschaften etablieren könnten. Es ist nicht absehbar, dass eine Gewerkschaft eines Tages sozial mächtiger sein könnte als die Industriegewerkschaft Metall, die Vereinte Dienstleistungsgewerkschaft oder die Industriegewerkschaft Bergbau-Chemie-Energie. Sie gehören trotz ihrer Mitgliederverluste der letzten Jahre immer noch zu den weltweit größten Gewerkschaften. Gemessen an deren Mitgliederzahl, Organisation und Tarifabschlüssen erscheinen alle anderen deutschen Gewerkschaften klein. Deshalb kann das Merkmal der Durchsetzungsfähigkeit nicht anhand der tatsächlichen Voraussetzungen bestimmt werden, welche die etablierten nationalen Gewerkschaften bereits verwirklichen konnten.[396]

So existiert unstrittig das Bedürfnis, die Stabilität des Tarifsystems zu gewährleisten und eine starke Interessenvertretung der Arbeitnehmerschaft zu garantieren. Allerdings gibt es nicht das Bedürfnis, nur einer sehr kleinen Gruppe von Gewerkschaften für alle Zeiten die Stabilität des Tarifsystems und die Vertretung der Arbeitnehmerinteressen anzuvertrauen. Es gilt auch dem Verlangen gerecht zu werden, nicht nur weitere Verbände ins Leben rufen zu können, sondern diesen Verbänden auch eine reelle Chance auf Teilhabe an dem Tarifsystem einzuräumen und eine andere Tarifpolitik anbieten zu lassen. So verlangt die Rechtsprechung von den Verbänden, deren Tariffähigkeit bestritten wird, nur unter Beweis zu stellen, dass sie in der Lage sind, in Tarifverhandlungen soziale Macht im Interesse ihrer Mitglieder auszuüben. Es muss kein Beweis dafür erbracht werden, dass mit den verbandseigenen Tarifabschlüssen Ergebnisse erzielt werden, die beispielsweise denjenigen der Industriegewerkschaft Metall ebenbürtig sind.

Für kleine Verbände darf es daher nicht darauf ankommen, ob für ihre Existenz neben den Gewerkschaften des Deutschen Gewerkschaftsbundes Bedarf besteht oder nicht. Das Freiheitsrecht gemäß Art. 9 Abs. 3 GG lässt für eine Bedürfnisprüfung keinen Raum.[397] Somit kommt eine Relativität gemessen an den konkurrierenden Gewerkschaften als Basis der relativen Tariffähigkeit nicht in Betracht.

---

[396] *Rieble* BB 04, 885 (886).

[397] *Buchner* ZfA 04, 229 (243); *Löwisch/Rieble* § 2 TVG Rn 44; *Rieble* in FS Wiedemann S. 519 (533); *Rieble* BB 04, 885 (886).

4. Soziale Gegenspieler

Als nächstes ist an eine Anknüpfung der relativen Tariffähigkeit an den konkreten sozialen Gegenspieler zu denken; denn gegenüber einem relativ schwachen sozialen Gegenspieler ist auch eine relativ schwache Arbeitnehmervereinigung relativ stark.[398] Ein Rekurs auf den Sozialpartner ist in zwei Varianten möglich: Zum einen stellt sich die Frage, ob eine Gewerkschaft, die gemäß § 2 Abs. 1 TVG mit einem einzelnen Arbeitgeber einen Firmentarifvertrag vereinbaren will, gegenüber diesem konkreten Arbeitgeber durchsetzungsfähig sein kann oder sein muss. Dies würde bedeuten, dass eine Gewerkschaft nur gegenüber denjenigen Arbeitgebern tariffähig wäre, in deren Unternehmen sie durchsetzungsfähig ist. Dieselbe Frage stellt sich zum anderen auch auf der Ebene des Flächentarifvertrages. Es muss geklärt werden, ob eine Gewerkschaft, die mit einem Arbeitgeberverband einen Flächentarifvertrag abschließen will, gegenüber diesem konkreten gegnerischen Arbeitgeberverband sozialer Mächtigkeit bedarf. Dagegen könnte es für die Vereinbarung eines Flächentarifvertrages auch genügen, wenn die Gewerkschaft grundsätzlich tariffähig ist, ihr gegenüber dem konkreten sozialen Gegenspieler aber mangels organisierter Mitglieder in diesem Bereich, fehlender einschlägiger vorangegangener Tarifabschlüsse und fehlender Betriebs- und Aufsichtsratsmandate in den angeschlossenen Unternehmen die Durchsetzungsfähigkeit fehlt. Somit ist zwischen der Durchsetzungskraft in der Fläche und derjenigen im einzelnen Unternehmen zu unterscheiden.[399]

a) Firmentarifvertrag

Die Anknüpfung an den einzelnen Arbeitgeber und konkreten sozialen Gegenspieler beim Abschluss eines Firmentarifvertrages ist grundsätzlich eine konsequente Weiterentwicklung des Gedankens der sozialen Mächtigkeit. Geht man davon aus, dass ein vernünftiger und sachgerechter Tarifvertrag nur dann zustande kommen kann, wenn beide Seiten gleich stark sind, müssen Gewerkschaften über eine Hausmacht verfügen, wenn sie den Hausherrn zum Abschluss eines Haustarifvertrages zwingen wollen.[400]

Für eine einzelfallbezogene Durchsetzungsfähigkeit gegenüber dem jeweiligen sozialen Gegenspieler spricht, dass dieser Ansatz dem demokratischen Grundverständnis der Gewerkschaften, das sich auf die Existenz ihrer

---

[398] LAG Stuttgart v. 1.10.2004, NZA-RR 05, 85 (90); nach *Henssler* S. 37 hängt die Durchsetzungskraft wesentlich von der Stärke des sozialen Gegenspielers ab; ablehnend dagegen *Kocher* DB 05, 2816 (2821).

[399] *Henssler* S. 37.

[400] *Feudner* BB 04, 2297 (2301); *Preis* § 90 II. 2. f); a.A. *Buchner* DB 04, 1042 (1044).

Mitglieder stützt, besser gerecht wird, weil hiernach für kein Unternehmen ein Tarifvertrag abgeschlossen werden könnte, in dem die Gewerkschaft keine Mitglieder hat.[401] Außerdem bietet diese Anknüpfungsmöglichkeit die Chance, dass Gewerkschaften die Tariffähigkeit erreichen könnten, denen dies bisher nach den Kriterien der Rechtsprechung unmöglich war. Den Gewerkschaften könnte dann nämlich wenigstens in den Unternehmen, in denen sie über eine Hausmacht verfügen, die Tariffähigkeit zugesprochen werden, während sie ihnen ansonsten versagt werden muss. Im Hinblick auf die hohen Schranken, die von der Rechtsprechung um die Ausübung des Freiheitsrechts des Art. 9 Abs. 3 GG gezogen wurden, wäre dies ein wünschenswerter Schritt.[402]

Bezieht man die Relativität auf den sozialen Gegenspieler eines Firmentarifvertrages läuft man hingegen Gefahr, dass mit Hilfe des Abschlusses von Firmentarifverträgen die Flächentarifverträge, die eine bessere Gewähr für ein stabiles, einheitliches und gerechteres Tarifsystem bieten, umgangen werden könnten, so dass den Arbeitgebern bei neuen Tarifrunden die Flucht aus den Flächentarifverträgen erleichtert und der Verfall des bisherigen Tarifsystems beschleunigt würde.[403] Neben diesem Argument werden in der Literatur weitere Argumente, wie zum Beispiel die negativen Auswirkungen auf die Rechtssicherheit oder die Unteilbarkeit der vergleichbaren Rechts- und Geschäftsfähigkeit, gegen die Figur der relativen Tariffähigkeit hinsichtlich des Abschlusses von Firmentarifverträgen vorgebracht.[404]

Das schlagende Argument gegen eine Relativierung der Durchsetzungsfähigkeit auf Unternehmensebene ist aber das Risiko der organisatorischen Veränderung der Arbeitgeberseite. Mit einer Unternehmensumstrukturierung durch eine Verschmelzung gemäß § 2 UmwG oder einen Betriebsübergang nach § 613a BGB und einer damit einhergehenden Vergrößerung des Unternehmens wächst gleichzeitig die Macht der Arbeitgeberseite, während sich diejenige der Arbeitnehmerseite vermindert, wenn sie in den eingegliederten neuen Betrieben nicht hinreichend repräsentiert ist. Mithin könnte die Arbeitgeberseite einer Gewerkschaft durch eine organisatorische Ver-

---

[401] LAG Hamburg v. 13.12.2995, AZ <8 TaBV 8/95> S. 12 f. (nicht veröffentlicht).

[402] Ähnliche Argumentation aber mit gegenteiligem Ergebnis: *Benecke* SAE 98, 60 (65); *Kissel* § 9 Rn 34; *Preis* § 90 II. 2. f).

[403] LAG Hamburg v. 13.12.1995, AZ <8 TaBV 8/95> S. 13 f. (nicht veröffentlicht); allg. zur Krise des Flächentarifertrages und den damit einhergehende Gefahren vgl. *Franzen* RdA 01, 1 (1) mit zahlreichen weiteren Nennungen.

[404] Vgl. statt aller BAG v. 28.3.2006, AP Nr. 4 zu § 2 TVG Tariffähigkeit; *Benecke* SAE 98, 60 (65); *Kissel* § 9 Rn 34; *Oetker* Anm. zu BAG AP Nr. 4 zu § 97 ArbGG unter III.; *Preis* § 90 II. 2. f); ausführlich dazu S. 174 ff. & S. 189 ff.

änderung die Tariffähigkeit nehmen.[405] Daher könnte die Tariffähigkeit nur für eine konkrete historische Momentaufnahme festgestellt werden.[406] Das Ergebnis wäre, dass die Tariffähigkeit durch die Hintertür den Verlust der Gegnerunabhängigkeit anordnen würde, den man durch die Kriterien der Unabhängigkeit von Staat, Partei und Kirche, vom Gegenspieler und der Überbetrieblichkeit unter allen Umständen verhindern will, weil die Tariffähigkeit der Gewerkschaft dann von der Stärke des Sozialpartners abhinge.

Dem könnte indessen dadurch begegnet werden, dass man die relative und partielle Durchsetzungsfähigkeit kumulativ neben der absoluten und universellen Durchsetzungsfähigkeit fordert. So könnte eine organisatorische Veränderung der Gegenseite nicht mehr zum Verlust der Tariffähigkeit führen, da die relative Tariffähigkeit dann nur zusätzlich neben die absolute Tariffähigkeit tritt. Verlangt man das Erfordernis der relativen Tariffähigkeit dagegen nur anstatt der absoluten Tariffähigkeit, wäre allein eine Übertragung des Mächtigkeitserfordernisses auf die betriebliche Ebene vorzunehmen. Gewerkschaften müssten dann ausschließlich eine firmenbezogene Mächtigkeit vorweisen. Dann bliebe aber die Gefahr bestehen, dass der soziale Gegenspieler durch organisatorische Änderungen den Verlust der Tariffähigkeit herbeiführen könnte, was ungewollt zur Gegnerabhängigkeit führen würde. Somit scheidet die Möglichkeit aus, die Relativität nur anstelle der absoluten Durchsetzungsfähigkeit zu fordern.

Fraglich ist daher, ob das kumulative Erfordernis mit der Grundidee der relativen Tariffähigkeit in Einklang steht. Die Durchsetzungsfähigkeit müsste dann zweifach vorliegen. So würde eine zusätzliche Voraussetzung der Tariffähigkeit gebildet.[407] Eine derart ausgeweitete Durchsetzungskraft als Erfordernis der Tariffähigkeit müsste dann noch eine verfassungsgemäße Ausgestaltung der Tarifautonomie im Sinne von Art. 9 Abs. 3 GG darstellen.[408] Durch ein neues Kriterium würden die mit der Mächtigkeitslehre ohnehin verbundenen Probleme noch vervielfacht. Die Kumulativität würde auf diese Weise die Betätigungsmöglichkeiten kleinerer Verbände noch stärker einschränken, anstatt sie zu erweitern.[409] Sinn und Zweck der Idee der relativen Tariffähigkeit ist es aber gerade eine Vereinfachung herbeizuführen, um der Koalitionsfreiheit kleiner Arbeitnehmerzusammenschlüsse besser gerecht zu werden und eine Gewerkschaftsvielfalt tatsächlich zu ermöglichen.

---

[405] *Löwisch/Rieble* § 2 TVG Rn 43; *Rieble* in FS Wiedemann S. 519 (532 f.).

[406] *Kocher* DB 05, 2816 (2821).

[407] *Benecke* SAE 98, 60 (65).

[408] *Preis* § 90 II. 2. f).

[409] *Benecke* SAE 98, 60 (65 f.).

Deshalb ist die Forderung nach einer kumulativen Anwendung abzulehnen. Mithin ist die Figur der relativen Tariffähigkeit dahingehend abzulehnen, dass eine Gewerkschaft, die mit einem einzelnen Arbeitgeber einen Firmentarifvertrag vereinbaren will, gegenüber diesem konkreten Arbeitgeber durchsetzungsfähig sein muss.

b) Flächentarifvertrag

Beim Abschluss eines Flächentarifvertrages existiert dieses Problem nicht. Eine derart massive Verschiebung der Machtverhältnisse durch eine organisatorische Veränderung eines Arbeitgeberverbandes, dass die Durchsetzungsfähigkeit der Gewerkschaft gefährdet und der Verlust der Gegnerunabhängigkeit zu befürchten ist, käme wohl nur in dem seltenen Fall eines Zusammenschlusses von Arbeitgeberverbänden in Betracht. Einem solchen Zusammenschluss würde allerdings eine langwierige öffentliche Diskussion vorangehen. Der zeitliche Rahmen würde es einer betroffenen Gewerkschaft ermöglichen, Vorkehrungen zum Schutz der eigenen Tariffähigkeit zu treffen, indem sie sich beispielsweise selbst mit einer anderen Organisation verbindet oder neue Mitglieder wirbt. Insofern ist grundsätzlich denkbar, dass eine Gewerkschaft, die mit einem Arbeitgeberverband einen Flächentarifvertrag abschließen will, nur gegenüber diesem konkreten gegnerischen Arbeitgeberverband sozialer Mächtigkeit bedarf. Fraglich bleibt dabei, ob sich die relative Tariffähigkeit hinsichtlich des Abschlusses eines Flächentarifvertrages des weiteren in Bezug auf die Region, in welcher der Tarifvertrag Anwendung finden soll, oder in Bezug auf die Branche, für die der Tarifvertrag Geltung erlangen soll, beziehen muss.

5. Einzelne Region

Es ist denkbar, dass die Frage nach der Mächtigkeit regional unterschiedlich beantwortet werden muss.[410] Es ist möglich, dass eine Gewerkschaft nur an der norddeutschen Küste über hohe Mitgliederzahlen und ausreichende Verbandsstrukturen verfügt, während sich ihr in der restlichen Republik keine Arbeitnehmer anschließen, obwohl ihre Satzung das gesamte Bundesgebiet als Zuständigkeitsbereich erklärt.

Folgt man dem absoluten Verständnis der Tariffähigkeit wäre dieser fiktiven Gewerkschaft losgelöst von der regionalen Verteilung der Mitglieder die Tariffähigkeit für das gesamte Bundesgebiet pauschal ab- oder zuzusprechen. Nach der jüngsten Rechtsprechung des Bundesarbeitsgerichts werde den Anforderungen an die Tariffähigkeit bereits genüge getan, wenn die

---

[410] *Dütz* DB 96, 2385 (2389); *Löwisch/Rieble* § 2 TVG Rn 40 f.; *Rieble* BB 04, 885 (887 f.); *Schüren/Riederer von Paar* AuR 04, 241 (242); a.A. *Buchner* DB 04, 1042 (1044).

Arbeitnehmervereinigung Druckausübungskraft und organisatorische Leistungsfähigkeit in einem zumindest nicht unerheblichen Bereich des beanspruchten Zuständigkeitsbereiches besitzt. Das Bundesarbeitsgericht führt hierzu aus, dass es einerseits nicht immer angemessen sei, die Tariffähigkeit insgesamt zu versagen, wenn die soziale Mächtigkeit nur in einem Bereich fehle. Andererseits könne die Durchsetzungsfähigkeit in irgendeinem Teilbereich nicht stets die Tariffähigkeit für den Gesamtbereich begründen.[411]

Folgt man der relativen Tariffähigkeit, wäre ein solcher Arbeitnehmerverband dagegen allein in der Küstenregion tariffähig, während ihm gleichzeitig im restlichen Staatsgebiet die Tariffähigkeit fehlen würde. So hat das Hessische Landesarbeitsgericht in einem frühen Beschluss klargestellt, dass eine Gewerkschaft im Saarland über die notwendige Mächtigkeit verfügen kann, während sie ihr in Hessen fehlt.[412] Mithin scheint ein ausschließlicher Bezug der Tariffähigkeit für das ganze Bundesgebiet nicht notwendig zu sein.

Besonders deutlich wird dies, wenn man sich vor Augen führt, dass sich das satzungsgemäße Einzugsgebiet einer Gewerkschaft zukünftig über die Grenzen der Bundesrepublik hinaus erstrecken könnte. Zwar existieren neben den europäischen Dachorganisationen der nationalen Sozialpartner bisher keine Gewerkschaften oder Arbeitgeberverbände mit grenzüberschreitenden Mitgliederstrukturen, jedoch erscheint diese Vorstellung nicht undenkbar.[413] Im Zuge einer immer weiter voranschreitenden Angleichung der Rechtsverhältnisse innerhalb der Europäischen Union scheint es nicht unwahrscheinlich zu sein, dass sich Gewerkschaften über die Landesgrenzen hinweg beispielsweise für die so genannten EUREGIOS etablieren, um die Arbeitsverhältnisse der Angestellten länderübergreifend zu regeln und in den beteiligten Ländern zu vereinheitlichen. Obwohl gerade auf Seiten der Arbeitgeber naturgemäß große Bedenken gegen eine Fortentwicklung einer europäisierten Tarifpolitik bestehen, ist letztlich nicht einzusehen, warum Arbeitnehmer in Aachen, Maastricht und Lüttich oder im Elsass und Südbaden nicht unter einheitlichen Tarifbedingungen arbeiten sollten. In diesem Sinne sind nicht nur wörtlich übereinstimmende Tarifverträge, die dem jeweiligen nationalen Recht unterliegen und sich deshalb in ihrer Wirkung unterscheiden, sondern auch einheitliche Tarifverträge, die nur einer Rechtsordnung unterliegen, denkbar.[414] Ebenso ist es denkbar, dass sich Gewerk-

---

[411] BAG v. 28.3.2006, AP Nr. 4 zu § 2 TVG Tariffähigkeit.

[412] LAG Frankfurt v. 19.10.1962, DB 64, 702.

[413] Vgl. auch *Schwarze* EAS B 8100 Rn 5, 18.

[414] Vgl. dazu Däubler/*Däubler* Einleitung TVG Rn 664; MüArbR/*Löwisch/Rieble* § 254 Rn 16; kritisch *Wissmann* RdA 99, 152 (157) der davon ausgeht, dass die Vorstellungen von der Funktion der Tarifverträge und deren rechtlicher Wirkung zu verschieden seien und die

schaften verbinden und eine Drohkulisse aufbauen, um den Abschluss eines Haustarifs für ein gemeinschaftsweit oder sogar global agierendes Unternehmen zu erkämpfen.[415] Würde das Kriterium der sozialen Mächtigkeit in seiner bisherigen Ausprägung strikt angewandt, wäre aber auch in absehbarer Zukunft kein grenzüberschreitender Tarifvertrag möglich, da wohl weder eine deutsche Gewerkschaft im Ausland, noch eine ausländische Gewerkschaft im Inland landesweite Durchsetzungsfähigkeit erlangen wird, während dies allein für eine EUREGIO durchaus im Bereich des möglichen liegt. Dann wäre nur schwer erklärbar, warum beispielsweise eine gestandene belgische Gewerkschaft bei ausreichender Mitgliederzahl im Aachener Raum dort keine Tarifverträge vereinbaren können sollte.

Auch das Bundesarbeitsgericht, das die Figur der partiellen Tariffähigkeit ablehnt, zieht bei einer Flächengewerkschaft eine differenzierte Betrachtung nach Landesverbänden möglicherweise in Betracht.[416] Ebenso stellt das Landesarbeitsgericht Baden-Württemberg, welches die Idee einer relativen Tariffähigkeit zunächst mit einer ausführlichen Begründung ablehnt, bei der Prüfung der Tariffähigkeit der Christlichen Gewerkschaft Metall nur auf Tarifverträge ab, welche die Christliche Gewerkschaft nur in Süd- bzw. in Südostdeutschland abgeschlossen hat, ohne zu verdeutlichen, warum es trotzdem die bundesweite Tariffähigkeit dieser Gewerkschaft bejaht.[417] Letztlich geht daher auch das Landesarbeitsgericht Baden-Württemberg, obwohl es die Figur der relativen Tariffähigkeit zunächst explizit ablehnt, von einer rein regionalen Betrachtung der Durchsetzungsfähigkeit aus.

Im Ergebnis ist dies auch sachgerecht, da hier im Gegensatz zu dem Anknüpfungspunkt an den sozialen Gegenspieler keine Bedenken bestehen, die Relativität nur anstatt der absoluten Tariffähigkeit zu fordern. Für ein kumulatives Erfordernis in dem Sinne, dass eine Gewerkschaft sowohl in einer Region, als auch im gesamten Bundesgebiet sozial mächtig sein muss, besteht hier kein Bedürfnis, weil von dem Anknüpfungspunkt der Region nicht die Gefahr ausgeht, dass sie durch eigene organisatorische Veränderungen der Gewerkschaft die Tariffähigkeit nehmen könnte. Die Unabhängigkeit der Arbeitnehmerseite könnte nicht durch Aktionen des Gegenspielers beeinträchtigt werden, so dass die betroffene Gewerkschaft das

---

einzelnen Verbandsinteressen von zu unterschiedlichen Rahmenbedingungen bei der Festlegung von Löhnen, Arbeitszeit und anderen Arbeitsbedingungen geprägt würden.

415 Schon die Gewerkschaft ÖTV schloss mit den ausländischen Gesellschaften Pan American und British Airways Tarifverträge ab. Vgl. dazu Däubler/*Däubler* Einleitung TVG Rn 662. Nunmehr rücken die europaweiten Reaktionen der Gewerkschaften auf die Sanierungspläne bei Airbus in den Mittelpunkt des Interesses.

416 BAG v. 28.3.2006, AP Nr. 4 zu § 2 TVG Tariffähigkeit.

417 LAG Stuttgart NZA-RR 05, 85 (90); dies bemängelt auch *Bayreuther* BB 05, 2633 (2638).

Mächtigkeitserfordernis nur für eine bestimmte Region erfüllen müsste. Insofern würde kein neues Kriterium kreiert und kein neues Problem geschaffen. Folglich kommt die Region als Grundlage für die relative Tariffähigkeit in Betracht.

6. Einzelne Branche

Desgleichen ist es denkbar, dass die Frage nach der Mächtigkeit je nach Wirtschaftszweig, für den eine tarifliche Regelung getroffen werden soll, unterschiedlich beantwortet werden muss. Es ist möglich, dass in einer Gewerkschaft fast alle Abfallwerker organisiert sind, während sie von allen anderen Angestelltengruppen des öffentlichen Dienstes gemieden wird, obwohl sie laut Satzung auch für diese zuständig wäre.

Folgt man dem absoluten Verständnis der Tariffähigkeit wäre dieser Gewerkschaft die Tariffähigkeit mit denselben Argumenten, die gegen eine regionale Tariffähigkeit von der jüngsten höchstrichterlichen Rechtsprechung herangezogen werden, pauschal ab- oder zuzusprechen. Folgt man der relativen Tariffähigkeit, wäre dieser Verband berechtigt, Tarifverträge für die Abfallwirtschaft abzuschließen. Dagegen wäre es ihm verwehrt, in den sonstigen Sparten des öffentlichen Dienstes als tarifschließende Gewerkschaft zu agieren. Bezieht man die Relativität auf den jeweiligen Wirtschaftszweig wäre die Konsequenz, dass einer Gewerkschaft, der es an einer größeren Zahl von Mitgliedern in einzelnen Branchen mangelt, die Tariffähigkeit nur für diese Branchen verliert, während sie ihr für andere Bereiche weiterhin zuzusprechen ist.[418]

Dabei ist die Ausgangslage für traditionelle und neu gegründete Gewerkschaften gleich: Zum Erlangen der Tariffähigkeit müssen alle Organisationen „bei Null anfangen" und ihre soziale Mächtigkeit innerhalb der Branche erst unter Beweis stellen. Dies ist eine konsequente Fortentwicklung der Mächtigkeitslehre und bietet einen Ansatz, der zu einem gerechten Ergebnis führt. Weshalb man den etablierten Gewerkschaften Privilegien einräumen und ihnen den Beweis ihrer Durchsetzungsfähigkeit in einzelnen Wirtschaftssektoren erlassen sollte, ist nicht ersichtlich.

Für die separate Betrachtung der einzelnen Wirtschaftssektoren spricht auch, dass die Anforderungen an die Tariffähigkeit von Branche zu Branche unterschiedlich ausfallen können. So spielen begünstigende oder benachteiligende Umstände der Verhandlungssituation und die branchenspezifische

---

[418] *Feudner* BB 04, 2297 (2301); *Löwisch/Rieble* § 2 TVG Rn 45; *Rieble* in FS Wiedemann S. 519 (533); *Rieble* BB 04, 885 (887 f.); *Schüren/Riederer von Paar* AuR 04, 241 (242); a.A. *Buchner* DB 04, 1042 (1044).

Art und Weise der Tarifauseinandersetzungen eine gewichtige Rolle.[419] Während in einer Branche harte und langwierige Arbeitskämpfe üblich sind, können sie in einem anderen Wirtschaftszweig undenkbar sein. Dies muss bei der Bestimmung der Tariffähigkeit berücksichtigt werden.

Wie die bereits oben dargestellte Diskussion um § 3 Abs. 1 Nr. 3 Satz 2 AÜG gezeigt hat, ist es darüber hinaus ebenso denkbar, dass gesetzliche Rahmenbedingungen mangelnde gewerkschaftliche Organisation kompensieren können.[420] So können Gewerkschaften der Leiharbeitsbranche den Gegenspielern mit dem gesetzlichen Gleichbehandlungsgrundsatz drohen und müssen sich nicht zu arbeitgeberfreundlichen Tarifabschlüssen hinreißen lassen. Insofern kann es einer Gewerkschaft leichter fallen, erst in der Zeitarbeitsbranche Fuß zu fassen und allmählich mit dem Übertritt ihrer Mitglieder in feste Arbeitsverhältnisse ebenfalls in den ausleihenden Branchen an Einfluss zu gewinnen.

Auch hier betont das Landesarbeitsgericht Baden-Württemberg, obwohl es die Idee einer relativen Tariffähigkeit ausdrücklich ablehnt, dass im Bereich des Handwerks, für den die Christliche Gewerkschaft Metall eine Vielzahl von Tarifverträgen abgeschlossen hat, folgende Besonderheit nicht außer Acht gelassen werden darf: Die Innungen und die Arbeitgeberverbände im Bereich des Handwerks seien selbst nur relativ mächtig. Sie könnten sowohl in finanzieller, als auch in organisatorischer Hinsicht nicht mit einem Arbeitgeberverband der Industrie verglichen werden. Schon die Mitgliedsunternehmen wiesen als kleine Unternehmen nicht die Finanzkraft eines Industrieunternehmens auf. Dieser Umstand relativiere die Anforderungen, die an die Durchsetzungsfähigkeit einer Arbeitnehmervereinigung gestellt werden dürften. Demnach könne im Bereich des Handwerks, wo die Arbeitgeberseite relativ schwach sei, eine kleinere Gewerkschaft durchsetzungsfähig sein.[421] Folglich geht im Ergebnis auch das Landesarbeitsgericht Baden-Württemberg nicht nur von einer regionalen, sondern auch von einer branchenbezogenen Betrachtung der Durchsetzungsfähigkeit aus.

Insgesamt bestehen bei einer Anknüpfung an einzelne Wirtschaftssektoren keine Bedenken gegen die relative Tariffähigkeit. Für ein kumulatives Erfordernis besteht – wie bei dem Anknüpfungspunkt der Region – kein Bedürfnis. Ganz im Gegenteil würde man den Kritikern der Mächtigkeitslehre entgegenkommen und die Anforderungen der Durchsetzungsfähigkeit entschärfen, da die Mächtigkeit nur noch bezüglich eines einzelnen Sektors vorliegen müsste.

---

[419] HWK/*Henssler* § 2 TVG Rn 18a; *Henssler* S. 37.

[420] Zum Problemkreis des Arbeitnehmerüberlassungsgesetzes siehe S. 92 ff.

[421] LAG Stuttgart NZA-RR 05, 85 (90).

7. Fazit

Als Grundlage der relativen Tariffähigkeit kommen somit nur zwei Bezugspunkte in Betracht: Das Anknüpfen an die Region oder an die Branche, für die der Flächentarifvertrag jeweils Geltung erlangen soll.

II. Kriterien zur Bestimmung der relativen Tariffähigkeit

Soll die Tariffähigkeit nur in Bezug auf Wirtschaftszweig und Region bestimmt werden, stellt sich die Frage, ob die Kriterien der Durchsetzungsfähigkeit – Mitgliederzahl und Eingreifen in Tarifverhandlungen –, der organisatorischen Leistungsfähigkeit und der Anzahl gewonnener Betriebs- und Aufsichtsratsmandate, die auch bisher von Rechtsprechung und Lehre für die Bestimmung der sozialen Mächtigkeit und der absoluten Tariffähigkeit herangezogen werden, auch für die relative Tariffähigkeit fruchtbar gemacht werden können.

1. Arbeitskampfbereitschaft

Das Kriterium der Arbeitskampfbereitschaft spricht grundsätzlich für die relative Tariffähigkeit. Ein Arbeitskampf darf immer nur zur Durchsetzung eines bestimmten Tarifvertrages geführt werden. Deshalb wird mit dem beabsichtigten Tarifvertrag zugleich der personelle, gegenständliche und räumliche Geltungsbereich des Arbeitskampfes abgesteckt. Unterstützende Streiks anderer räumlich, gegenständlich oder persönlich nicht betroffener Arbeitnehmergruppen sind als Sympathiearbeitskämpfe grundsätzlich rechtswidrig.[422] Folglich ist für die Beurteilung der Rechtmäßigkeit eines Arbeitskampfes immer nur auf den Geltungsbereich des späteren Tarifvertrages und dem damit korrelierenden Arbeitskampfgebiet abzustellen. Mithin ist das Merkmal der Arbeitskampfbereitschaft immer relativ zu verstehen.[423]

Wenn die Rechtmäßigkeit eines Streiks aber immer nur im Bereich des angestrebten Tarifvertrages überprüft werden kann, da Sympathiearbeitskämpfe per se unzulässig sind, ist es verfehlt eine bundesweite Durchsetzungsfähigkeit als Rechtmäßigkeitsvoraussetzung des Arbeitskampfes zu

---

[422] BAG v. 5.3.1985, AP Nr. 85 zu Art. 9 GG Arbeitskampf; BAG v. 12.1.88, AP Nr. 90 zu Art. 9 GG Arbeitskampf; LAG Hamm v. 6.11.92, LAGE Nr. 50 zu Art. 9 GG Arbeitskampf; *Brox/Rüthers/Schlüter/Jülicher* Rn 142 ff. und 204; *Dütz* DB 96, 2385 (2389); *Gamillscheg* § 24 II. 3. a); *Kissel* § 24 II.; *Lieb* ZfA 82, 113 (132 ff.); MüArbR/*Otto* § 286 Rn 42 ff.; *Preis* § 114 II.; *Zöllner/Loritz* § 40 XI.

[423] Vgl. *Dütz* DB 96, 2385 (2389 f.); *Kocher* DB 05, 2816 (2820).

verlangen. Im Sinne des Arbeitskampfrechts muss die Gewerkschaft nur dort durchsetzungsfähig sein, wo sie einen Arbeitskampf führen will. Daher müsste sie nur für die Gebiete, in denen sie einen Arbeitskampf führen will, ihre Arbeitskampfbereitschaft darlegen und unter Beweis stellen.

Dennoch kann die Parallele des Arbeitskampfrechts nur begrenzt zur Bestimmung der partiellen Tariffähigkeit herangezogen werden, da die Arbeitskampfbereitschaft nach der Rechtsprechung gerade kein Kriterium sozialer Macht sein kann.[424]

2. Durchsetzungsfähigkeit

a) Mitgliederzahl

Das Kriterium der Mitgliederzahl kann bei einer relativen Anschauung uneingeschränkt weiter zur Bewertung der sozialen Mächtigkeit eines Verbandes herangezogen werden. Im Ergebnis macht es keinen Unterschied zur Vorgehensweise des Bundesarbeitsgerichts, wenn lediglich die Gesamtmitgliederzahl und der Organisationsgrad sowie die Anzahl der Schlüsselkräfte einer Region oder eines Wirtschaftszweiges berücksichtigt werden.

Als unterste Grenze der Größe der Region, deren Gewerkschaftler für die Bestimmung der relativen Tariffähigkeit berücksichtigt werden, fungieren die weiteren Kriterien – insbesondere die Überbetrieblichkeit sowie die Unabhängigkeit vom Gegenspieler und von Dritten – der Tariffähigkeit. Es ist nicht geboten, in Anlehnung an das Europarecht genügend Mitglieder wenigstens in zwei Bundesländern oder Landesverbänden zu verlangen, da im nationalen Recht keine dem Gemeinschaftsrecht vergleichbare grenzüberschreitende Maxime besteht. Selbst für das Postulat der Durchsetzungsfähigkeit dank ausreichender Mitglieder in einem Bundesland oder eines Landesverbandes einer Flächengewerkschaft, wie es in der zustimmenden Entscheidung des Hessischen Landesarbeitsgerichts bzw. in dem jüngsten ablehnenden Beschluss der Bundesarbeitsgericht angedeutet wurde,[425] besteht keine Notwendigkeit. Ebenso könnten grundsätzlich lediglich die Gewerkschaftsmitglieder eines Regierungsbezirkes, eines Kreises oder gar einer einzelnen Kommune in die Betrachtung einfließen, so lange die Kriterien der Überbetrieblichkeit und der Unabhängigkeit gewahrt werden.

Gleiches gilt für die Anknüpfung an eine Branche. Auch hier ist von der kleinsten denkbaren Einheit der zu berücksichtigenden Arbeitnehmer auszugehen. Um der Überbetrieblichkeit gerecht zu werden, ist eine relative

---

[424] So zu Recht *Kocher* DB 05, 2816 (2820); zum Kriterium der Arbeitskampfbereitschaft siehe auch S. 41 ff.

[425] LAG Frankfurt DB 64, 702 (702); BAG v. 28.3.2006, AP Nr. 4 zu § 2 TVG Tariffähigkeit.

Mächtigkeit bezogen auf einen Sektor ausschließlich in dem seltenen Fall abzulehnen, in dem nur ein einziger Arbeitgeber in dieser Branche agiert.[426]

b) Eingreifen in Tarifverhandlungen

Auch in Tarifverhandlungen kann eine Gewerkschaft ausschließlich in einzelnen Regionen oder Wirtschaftssektoren eingegriffen haben. Es ist nicht ersichtlich, warum es ausschließlich Berufsgewerkschaften vorbehalten sein soll, für einzelne Berufsgruppen Tarifverträge zu vereinbaren. Wenn eine Textilgewerkschaft ihre meisten Mitglieder in Handwerksbetrieben zählt und sie überwiegend Tarifverträge mit den Weber-, Kürschner-, Schumacher- oder Schneiderinnungen abschließt, ließe sich auch das Merkmal der vergangenen Tarifabschlüsse relativ auf den Sektor des textilverarbeitenden Handwerks beschränken. Gleiches gilt für einen Verband der zwar laut Satzung bundesweit organisiert ist, bisher aber nur Tarifverträge mit dem Arbeitgeberverband Ostmetall abschließen konnte.[427]

3. Organisatorische Leistungsfähigkeit

Ebenso ist es möglich, die organisatorische Leistungsfähigkeit eines Verbandes ausschließlich regional oder sektoral begrenzt auszuwerten. Wenn ein Verband nur in Nordrhein-Westfalen über eine hinreichende Zahl von Gewerkschaftssekretären, weiteren haupt- und ehrenamtlichen Mitarbeitern, Tarifkommissionen, Geschäftsstellen, Publikationen, *etc. pp.* verfügt, obwohl sich laut Satzung der Zuständigkeitsbereich auf die gesamte Bundesrepublik erstreckt, wäre ihm Tariffähigkeit nur in Nordrhein-Westfalen zuzusprechen. Ob er darüber hinaus noch Strukturen in anderen Regionen aufweist, spielt für die Bestimmung der partiellen Tariffähigkeit keine Rolle.

Eine imaginäre Gewerkschaft der Seeleute, die nur über leistungsfähige Einrichtungen an Binnenhäfen verfügt, wäre nur für den Wirtschaftszweig der Binnenschifffahrt tariffähig, während ihr mangels organisatorischer Leistungsfähigkeit die Tariffähigkeit im Bereich der Seeschifffahrt fehlen würde.

Daher steht das Kriterium der organisatorischen Leistungsfähigkeit der geteilten Bewertung der Durchsetzungsfähigkeit nicht entgegen, obwohl sich

---

[426] Zum Kriterium der Mitgliederzahl siehe auch S. 44 ff.

[427] A.A. *Kocher* DB 05, 2816 (2820); laut *Benecke* SAE 98, 60 (66) sind Verbandstarifverträge kein zulässiges Kriterium zur Feststellung unternehmensbezogener Mächtigkeit; zum Eingreifen in Tarifverhandlungen siehe auch S. 48 ff.

einige Gesichtspunkte wie zum Beispiel finanzielle Ausstattung oder eine Internetpräsenz kaum allein sektoral oder regional bewerten lassen.[428]

4. Anzahl gewonnener Betriebs- und Aufsichtsratsmandate

Schließlich kann es einem Verband ausschließlich in gewissen Gegenden oder Branchen gelingen, Betriebs- oder Aufsichtsratsmandate zu gewinnen. Obwohl die Rechtsprechung die Anzahl gewonnener Betriebs- und Aufsichtsratsmandate bisher nicht als Indiz für die soziale Mächtigkeit eines Verbandes heranzieht, spiegelt es auch die Autorität eines Verbandes gegenüber der Arbeitnehmerschaft wider, sei es regional-sektoral beschränkt oder bundesweit, wenn er viele Betriebs- und Aufsichtsratsmandate gewinnt.[429]

5. Zwischenergebnis

Somit ist festzustellen, dass nichts an einer rein regionalen oder sektoralen Anwendung der Kriterien, mit deren Hilfe auch bislang die soziale Kompetenz eines Verbandes bestimmt wird, auszusetzen ist. Dabei ist auch eine Kombination dieser beiden Punkte möglich. Es kann nicht nur eine sektoral auf die Messerfabrikation beschränkte Gewerkschaft oder einen nur regional in Solingen vertretenen Verband geben, sondern auch eine Gewerkschaft, die ausschließlich Arbeitnehmer der Solinger Messerindustrie repräsentiert. Die tarifschließende Koalition muss demnach ihre Durchsetzungsfähigkeit nur in dem sachlichen und/oder räumlichen Bereich des betreffenden Tarifvertrages nachweisen. Umgekehrt bleibt es jeder Gewerkschaft weiterhin unbenommen, in einer Vielzahl von Regionen und Branchen zu agieren, wenn sie diesbezüglich ihre Durchsetzungsfähigkeit unter Beweis stellen kann. Die konkreten räumlichen Grenzen, innerhalb derer Tariffähigkeit besteht, wären im jeweiligen Gerichtsverfahren zu bestimmen.

III. Konsequenzen der relativen Tariffähigkeit

Nachdem die regionale und sektorale Bewertung der sozialen Mächtigkeit als Ausgangspunkt der relativen Tariffähigkeit definiert wurde, ist anhand der juristischen Methodenlehre die Kompatibilität der Rechtsfolge der relativen Tariffähigkeit mit der Rechtsordnung zu prüfen.

---

[428] Insgesamt kritisch *Kocher* DB 05, 2816 (2822); zur Unmöglichkeit der Beschränkung des Kriteriums der organisatorischen Leistungsfähigkeit auf einzelne Unternehmen und den Abschluss von Firmentarifverträgen siehe *Benecke* SAE 98, 60 (66); zur organisatorischen Leistungsfähigkeit siehe auch S. 51 ff.

[429] Zum Kriterium gewonnener Betriebs- und Aufsichtsratsmandate siehe auch S. 53 f.

1. Grammatikalische Auslegung

Der Wortlaut von § 2 Abs. 1 TVG bietet keine Anhaltspunkte für oder wider der Annahme einer partiellen Tariffähigkeit.[430] Dies ist nicht verwunderlich, da § 2 Abs. 1 TVG auch keinerlei Anhaltspunkte für die Notwendigkeit der sozialen Mächtigkeit in ihrem bisherigen Verständnis enthält. § 2 Abs. 1 TVG listet lediglich die Personen und Personenzusammenschlüsse auf, die berechtigt sind, einen Tarifvertrag abzuschließen. Welche Erfordernisse ein Arbeitnehmerverband erfüllen muss, um eine tariffähige Gewerkschaft darzustellen, nennt § 2 Abs. 1 TVG hingegen nicht.

Welche Koalition den Status einer tariffähigen Gewerkschaft erreicht, hat die Rechtsprechung in Ermangelung einer gesetzlichen Definition in jahrzehntelanger Rechtsauslegung und -fortbildung herausgearbeitet. Am vorläufigen Ende der Entscheidungskette steht der einleitend dargestellte Kriterienkatalog.[431] Teil dieses Kriterienkataloges ist das bisher vorherrschende Verständnis einer allumfassenden sozialen Mächtigkeit, die zur Annahme der absoluten und unteilbaren Tariffähigkeit führt. Der Wortlaut des § 2 Abs. 1 TVG verlangt im Gegensatz zur Mächtigkeitslehre jedoch keine Durchsetzungsfähigkeit. Das Erfordernis der Durchsetzungsfähigkeit wurde allein im Wege der Gesetzesauslegung als Voraussetzung zur Erlangung der Tariffähigkeit aufgestellt, um die Stabilität und Praktikabilität des Tarifsystems ebenso zu garantieren, wie eine starke gewerkschaftliche Vertretung der Arbeitnehmerinteressen.

Mithin lässt sich dem Wortlaut von § 2 Abs. 1 TVG auch nicht entnehmen, ob die Tariffähigkeit regional beschränkt oder bundesweit, ob sie für alle oder nur für eine Branche gegeben sein muss. Wenn zur „Wurzel des Problems“ – der allumfassenden sozialen Mächtigkeit mit dem Resultat der absoluten Tariffähigkeit – geschwiegen wird, wird sich zu seiner „Frucht“ – der zu Branche oder Region in Beziehung stehenden sozialen Mächtigkeit mit der daraus resultierenden partiellen Tariffähigkeit – erst recht kein Anhaltspunkt finden. Folglich ist die grammatikalische Auslegung ergebnisneutral und gibt keinen Aufschluss über den notwendigen Grad der Tariffähigkeit.

2. Historische Auslegung

Nach der unergiebigen Auslegung des Wortlauts von § 2 Abs. 1 TVG ist die historische Entwicklung der Tariffähigkeit zu besprechen und auf Anhalts-

---

[430] Vgl. *Schleef/Oetker* S. 78 & *Doerlich* § 14 I. 1., die im Folgenden aber zu dem gegenteiligen Ergebnis gelangen.

[431] Siehe S. 31 ff.

punkte zu Gunsten eines relativen Verständnisses der Tariffähigkeit zu untersuchen.

a) Entstehungsgeschichte Tarifvertragsgesetz

Die Tarifvertragsordnung der Weimarer Republik erwähnte die Tariffähigkeit mit keiner Silbe. Im Gegensatz dazu beinhalteten aber weitere Gesetzesentwürfe der Weimarer Zeit den Begriff der Tariffähigkeit. Inhalt von § 5 Abs. 1 des Referentenentwurfs von 1931 war sogar eine umfassende Definition einer tariffähigen Vereinigung von Arbeitgebern und Arbeitnehmern.[432] Nach dem Untergang des nationalsozialistischen Regimes hieß es im so genannte Lemgoer Entwurf der britischen Zone zum TVG unter § 1 Abs. 1 lapidar:

§ 1 Tariffähigkeit.
(1) Tariffähig sind Gewerkschaften, Arbeitgeberverbände und Arbeitgeber.

Die Begründung führt dazu aus, dass der Begriff der Tariffähigkeit der früheren Gesetzessprache fremd war, sich aber seit langem in Wissenschaft und Praxis eingebürgert hatte und deshalb nicht nur unbedenklich übernommen werden könnte, sondern sogar in die Gesetzessprache eingeführt werden müsste. Eine Definition der Tariffähigkeit sucht man aber auch im Lemgoer Entwurf vergeblich. Im dazu parallel entstandenen Stuttgarter Entwurf der amerikanischen Zone wird in § 1 Abs. 1 nur gesagt, dass es sich bei den Tarifparteien um Gewerkschaften einerseits und Arbeitgebern oder Vereinigungen von Arbeitgebern andererseits handelt. § 3 eines Vorentwurfs dazu lautete:

*§ **3.** Gewerkschaften im Sinne des § 1 sind freiwillige Vereinigungen von Arbeitnehmern, die sich satzungsgemäß mit der Regelung der Arbeitsbeziehungen und Arbeitsbedingungen durch den Abschluss von Tarifverträgen beschäftigen, keine Arbeitgeber als Mitglieder aufnehmen und wirtschaftlich unabhängig von Arbeitgebern oder deren Organisationen sind.*

Die Weiterentwicklung des Lemgoer und Stuttgarter Entwurfs war der Entwurf des Gewerkschaftsrats der vereinigten Zonen von 1948. Dort hieß es gemäß § 1 Abs. 1:

§ 1 Tariffähigkeit.
(1) Tariffähig sind Gewerkschaften, einzelne Arbeitgeber sowie wirtschaftliche Vereinigungen von Arbeitgebern.

Begründet wird diese Formulierung damit, dass über die Tariffähigkeit allseits Einigkeit besteht, so dass ohne über eine nähere Begriffsbestimmung zu geben, gesagt werden sollte, dass Gewerkschaften, einzelne Arbeitgeber

---

[432] Zum Wortlaut von § 1 Abs. 1 TVVO und § 5 Abs. 1 Referentenentwurf siehe S. 74 ff.

sowie wirtschaftliche Vereinigungen von Arbeitgebern tariffähig sind.[433] Dem folgt der Text des heute gültigen Tarifvertragsgesetzes. Eine relative Sichtweise der Tariffähigkeit wird dabei augenscheinlich nirgendwo in Erwägung gezogen. Daraus wird der Schluss gezogen, dass die Forderung nach einer relativen Tariffähigkeit nicht mit dem historischen Verständnis derselben zu vereinbaren sei.[434]

Dieser Schluss ist voreilig. Wie bereits dargestellt, hängt das Erreichen des Status einer tariffähigen Gewerkschaft heutzutage maßgeblich von der sozialen Mächtigkeit ab. Sowohl die Kriterien der Durchsetzungs- und organisatorischen Leistungsfähigkeit selbst, als auch die Diskussionen um seine Berechtigung waren dem tarifrechtlichen Diskurs der Weimarer Republik und der Nachkriegszeit, wie die Entwürfe und ihre Begründungen zum Tarifvertragsgesetz verdeutlichen, unbekannt. Besonders anschaulich wird das am Entwurf des Gewerkschaftsrates von 1948, der davon ausgeht, dass über die Tariffähigkeit allseits Einigkeit besteht, oder an der Begründung des Lemgoer Entwurfs, die von Unbedenklichkeit des Tariffähigkeitsbegriffs spricht. Diese ursprüngliche Unbefangenheit gegenüber dem Begriff der Tariffähigkeit erklärt sich, wenn man bedenkt, dass das höchst umstrittene Erfordernis der Durchsetzungsfähigkeit seine konkrete Ausprägung erst durch die Entscheidungen der Gerichte für Arbeitssachen in den sechziger Jahre fand, nachdem das Bundesverfassungsgericht die Arbeitskampfbereitschaft als verfassungswidrig verworfen hatte.[435] Dass die Rechtsprechung durch die Mächtigkeit einst derart hohe Hürden zur Erlangung der Tariffähigkeit aufstellen würde, konnte der historische Gesetzgeber nicht ahnen. Infolgedessen wurde weder bei der Entstehung des Tarifvertragsgesetzes, noch zu Zeiten der Tarifvertragsverordnung an die Möglichkeit einer relativen Tariffähigkeit gedacht, weil die Notwendigkeit zu diesem Schritt gar nicht ersichtlich war, da das Erstarken zu einer tariffähigen Gewerkschaft von keiner sozialen Mächtigkeit abhing. Folglich kann anhand der Entstehungsgeschichte des Tarifvertragsgesetzes kein Argument gegen die relative Tariffähigkeit entwickelt werden.

b) Staatsvertrag über die Währungs-, Wirtschafts- und Sozialunion

Möglicherweise muss man aber nach Abschluss des Staatsvertrags über die Währungs-, Wirtschafts- und Sozialunion vom 18. Mai 1990 zu einem anderen Ergebnis gelangen. Im gemeinsamen Protokoll dieses Vertrages heißt es unter „III. Sozialunion", dass Gewerkschaften und Arbeitgeberverbände in

---

433 Entwurfstexte und Begründungen abgedruckt bei Wiedemann/*Oetker* Geschichte Rn 22 - 33.

434 *Schleef/Oetker* S. 83; dem folgend *Doerlich* § 14 I. 2.

435 BVerfG v. 6.5.1964, BVerfGE 18, 18 (25 ff.).

der Lage sein müssen, durch Ausüben von Druck auf den Tarifpartner zu einem Abschluss zu kommen. Mit dieser Formulierung bestätigte der Gesetzgeber die Mächtigkeitsrechtsprechung.[436] Folglich könnte man einerseits davon ausgehen, dass der Gesetzgeber von einer Tariffähigkeit in Bezug auf Region oder Branche hätte sprechen können, wenn er das Kriterium der Durchsetzungsfähigkeit als zu strikt empfunden hätte. Andererseits muss man festhalten, dass die Idee der relativen Tariffähigkeit fast ausschließlich erst in neuerer Zeit befürwortet wird,[437] so dass der Gesetzgeber 1990 nicht die Notwendigkeit sah und sehen konnte, sich mit diesem Ansatz auseinander zu setzen.

Zudem wären die westdeutschen Gewerkschaften auf dem Gebiet der neuen Bundesländer nicht tariffähig gewesen, wenn der Gesetzgeber in dieser Situation eine Relativierung in dem Staatsvertrag verankert hätte, da sie in den neuen Bundesländern auf Grund fehlender Mitgliederzahlen nicht durchsetzungsfähig gewesen wären. Das hätte zu der misslichen Lage geführt, dass in den neuen Bundesländern mit den westlichen Gewerkschaften vorerst keine Tarifverträge hätten abgeschlossen werden können. Dann hätte das jedem Arbeitsvertrag immanente strukturelle Ungleichgewicht gerade diejenigen Arbeitnehmer getroffen, die bisher keine Möglichkeiten hatten, Erfahrungen auf einem freien Wirtschafts- und Kapitalmarkt zu sammeln. Fünfzehn Jahre nach dem Staatsvertrag und der deutschen Einheit ist die Situation nun anders zu beurteilen. Die Gewerkschaften hatten Zeit, eine ausreichende Zahl von Mitgliedern zu gewinnen und die Arbeitnehmer ihren Erfahrungsschatz zu erweitern, so dass dieses Argument nicht mehr gegen die Annahme einer relativen Tariffähigkeit ins Feld geführt werden kann.

Unabhängig davon diente der Staatsvertrag nur der Anpassung der Rechtsverhältnisse der beiden Staaten. Nach dem Beitritt der ehemaligen DDR nach Art. 40 Abs. 1 Einigungsvertrag vom 30. August 1990 ist der Staatsvertrag über die Währungs-, Wirtschafts- und Sozialunion gegenstandslos geworden. Deshalb stellt er keine zwingende gesetzliche Grundlage, sondern lediglich eine unverbindliche Auslegungshilfe dar.[438] Somit ist trotz des Staatsvertrages

---

[436] BAG v. 6.6.2000, AP Nr. 9 zu § 97 ArbGG.

[437] Siehe: *Dütz* DB 96, 2385 (2388 ff.); *Feudner* BB 04, 2297 (2301); *Löwisch/Rieble* § 2 TVG Rn 37 ff.; *Rieble* in FS Wiedemann S. 519 (529 ff.); *Rieble* BB 04, 885 (887 f.); zuvor nur: LAG Frankfurt DB 64, 702.

[438] *Doerlich* § 6 II. b); ErfK/*Franzen* § 2 TVG Rn 2; *Kempen* in FS 50 Jahre BAG S. 733 (735); Kempen/Zachert/*Kempen* § 2 TVG Rn 11; *Löwisch/Rieble* § 2 TVG Rn 5 ff.; MüArbR/*Löwisch/Rieble* § 242 Rn 19; *Oetker* in FS Stahlhacke, S. 363 (387 ff.); Richardi/*Richardi* § 2 BetrVG Rn 40; Wiedemann/*Oetker* § 2 TVG Rn 204; a.A. *Gitter* in FS Kissel S. 265 (270 f.); *Kissel* NZA 90, 545 (549 f.); *Schrader* NZA 01, 1337 (1339); zu den Einzelheiten siehe S. 38 f.

über die Währungs-, Wirtschafts- und Sozialunion eine Auslegung im Sinne einer relativen Tariffähigkeit anstatt einer absoluten Tariffähigkeit möglich.

3. Systematische Auslegung

Im dritten Auslegungsschritt ist zu prüfen, ob die Idee der relativen Tariffähigkeit mit der Gesetzessystematik im Einklang steht.

a) Tarifvertragsgesetz

aa) Zusammenhang von Tariffähigkeit und Tarifzuständigkeit

Während es sich bei der Tariffähigkeit um die Befugnis zum Abschluss von Tarifverträgen handelt, ergibt sich aus der Tarifzuständigkeit die Befugnis, Tarifverträge für einen bestimmten Geltungsbereich abzuschließen. Die eigenständige dogmatische Bedeutung der Tarifzuständigkeit kommt dabei in §§ 2a Abs. 1 Nr. 4, 97 ArbGG zum Ausdruck. Dank der grundrechtlich gewährleisteten Selbstbestimmung legen die Koalitionen also souverän fest, in welchen betrieblichen, fachlichen, räumlichen und persönlichen Bereichen sie Tarifnormen setzen wollen.[439] Folglich ergibt sich die Tarifzuständigkeit aus der Satzung, deren Inhalt im freien Ermessen der Verbandsmitglieder steht.[440] Mithin gibt die in der Satzung selbst gewählte Tarifzuständigkeit den Rahmen vor, innerhalb dessen die Gewerkschaft tariffähig sein muss. Dementsprechend verlangt die Rechtsprechung das Vorliegen der sozialen Mächtigkeit nicht für das gesamte Bundesgebiet oder alle denkbaren Branchen, wenn sich die Koalition in ihrer Satzung nur für bestimmte Regionen oder Branchen zuständig erklärt.

So prüft das Bundesarbeitsgericht zum Beispiel in der Entscheidung über die Tariffähigkeit der Unabhängigen Flugbegleiter Organisation das Vorliegen sozialer Mächtigkeit nur für die Berufsgruppe der Flugbegleiter.[441] Erklärt sich eine Koalition – wie zum Beispiel die Christliche Gewerkschaft Bergbau-Chemie-Energie – in ihrer Satzung bundesweit für Arbeiter und Angestellte vieler Branchen zuständig, prüft die Rechtsprechung das

---

[439] BAG v. 19.11.1985, AP Nr. 4 zu § 2 TVG Tarifzuständigkeit; BAG v. 24.7.1990, AP Nr. 7 zu § 2 TVG Tarifzuständigkeit; ErfK/*Franzen* § 2 TVG Rn 33; *Gamillscheg* § 14 II. 1.; *Löwisch/Rieble* § 2 TVG Rn 79; Wiedemann/*Oetker* § 2 TVG Rn 72 ff.

[440] *Gamillscheg* § 14 II. 1. a); Wiedemann/*Oetker* § 2 TVG Rn 64, 72 ff: Lediglich eine willkürliche oder funktionswidrige Begrenzung der Zuständigkeit ist ausgeschlossen, weil die Koalitionsfreiheit nicht um ihrer selbst willen, sondern funktionsgebunden verliehen wurde. Im Einzelnen ergibt sich daraus aber nur in sachlicher Hinsicht und in Bezug auf bestimmte Vertragspartner ein Beschränkungsverbot, während in räumlicher und personeller Hinsicht fast keine Einschränkungen hinzunehmen sind.

[441] BAG v. 14.12.2004, AP Nr. 1 zu § 2 TVG Tariffähigkeit.

Vorliegen der Tariffähigkeit bundesweit für alle angesprochenen Branchen.[442] Eine Formalie – die Satzung – bestimmt demnach die Reichweite des gerichtlichen Prüfungsmaßstabs.

Wird die Idee der relativen Tariffähigkeit konsequent verfolgt, orientiert sich der Prüfungsmaßstab dagegen nicht daran, ob eine Koalition die selbst gewählten Vorgaben ihrer Satzung erfüllt, sondern ob die Gewerkschaft unabhängig von ihrer Tarifzuständigkeitserklärung dem Kriterium der Durchsetzungsfähigkeit gerecht wird. Die Vorgaben der Satzung sind demnach dahingehend einschränkend auszulegen, dass eine Gewerkschaft dort tarifzuständig ist, wo sie tatsächlich tariffähig ist. So kann eine Gewerkschaft, obwohl ihre Satzung die Zuständigkeit auf das gesamte Bundesgebiet erstreckt, allein in einer Region tariffähig sein. Dadurch wird das Prinzip, Tariffähigkeit allein dort zu gewähren, wo sie von der sozialen Macht gedeckt wird, konsequent verwirklicht.

Umgekehrt überzeugt es nicht, einer Gewerkschaft die Mächtigkeit für alle Branchen und Gebiete zuzusprechen, nur weil sie ihre Satzung dahingehend geöffnet hat. Ist eine Koalition mangels Mitgliederstärke nicht tariffähig, geht auch eine satzungsgemäß hierfür beanspruchte Tarifzuständigkeit ins Leere. Formale Satzungsanpassungen und Satzungserweiterungen eröffnen den Gewerkschaften allein keine neuen Aktionsräume. Es muss erst eine ausreichende Zahl von Mitgliedern zusammenkommen, die ein Handeln der Gewerkschaft für den angestrebten Bereich legitimiert. Die Satzung darf sich die Zuständigkeit nur für wirklich vorhandene Mitglieder zulegen. Eine Usurpierung ohne jegliche Mitglieder ist ausgeschlossen.[443] Dementsprechend sind immer die materiellen Gesichtspunkte und nicht formale Aspekte ausschlaggebend für die Bestimmung der Tariffähigkeit. Folglich muss einer Gewerkschaft im Sinne der relativen Tariffähigkeit dort die Tariffähigkeit zuerkannt werden, wo sie dank Durchsetzungsfähigkeit tatsächlich besteht und nicht dort, wo sie jene gemäß ihrer Satzung beansprucht.

Dem lässt sich freilich entgegenhalten, dass es der betroffenen Gewerkschaft offen steht, welchen Zuständigkeitsbereich sie in freier Selbstbestimmung in ihrer Satzung in Anspruch nimmt. Erfüllt sie das Erfordernis der Durchsetzungsfähigkeit nur für bestimmte Regionen und Branchen könnte sie ihre Satzung den tatsächlichen Gegebenheiten anpassen, so dass ihr die

---

[442] BAG v. 16.1.1990, AP Nr. 39 zu § 2 TVG.

[443] Vgl. in diesem Sinne auch *Feudner* BB 04, 2297 (2301); Wiedemann/*Oetker* § 2 TVG Rn 77; *Henssler* S. 73 fordert, dass überhaupt Mitglieder der vertragsschließenden Gewerkschaft im Geltungsbereich eines Tarifvertrages aktiv sind; a.A. BAG v. 28.3.2006, AP Nr. 4 zu § 2 TVG Tariffähigkeit; *Schleef/Oetker* S. 86 ff.

Berechtigung zum Abschluss von Tarifverträgen für diese Regionen, Sektoren und Personengruppen erhalten bliebe.[444]

Letztlich vermag dieser Gedanke aber aus zweierlei Gründen nicht zu überzeugen: Vordergründig gesehen erfordern Satzungsanpassungen einen großen Aufwand. Satzungsänderungen gehen ein mühevoller und zeitraubender innergewerkschaftlicher Meinungsbildungs- und Entscheidungsprozess sowie eine Beschlussfassung der Mitglieder voran. Dabei dürfte gerade der Umstand, dass der angestrebte Einflussbereich selbst beschnitten wird, vielen Mitgliedern nur schwer vermittelbar sein. Bei den Gewerkschaften des Deutschen Gewerkschaftsbundes ist darüber hinaus für satzungsmäßige Tarifzuständigkeitsänderungen die Zustimmung des Deutschen Gewerkschaftsbundes nach § 15 Abs. 2 der Satzung des Deutschen Gewerkschaftsbundes nötig. Diese Prozesse können insgesamt größere formale Schwierigkeiten bereiten.[445]

Unabhängig von diesen organisatorisch zeitintensiven Problemen ist der entscheidende Einwand gegen eine mögliche freiwillige Reduzierung des Zuständigkeitsbereichs, dass sich die Gewerkschaft selbst ihrer Entwicklungschance berauben würde. Nach der Eingrenzung ihres Zuständigkeitsbereichs ist es der Gewerkschaft gar nicht mehr möglich, in den anderen Regionen und Branchen Mitglieder zu gewinnen und eine schlagkräftige Organisation aufzubauen. Arbeitnehmer werden keiner Gewerkschaft beitreten, die laut ihrer Satzung für jene weder räumlich noch sachlich zuständig ist. Ein bloßes Tätigwerden einer Gewerkschaft außerhalb ihres satzungsgemäßen Aufgabenbereichs erweitert den Zuständigkeitsbereich nicht und begründet keine nach der Satzung fehlende Tarifzuständigkeit.[446] Mangels Satzungsänderungsbeschluss fehlt einem solchen Vorgehen die demokratische Legitimation durch die Mitglieder.[447] Daher sind die Gewerkschaften auf Grund dieses im Tarifvertragsrecht strikt anzuwendenden *Ultra-vires*-Grundsatzes nicht befugt, über ihren in der Satzung festgelegten Tätigkeitsbereich hinaus Tarifverträge zu vereinbaren. Das Erstarken der kleinen Gewerkschaft zu einem bundesweit tätigen sozialpolitischen Verband wäre

---

[444] Dahingehend BAG v. 28.3.2006, AP Nr. 4 zu § 2 TVG Tariffähigkeit.

[445] Vgl. zu dieser Einschätzung BAG v. 19.11.1985, AP Nr. 4 zu § 2 TVG Tarifzuständigkeit; *Feudner* BB 04, 2297 (2299); *Henssler* S. 36.

[446] BAG v. 27.11.1964, AP Nr. 1 zu § 2 TVG Tarifzuständigkeit; BAG v. 24.7.1990, AP Nr. 7 zu § 2 TVG Tarifzuständigkeit; Däubler/*Peter* § 2 TVG Rn 172; *Gamillscheg* § 14 II. 3. a); *Henssler* S. 36; Schaub/*Schaub* § 199 Rn 16; einschränkend für nicht rechtsfähige Vereine: Löwisch/Rieble § 2 TVG Rn 94; gegen die Nichtigkeit eines außerhalb des Zuständigkeitsbereichs geschlossenen Tarifvertrages und für die schwebende Unwirksamkeit: *Kraft* in FS Schnorr von Carolsfeld, S. 255 (262, 271); *van Venrooy* ZfA 83, 49 (75 f.).

[447] Kempen/Zachert/*Wendeling-Schröder* § 2 TVG Rn 150.

dann auf Grund einer in freier Selbstbestimmung gewählten Satzung von vornherein nicht mehr möglich. Insofern kann von einer Gewerkschaft nicht erwartet werden, dass sie ihre Satzung den Gegebenheiten anpasst, um der Mächtigkeitslehre des Bundesarbeitsgerichts gerecht zu werden. Ein solches Vorgehen würde auch die autonome Bestimmung der Tarifzuständigkeit in der Satzung durch den Beschluss der Mitgliederversammlung konterkarieren, weil die Rechtsprechung den Koalitionen einen Zuständigkeitsbereich zuweisen würde. Das Verbot der Fremdbestimmung einer Koalition würde dadurch hintertrieben.

Um die Beschränkung der Grundrechtsausübung mithin nicht mehr allein von den Bestimmungen der Satzung abhängig zu machen, ist die soziale Mächtigkeit einer Koalition im Sinne der relativen Tariffähigkeit anhand der tatsächlichen Begebenheiten zu bewerten. Die Tarifzuständigkeit bildet nur den äußeren Rahmen der Feststellung der Tariffähigkeit. Außerhalb der Tarifzuständigkeitserklärung kann eine Gewerkschaft unabhängig von ihrer Tariffähigkeit nicht tätig werden. Innerhalb der Tarifzuständigkeitserklärung kann eine Gewerkschaft überall dort – aber auch nur dort – tätig werden, wo sie über soziale Macht verfügt.

Wird dies berücksichtigt, weicht die Beurteilung der Tariffähigkeit einer Gewerkschaft teilweise von den getroffenen Entscheidungen des Bundesarbeitsgerichts ab.

Die Tariffähigkeit der Christlichen Gewerkschaft Bergbau-Chemie-Energie hätte – anders als vom Bundesarbeitsgericht entschieden – nicht gänzlich verneint werden dürfen, sondern wäre in ihren Schwerpunktgebieten und -branchen – zum Beispiel der keramischen Industrie in Rheinland-Pfalz und im Bayerischen Wald – anzuerkennen gewesen, da sie dort genügend Mitglieder repräsentierte und mehrere Tarifverträge abschließen konnte.[448]

Im Gegensatz dazu hätte das Bundesarbeitsgericht die Christliche Gewerkschaft Metall nicht für generell tariffähig erklären dürfen. Die Christliche Gewerkschaft Metall konnte ihre Durchsetzungsfähigkeit bislang nur gegenüber dem Verband der Metall- und Elektroindustrie Sachsen, Sachsen-Anhalt und Thüringen durch den Abschluss zahlreicher Tarifverträge, insbesondere dem Tarifvertragswerk *Phönix*, und ebenso im Bereich des süddeutschen Elektrohandwerks unter Beweis stellen. Mithin hätte ihr die Tariffähigkeit nur für diese Bereiche zugesprochen werden dürfen. Die Feststellung des Bundesarbeitsgerichts, dass es genüge, wenn eine Arbeitnehmervereinigung in einem zumindest nicht unbedeutenden Teil des von ihr beanspruchten Zuständigkeitsbereiches über soziale Mächtigkeit verfüge,[449]

---

[448] Vgl. den Sachverhalt des Beschlusses des BAG v. 16.1.1990, AP Nr. 39 zu § 2 TVG.

[449] Vgl. den Sachverhalt des Beschlusses des BAG v. 28.3.2006, AP Nr. 4 zu § 2 TVG Tariffähigkeit.

widerspricht dem Prinzip der sozialen Mächtigkeit, wonach Tariffähigkeit nur dann gegeben sein könne, wenn ein Verband in der Lage ist den sozialen Konterpart unter Druck zu setzen und zum Abschluss eines Tarifvertrages zu zwingen.

Übereinstimmend mit dem Bundesarbeitsgericht wäre die Tariffähigkeit der Unabhängigen Flugbegleiter Organisation zu beurteilen gewesen. Entsprechend der Satzung der Vereinigung richtete das Bundesarbeitsgericht sein Augenmerk ausschließlich auf die in der Kabine beschäftigten Flugbegleiter und sah in diesem Rahmen die Kriterien zur Bestimmung der sozialen Mächtigkeit - ausreichende Mitgliederzahl, abgeschlossenen Tarifverträge und organisatorische Leistungsfähigkeit - als erfüllt an. Da die Verbandsstruktur mit den Satzungsbestimmungen korrespondiert, gelangen hier beide Auffassungen zu demselben Ergebnis.[450]

So gelangen die Theorie der relativen Tariffähigkeit und diejenige der absolute Tariffähigkeit bei der Beurteilung der Tariffähigkeit eines hoch spezialisierten Nischenverbandes von Schlüsselkräften in der Regel zu demselben Ergebnis, da hier regelmäßig der in der Satzung enthaltenen Zuständigkeitsanspruch und die tatsächlichen Verbandsstrukturen übereinstimmen. Dagegen werden die Ergebnisse bei der Beurteilung einer Flächengewerkschaft mit einem weiten Zuständigkeitsbereich immer dann nicht übereinstimmen, wenn Wirklichkeit und Anspruch auseinander fallen.

bb) Vergleich mit den Anforderungen an die Arbeitgeberseite

Der Annahme einer relativen Tariffähigkeit soll der rechtliche Umstand entgegenstehen, dass eine vergleichbare Relativierung auf Seiten der Arbeitgeber nicht vorgenommen werden kann. Weil schon der einzelnen Arbeitgeber gemäß § 2 Abs. 1 TVG und die Arbeitgeberverbände nach der Rechtsprechung des Bundesarbeitsgerichts immer tariffähig sind, kann auf Seiten der Arbeitgeber die Tariffähigkeit nie völlig entfallen. Da ein Kriterium, welches bereits abstrakt nicht existiert, von vornherein nicht relativiert werden kann, Gewerkschaften, Arbeitgeberverbände und Arbeitgeber als Teilnehmer des Tarifsystems aber grundsätzlich gleich zu behandeln sind, verbietet sich nach dieser Auffassung die relative Tariffähigkeit.[451]

Es wurde aber bereits oben festgestellt, dass die Ausgangssituation für Gewerkschaften und für Arbeitgeberverbände sowie einzelne Arbeitgeber nicht miteinander verglichen werden kann. Dies folgt aus dem unterschiedlichen Schutzbedürfnis der Arbeitnehmer und Arbeitgeber, dem der Gesetz-

---

[450] Vgl. den Sachverhalt des Beschlusses des BAG v. 14.12.2004, AP Nr. 1 zu § 2 TVG Tariffähigkeit.

[451] LAG Hamburg v. 13.12.1995, AZ <8 TaBV 8/95> S. 12 (nicht veröffentlicht); Wiedemann/*Oetker* § 2 TVG Rn 394.

geber insbesondere dadurch gerecht wird, dass er auf Arbeitgeberseite auch dann einen Tarifpartner bereithält, wenn kein Arbeitgeberverband existiert. Der Arbeitgeber soll sich mit dem Austritt aus dem Verband dem Abschluss eines Tarifvertrages nicht entziehen können. Wäre der einzelne Arbeitgeber nicht tariffähig, könnte er nach seinem Austritt aus dem Arbeitgeberverband von der Gegenseite nicht durch einen Arbeitskampf zu einem Tarifvertrag gezwungen werden, so dass Firmentarifverträge nicht zustande kommen könnten. Die Rechtsprechung geht noch einen Schritt weiter und hält auch jeden Arbeitgeberverband per se für tariffähig.[452] Mangels der Unvergleichbarkeit der verschiedenen Lager der Arbeitgeber und Arbeitnehmer lassen sich daher keine Schlüsse gegen die Annahme der relativen Tariffähigkeit aus dem Vergleich der Gewerkschaften mit der Arbeitgeberseite ziehen.

Darüber hinaus ist der Vergleich auch der Sache nach unzutreffend. Gerade die Struktur der Arbeitgeberverbände spricht für eine relative Tariffähigkeit.[453] Die im Deutschen Gewerkschaftsbund zusammengeschlossenen Einzelgewerkschaften sind in der Regel dreistufig von oben nach unten im Industrieverbandsprinzip aufgebaut. Während der Bundesverband jeder Einzelgewerkschaft Mitglied im Deutschen Gewerkschaftsbund ist, wird die Bundesebene in verschiedene Bezirke auf Landesebene aufgeteilt, die wiederum – abhängig von der Größe der Gewerkschaft und den Standorten des Wirtschaftszweiges – in regionale oder lokale Stellen untergliedert sind. Die Industriegewerkschaft Metall ist beispielsweise unterhalb der Bundesebene in sieben Bezirke und 179 örtliche Verwaltungsstellen aufgeteilt. Das Aushandeln von Tarifverträgen ist regelmäßig die Aufgabe der Organe auf Landes- oder Bundesebene der Einzelgewerkschaften. Lokale Organe dürfen nur mit Vollmacht der höher gestellten Organe Tarifverhandlungen aufnehmen.[454]

Konträr dazu ist der Aufbau der Arbeitgeberverbände. Zum einen gibt es Fachverbände, die nach der Zugehörigkeit zu bestimmten Industriezweigen abgegrenzt werden, und zum anderen gibt es überfachlich zusammengesetzte Arbeitgeberverbände, deren Mitgliedschaft alle Arbeitgeber einer Region erwerben können. Zudem sind die Arbeitgeberverbände im Gegensatz zu den Gewerkschaften von unten nach oben organisiert. Die regionalen Verbände schließen sich zu Landesverbänden zusammen, die wiederum dem Fachspitzenverband auf Bundesebene angehören. So besteht zum Beispiel der Arbeitgeberverband Gesamtmetall aus 17 Mitgliedsverbänden. Zum Abschluss von Tarifverträgen sind hier regelmäßig die Fachverbände auf

---

[452] Zu den Einzelheiten siehe S. 78 ff.

[453] *Rieble* BB 04, 885 (888).

[454] MüArbR/*Löwisch/Rieble* § 248 Rn 36 ff.

Regional- und Landesebene berufen.[455] Wenn aber ein nach Branchen oder Regionen gegliederter Aufbau auf Seiten der Arbeitgeber Usus ist, muss auch den Arbeitnehmern eine Gliederung nach Branchen und Regionen möglich sein. Folglich spricht der Aufbau der Arbeitgeberverbände für die Möglichkeit einer relativen Tariffähigkeit bezogen auf Branche und Region.

cc) Vergleich mit § 12 TVG

Ein weiteres systematisches Argument könnte § 12 TVG bereithalten. § 12 TVG bestimmt, dass eine Spitzenorganisation nur ein Zusammenschluss von Gewerkschaften oder von Arbeitgebervereinigungen sein kann, die für die Vertreter der Arbeitnehmer- oder der Arbeitgeberinteressen im Arbeitsleben des Bundesgebietes wesentliche Bedeutung haben. Die Formulierung „im Arbeitsleben des Bundesgebietes" verdeutlicht, dass der Gesetzgeber davon ausgeht, dass eine Spitzenorganisation entweder auf Grund ihrer Satzung nicht im gesamten Bundesgebiet tätig sein muss oder nur in einzelnen Regionen Bedeutung erlangt, obwohl sie im gesamten Staatsgebiet tätig ist. Daraus lässt sich im Umkehrschluss entnehmen, dass nach der Vorstellung des Gesetzgebers eine Relativierung der Tätigkeit einer Spitzenorganisation bezogen auf einzelne Regionen möglich ist. Was für die Dachorganisationen der Gewerkschaften gemäß § 12 TVG gilt, könnte daher erst recht für deren Mitgliedsverbände nach § 2 Abs. 1 TVG gelten.

Letztlich lässt sich aus der Konfrontierung der beiden Paragraphen aber nur ein Schluss ziehen: Wenn § 12 TVG explizit eine wesentliche Bedeutung für das ganze Bundesgebiet verlangt, dann muss gemäß § 2 Abs. 1 TVG nicht zwingend eine Bedeutung für das gesamte Bundesgebiet vorliegen. Dafür dass Gewerkschaften erst recht keine bundesweite Bedeutung erlangen müssen, nur weil dies für die Ausübung der Rechte nach §§ 5, 11 TVG durch die Spitzenorganisationen verlangt wird, ist kein Anhaltspunkt ersichtlich. So wenig von dem in § 12 TVG enthaltenen Merkmal der wesentlichen Bedeutung auf die Erfordernisse im Rahmen des § 2 Abs. 1 TVG geschlossen werden kann,[456] so wenig lässt sich nun in diesem Zusammenhang ein Vergleich anstellen. § 12 TVG erfasst nur Spitzenorganisationen und eben keine Gewerkschaften. Der Wortlaut von § 12 TVG, wonach § 12 TVG unbeschadet der Regelung in § 2 TVG besteht, verdeutlicht darüber hinaus, dass selbst zwischen der Tariffähigkeit der Spitzenorganisationen nach § 2 Abs. 2 TVG und den Mitwirkungsbefugnissen nach §§ 5, 11 TVG zu trennen ist.[457] Demgemäß verbleibt es für die Frage der Tariffähigkeit bei der dortigen

---

[455] MüArbR/*Löwisch/Rieble* § 248 Rn 52 ff.

[456] Zu den Einzelheiten siehe S. 77 f.

[457] *Doerlich* § 14 I. 3. a); *Löwisch/Rieble* § 12 TVG Rn 1; Wiedemann/*Oetker* § 12 TVG Rn 3.

Regelung. Rückschlüsse können somit weder auf die Anerkennung noch Ablehnung sowohl einer absoluten als einer relativen Tariffähigkeit aus dieser Norm gezogen werden.[458] Ein *argumentum a maiore ad minus* kommt nicht in Betracht.

b) Betriebsverfassungs- und Mitbestimmungsgesetz

Im Betriebsverfassungsgesetz macht der Gesetzgeber für Befugnisse von Gewerkschaften weitere Einschränkungen. Gemäß §§ 2 Abs. 1 und 2, 14 Abs. 3, 16 Abs. 2, 19 Abs. 2, 23 Abs. 1 und 3, 46 Abs. 1 BetrVG können nur die im Betrieb vertretenen Gewerkschaften die betriebsverfassungsrechtlichen Betätigungsrechte ausüben. Eine Gewerkschaft ist nach ganz herrschender Meinung bereits dann im Betrieb vertreten, wenn mindestens ein Arbeitnehmer des Betriebes zu ihren Mitgliedern zählt. Der Arbeitnehmer muss allerdings zu denjenigen Arbeitnehmern gehören, die vom Betriebsrat vertreten werden. Mithin darf es sich nicht um einen leitenden Angestellten handeln.[459] Gemäß § 31 BetrVG muss die Gewerkschaft sogar im Betriebsrat vertreten sein, um auf Antrag des Betriebsrats einen Berater in die Betriebsratssitzung entsenden zu können. Es genügt nicht, dass die Gewerkschaft im Betrieb vertreten ist. Vielmehr muss ein Angehöriger des Betriebsrats Mitglied der Gewerkschaft sein.[460]

Neben dem Betriebsverfassungsgesetz knüpft auch das Mitbestimmungsgesetz die Beteiligung der Gewerkschaften an der unternehmerischen Mitbestimmung an engere Voraussetzungen als die bloße Gewerkschaftseigenschaft. Nach §§ 7 Abs. 4, 16 Abs. 2 MitbestG erhalten nur die Gewerkschaften die Befugnis, Vorschläge für die Wahl der Aufsichtsratsmitglieder zu machen, die in dem Unternehmen selbst oder in einem anderen Unternehmen vertreten sind, dessen Arbeitnehmer an der Wahl von Aufsichtsratsmitgliedern teilnehmen.

Aus diesen Einschränkungen innerhalb des Betriebsverfassungs- und Mitbestimmungsgesetzes wird der Schluss gezogen, dass der Gesetzgeber überall dort, wo er einzig und allein das Vorliegen der Gewerkschaftseigenschaft für ausreichend erachtet, dies auch so gesetzlich fixiert. Wo er hingegen eine Relativierung beabsichtigt, ordnet er diese auch an.[461] Dies überzeugt aber nur, wenn man mit der Rechtsprechung von einem einheitlichen Gewerkschaftsbegriff ausgeht. Diese Auffassung ist, wie dargestellt abzulehnen, so

---

[458] *Doerlich* § 14 I. 3. a).

[459] Statt aller: BAG v. 25.3.1992, AP Nr. 4 zu § 2 BetrVG; *Fitting* § 2 BetrVG Rn 43; Richardi/*Richardi* § 2 BetrVG Rn 69.

[460] Statt aller: BAG v. 28.2.1990, AP Nr. 1 zu § 31 BetrVG; *Fitting* § 31 BetrVG Rn 15; Richardi/*Thüsing* § 31 BetrVG Rn 5.

[461] *Schleef/Oetker* S. 79; dem folgend *Doerlich* § 14 I. 3. b).

dass für jedes Gesetz der Gewerkschaftsbegriff einzeln zu bestimmen ist.[462] Zwar werden bei der Definition des Gewerkschaftsbegriffs in den einzelnen Gesetzen zahlreiche Übereinstimmungen vorliegen, jedoch werden gerade bei dem Kriterium der Durchsetzungsfähigkeit, welches sich ausschließlich aus der Funktionalität des Tarifvertragsystems entwickelt hat, gravierende Abweichungen ergeben, die bis zu seiner Aufgabe in den außerhalb des Tarifrechts stehenden Vorschriften führen wird. Gibt man also den einheitlichen Gewerkschaftsbegriff auf, lassen sich keine zwingenden Schlüsse mehr aus der Systematik von Betriebsverfassung und Mitbestimmung für die Bestimmung der Tariffähigkeit im Sinne von § 2 Abs. 1 TVG ziehen.

c) Arbeitsgerichtsgesetz

aa) Vergleich mit §§ 43 Abs. 1, 14 Abs. 5, 20 Abs. 2 ArbGG

Im Arbeitsgerichtsgesetz finden sich ähnliche Formulierungen wie in § 12 TVG. Gemäß § 43 Abs. 1 ArbGG muss eine Gewerkschaft eine wesentliche Bedeutung für das Arbeitsleben im Bundesgebiet und nach § 14 Abs. 5 ArbGG wenigstens im Landesgebiet haben, während sie gemäß § 20 Abs. 2 ArbGG lediglich im Land bestehen muss. Dies veranschaulicht ein weiteres Mal, dass dem Gesetzgeber die Möglichkeit vertraut ist, dass eine Gewerkschaft nur regional begrenzt – in den Fällen von §§ 14 Abs. 5, 20 Abs. 2 ArbGG auf ein Bundesland – eine wesentliche Bedeutung innehaben kann. Ein zwingender Schluss darauf, dass der Gesetzgeber auch in § 2 Abs. 1 TVG eine Relativierung anordnen müsste, lässt sich aber nur bei Annahme eines einheitlichen Gewerkschaftsbegriffs ziehen. Folglich scheidet nach der hier vertretenen Auffassung ein positiver Schluss von der Systematik und dem Wortlaut des Arbeitsgerichtsgesetzes auf die Tariffähigkeit im Sinne des Tarifrechts ebenso aus, wie ein negativer Schluss aus dem Betriebs- und Mitbestimmungsrecht.

bb) Vergleich mit §§ 2a Abs. 1 Nr. 4, 97 ArbGG

Das prozessuale Verfahren zur Feststellung der Tariffähigkeit oder – zuständigkeit einer Gewerkschaft gemäß §§ 2a Abs. 1 Nr. 4, 97 ArbGG spricht nicht gegen die Annahme einer relativen Tariffähigkeit. Dieses Verfahren erfüllt seine Funktion auch, wenn es um die Feststellung der Tariffähigkeit in einer bestimmten Branche oder Region geht. Bei der Bestimmung der Tarifzuständigkeit ist schließlich immer nur zweifelhaft, ob eine Koalition für einen bestimmten Bereich Tarifverträge abschließen kann, so dass das Verfahren auf einen bestimmten Bereich begrenzt werden kann oder begrenzt

---

[462] Zum relativen Gewerkschaftsbegriff siehe S. 57 ff.

werden muss.[463] Auch nach der Ansicht des Bundesarbeitsgerichts ist gemäß diesen Vorschriften das Verfahren ohne Rücksicht auf den Verfahrensgegenstand auszusetzen. Dabei könne es keinen Unterschied machen, ob die Durchsetzungsfähigkeit einer Vereinigung schlechthin im Streit stehe oder ob lediglich die relative Durchsetzungsfähigkeit für den Abschluss bestimmter Tarifverträge bestritten werde. Dies ergebe sich nicht nur aus dem Wortlaut der Vorschrift, sondern auch aus ihrem Zweck, da für alle Streitfragen der Tarifzuständigkeit und Tariffähigkeit das gleiche Verfahrensrecht gelten solle.[464]

Die Vereinbarkeit der relativen Tariffähigkeit mit dem Verfahren gemäß §§ 2a Abs. 1 Nr. 4, 97 ArbGG wird noch von einer weiteren prozessualen Überlegung bestätigt. Für die Durchführung des Beschlussverfahrens muss wie bei jeder Feststellungsklage ein Feststellungsinteresse der räumlich und sachlich zuständigen Arbeitnehmervereinigung vorliegen, die das Verfahren gemäß § 97 Abs. 1 ArbGG beantragt hat. Demzufolge kommt es immer darauf an, ob eine Gewerkschaft für den Abschluss eines Tarifvertrages für eine bestimmte Branche in einer bestimmten Region tariffähig ist. Für eine darüber hinausgehende Klärung der Tariffähigkeit einer Gewerkschaft fehlt der antragstellenden Partei das Rechtschutzbedürfnis. Folglich ist im Rahmen eines Verfahrens nach §§ 2a Abs. 1 Nr. 4, 97 ArbGG immer von einer konkret tarifbezogenen – also regional und auf einen Wirtschaftszweig beschränkten – Tariffähigkeitsfeststellung auszugehen.[465] Somit kommt das Verfahren über die Feststellung der Tariffähigkeit einer Gewerkschaft nach §§ 2a Abs. 1 Nr. 4, 97 ArbGG der Annahme einer relativen Tariffähigkeit sogar entgegen.

d) Kartellrecht

Außerhalb der arbeitsrechtlichen Gesetze wird versucht, eine Parallele der relativen Tariffähigkeit zum Kartellrecht aufzuzeigen. Wie im Kartellrecht soll danach auch im Tarifrecht eine vertragsfunktionale am Vorbild der §§ 19, 20 GWB orientierten Mindestmarktmacht für die relevanten Märkte entscheiden. Die Gerichte für Arbeitssachen sind dann ebenfalls verpflichtet, die Durchsetzungsfähigkeit nur dort zu beurteilen, wo sie konkret im Streit steht. Ihre Prüfung müsste sich demnach auf die relevante Branche oder Region beschränken.[466]

---

[463] *Henssler S. 58; Löwisch/Rieble* § 2 TVG Rn 50; i.E. auch *Bayreuther* BB 05, 2633 (2638).

[464] BAG v. 25.9.1996, AP Nr. 4 zu § 97 ArbGG.

[465] *Dütz* DB 96, 2385 (2390); dem folgend *Doerlich* § 14 I. 3. c); a.A. ErfK/*Franzen* § 2 TVG Rn 13.

[466] *Löwisch/Rieble* § 2 TVG Rn 45; *Rieble* in FS Wiedemann S. 519 (533 f.).

Wie bereits dargestellt wurde, eignet sich das Kartellrecht aber gerade nicht für Vergleiche mit dem Tarifrecht. Während das Kartellrecht versucht, die Konzentration der Macht auf einzelne Unternehmen und Konzerne zu verhindern, bezweckt das Tarifrecht gerade eine Konzentration der Macht auf die Tarifvertragsparteien, weil die Kartellwirkung von der Tarifautonomie nicht nur umfasst, sondern von Art. 9 Abs. 3 GG sogar gefordert wird, um das strukturelle Ungleichgewicht des Arbeitsrechts aufzufangen. Eine Übertragung von Gesichtspunkten aus dem Kartellrecht scheitert außerdem daran, dass es sich bei den Gewerkschaften weder um Unternehmen, noch um Unternehmerverbände im Sinne von § 1 GWB handelt. Soweit Gewerkschaften zur Förderung der Interessen ihrer Mitglieder tätig werden, handeln sie nicht als Unternehmen oder Unternehmensverbände, da sie nur sozialpolitischen, gesellschafts- und gemeinnützigen Tätigkeiten nachgehen. Zusätzlich ist das Tatbestandsmerkmal des Wettbewerbsverhältnisses nicht gegeben. Ein Tarifvertrag wirkt nicht marktmachtverstärkend, sondern stellt einen marktmachtbegrenzenden Ausgleich zwischen den Arbeitnehmern und Arbeitgebern dar. Dementsprechend führt das Bundesarbeitsgericht unter Berufung auf die Gesetzesbegründung aus, dass Abreden über den Abschluss oder Inhalt von Arbeits- oder Dienstverhältnissen nicht in den Anwendungsbereich des Gesetzes fielen, da es sich nicht um gewerbliche Leistungen handele. Somit fielen auch kooperative Bindungen der Arbeitgeber oder Arbeitnehmer über die Gestaltung der Lohn- und Arbeitsbedingungen nicht unter dieses Gesetz.[467] Auf Grund der elementaren Unterschiede zwischen Kartell- und Tarifrecht lässt sich daher keine kartellrechtliche Überlegung als unterstützendes Argument für die relative Tariffähigkeit übertragen.

e) Rechts- und Geschäftsfähigkeit

§ 2 Abs. 1 TVG verleiht das Recht, Partei eines Tarifvertrages zu sein. Daher ist Tariffähigkeit die Fähigkeit, durch Vereinbarung mit dem sozialen Gegenspieler die Arbeitsbedingungen der Einzelarbeitsverträge zu regeln, so dass die Vereinbarungen für die tarifgebundenen Personen unmittelbar und unabdingbar wie Rechtsnormen gelten.[468] Ob die derart ausgestaltete Tariffähigkeit dogmatisch der Rechts- und Geschäftsfähigkeit zugeordnet werden kann, wird kontrovers diskutiert.

Die Rechtsfähigkeit ist die Fähigkeit, Träger von Rechten und Pflichten zu sein. Bei natürlichen Personen geht § 1 BGB als selbstverständlich davon aus, dass jeder Mensch ohne Rücksicht auf Stand, Geschlecht, Abstammung, Sprache, Konfession, Beruf oder Staatsangehörigkeit rechtsfähig ist. Darin

---

[467] Zu den Einzelheiten siehe auch S. 82 ff.

[468] BVerfG v. 19.10.1966, BVerfGE 20, 312 (313); ErfK/*Franzen* § 2 TVG Rn 4; *Gamillscheg* § 14 I 1.

kommt zum Ausdruck, dass die Rechtsfähigkeit dem Menschen nicht vom Gesetz verliehen wird, sondern dem Gesetz vorgegeben ist. Sie ist Folge der Menschenwürde, wie sie in Art. 1 Abs. 1 GG verfassungsrechtlich verankert ist und worin sich konkret ausdrückt, dass die natürliche Person der höchste Wert der Rechtsordnung ist. Dagegen ist eine juristische Person eine Zweckschöpfung des Gesetzes. Ihre Rechtsfähigkeit ist das Ergebnis der freien Entscheidung des Gesetzgebers und beruht ausschließlich auf der Anerkennung durch die Rechtsordnung.[469]

Somit ist für die Tariffähigkeit in Bezug auf die Rechtsfähigkeit folgendes zu sagen: Zuerst könnte es sich bei der Tariffähigkeit um eine funktionsgebundenen Unterfall der Rechtsfähigkeit handeln. Soweit Gewerkschaften historisch bedingt als nicht rechtsfähige Vereine gemäß § 54 BGB konstituiert sind, stellten sie keine eigenständigen Rechtspersönlichkeiten dar und waren nach der alten Rechtslage nicht rechtsfähig. Infolgedessen, wäre ein Tarifvertragssystem, in dem die Arbeitnehmerseite ihre Rechte aus den Tarifverträgen – Durchführungs- und Friedenspflicht – nicht geltend machen konnte, nutzlos gewesen. Daher umfasste die Tariffähigkeit die Verleihung einer speziellen funktionsbezogenen Rechtsfähigkeit. Seit der Entwicklung der Rechtsprechung zur Teilrechtsfähigkeit der Gesellschaft bürgerlichen Rechts und damit auf Grund des Verweises in § 54 Satz 1 BGB ebenfalls zur paradox anmutenden Teilrechtsfähigkeit des nicht rechtsfähigen Vereins bedarf es keiner speziellen funktionsbezogenen Rechtsfähigkeit mehr.[470] Folglich ist die Funktion des Rechtsfähigkeitsersatzes überholt.

Danach könnte der Tariffähigkeit aber immer noch eine an die Rechtsfähigkeit angelehnte Ordnungsfunktion zukommen. Da nicht jeder natürlichen oder juristischen Person das Recht zustehen kann, Partei eines Tarifvertrages zu sein, legt die Tariffähigkeit den Kreis von Personen bzw. Vereinigungen fest, die zum Abschluss von Tarifverträgen berechtigt sind. Insofern kommt der Tariffähigkeit weiterhin eine Ordnungsfunktion zu. Weil infolgedessen nur Gewerkschaften, Arbeitgeberverbände und einzelne Arbeitgeber am Tarifvertragssystem teilnehmen können, bleibt die Tariffähigkeit aber hinter der allgemeinen zivilrechtlichen Rechtsfähigkeit, die – anders als die Tariffähigkeit – jeder natürlichen und juristischen Person immanent ist, zurück.[471]

---

[469] Erman/*Westermann* vor § 1 BGB Rn 1; Jauernig/*Jauernig* § 1 BGB Rn 1; *Larenz/Wolf* 3 5 Rn 2 ff.; MüKo/*Schmitt* § 1 BGB Rn 6; Palandt/*Heinrichs*, Überblick vor § 1 BGB Rn 1; Soergel/*Fahse* vor § 1 BGB Rn 5 f.; Staudinger/*Weick* § 1 BGB Rn 1.

[470] BGH v. 29.1.2001, BGHZ 146, 341 (342 ff.); Däubler/*Peter* § 2 TVG Rn 13; ErfK/*Franzen* § 2 TVG Rn 4; *Löwisch/Rieble* § 2 TVG Rn 3.

[471] *Doerlich* § 14 I. 4. b) bb) (3); Wiedemann/*Oetker* § 2 TVG Rn 10 ff.

Geschäftsfähig können demgegenüber nur natürliche Personen sein, weil nur natürliche Personen unmittelbar zur Vornahme rechtlich relevanten Handelns in der Lage sind. Das Zivilrecht geht vom Grundsatz der Privatautonomie aus, welcher auf dem Prinzip des Selbstbestimmungsrechts des Menschen beruht, das zu den unverzichtbaren Grundwerten einer freiheitlichen Rechtsordnung gehört und im Kern durch Art. 1 Abs. 1 GG, Art. 2 Abs. 1 GG geschützt wird. Als Ausdruck dieses Selbstbestimmungsrechts überlässt das Zivilrecht den einzelnen Individuen, ihre Lebensverhältnisse im Rahmen der Rechtsordnung eigenverantwortlich zu gestalten und rechtsverbindliche Regelungen zu treffen, indem sie Rechte und Pflichten begründen, ändern oder aufheben.[472] Um an der Privatautonomie durch das Setzen rechtsverbindlicher Regelungen teilhaben zu können, bedarf es der Geschäftsfähigkeit. Dabei sieht das Gesetz grundsätzlich alle Menschen als geschäftsfähig an. In §§ 104 ff. BGB werden daher nur die Ausnahmen der Geschäftsunfähigkeit und der beschränkten Geschäftsfähigkeit geregelt. Dabei dient das volle oder teilweise Vorenthalten der Geschäftsfähigkeit dem Schutz der Betroffenen und sichert eine funktionierende Privatautonomie.[473]

Somit ist zum einen festzuhalten, dass die Tariffähigkeit nicht die Probleme lösen soll, die mit Hilfe der Einschränkung der Geschäftsfähigkeit bewältigt werden. So kann ein geschäftsunfähiger Arbeitgeber gemäß §§ 104 ff. BGB zwar nicht in eigener Person einen Tarifvertrag rechtswirksam abschließen, jedoch kann er Partei eines wirksam geschlossenen Tarifvertrages sein.[474] Die Tariffähigkeit stellt im Gegensatz zur Geschäftsfähigkeit vielmehr nur eine vertragsfunktionale Voraussetzung dar, weil sie die strukturelle Unterlegenheit der einzelnen Arbeitnehmer beim Abschluss von Tarifverträgen durch kollektives Handeln ausgleicht.[475] Zum anderen ist das Regel-Ausnahmeverhältnis der Geschäftsfähigkeit bei der Tariffähigkeit umgekehrt. Geschäftsfähig ist zunächst jede natürliche Person und nur in Ausnahmefällen wird der Person die Geschäftsfähigkeit aberkannt. Tariffähigkeit muss sich eine Koalition hingegen erst verdienen. Ein Arbeitnehmerverband ist zunächst nicht tariffähig und nur ausnahmsweise, wenn er den Kriterien der Rechtsprechung

---

472 Erman/*Palm*, Einleitung vor § 104 Rn 1; Palandt/*Heinrichs*, Überblick vor § 104 BGB Rn 1; Staudinger/*Knothe* vor §§ 104 – 115 BGB Rn 1.

473 Jauernig/*Jauernig* § 104 BGB Rn 3; *Larenz/Wolf* § 6 Rn 12; MüKo/*Schmitt* § 104 BGB Rn 1 f.; Palandt/*Heinrichs*, Einführung vor § 104 BGB Rn 2; Soergel/*Hefermehl* § 104 BGB Rn 1; Staudinger/ *Knothe* vor §§ 104 – 115 BGB Rn 19.

474 Wiedemann/*Oetker* § 2 TVG Rn 13.

475 *Löwisch/Rieble* § 2 TVG Rn 4.

gerecht wird, wird ihm der Status einer tariffähigen Gewerkschaft verliehen.[476]

Obwohl das Rechtsinstitut der Tariffähigkeit mithin weder eindeutig der Rechts-, noch der Geschäftsfähigkeit zugeordnet werden kann und durchaus dogmatische Unterschiede zwischen Tarif-, Rechts- und Geschäftsfähigkeit bestehen, lassen sich Parallelen zwischen den verwandten Rechtsinstituten aufzeigen.[477] In diesem Zusammenhang wird die Behauptung aufgestellt, dass sowohl Rechts-, als auch Geschäftsfähigkeit nur ganz oder gar nicht vorliegen könnten. Eine Relativierung im Hinblick auf den Vertragspartner erlaube das Gesetz nicht. Da bei den Instituten der Rechts- und Geschäftsfähigkeit auf einen abstrakt-generellen Maßstab abzustellen sei, müsse solch ein Maßstab auch für die Tariffähigkeit gelten.[478] Es ist aber fraglich, ob ein solches Dogma von der absoluten Rechts- und Geschäftsfähigkeit tatsächlich besteht oder ob es durchbrochen wird und nach heutiger Rechtslage in dieser totalitären Form keine Gültigkeit mehr erlangt.

aa) Rechtsfähigkeit der natürlichen Person

Die erste Durchbrechung des Grundsatzes eines abstrakt-generellen Maßstabes könnte bereits bei der Rechtsfähigkeit einer natürlichen Person zu sehen sein. § 1 BGB bestimmt den Beginn der Rechtsfähigkeit des Menschen mit der Vollendung der Geburt.

Nahe zwangsläufig stellt sich daher anschließend die Frage, ob auch der *Nasciturus* – das gezeugte, aber noch nicht geborene Kind – zumindest partiell rechtsfähig ist. Dies wäre der Fall, wenn dem *Nasciturus* durch die Rechtsordnung direkt oder in entsprechender Anwendung eigene Rechte zuteil werden lässt. Zwar hat der Gesetzgeber dem *Nasciturus* nicht die volle Rechtsfähigkeit in einer mit § 1 BGB vergleichbaren Norm zuerkannt, jedoch hat er ihm in zahlreichen Regelungen einzelne Rechte verliehen. Im Erbrecht kann der *Nasciturus* Erbe nach § 1923 Abs. 2 BGB und Nacherbe gemäß § 2108 BGB sein. Familienrechtlich können bereits vor der Geburt Unterhaltsverpflichtungen gemäß § 1625o Abs. 1 BGB durch die Mutter für das Kind geltend gemacht werden. Außerdem kann der *Nasciturus* Ersatzansprüche wegen der Tötung eines Unterhaltsverpflichteten nach § 844 Abs. 2

---

[476] Für die Umkehr dieses Regel-Ausnahmeverhältnisses *Bayreuther* BB 05, 2633 (2637); *Henssler* S. 56 ff.; siehe auch S. 114 f.

[477] *Doerlich* § 14 I. 4. b) bb) (3); *Gamillscheg* § 14 I. 1.; *Preis* § 90 II. 2. f); *Schleef/Oetker* S. 81; Wiedemann/*Oetker* § 2 TVG Rn 10 ff; in diese Richtung auch *Kocher* DB 05, 2816 (2822).

[478] LAG Stuttgart v. 1.10.2004, NZA-RR 05, 85 (89); *Buchner* NZA 94 2 (4); *Doerlich* § 14 I. 4. b) bb) (3); *Oetker* Anm. zu BAG AP Nr. 4 zu § 97 ArbGG unter III.; *Preis* § 90 II. 2. f); *Schleef/Oetker* S. 81; *Stahlhacke* DB 64, 697 (697); *Suckow* S. 65.

Satz 2 BGB erlangen. Im Rahmen der gesetzlichen Unfallversicherung gilt nach § 12 SGB VII auch die gesundheitliche Schädigung der Leibesfrucht infolge eines Versicherungsfalls der Mutter während der Schwangerschaft als Versicherungsfall, so dass der *Nasciturus* Versicherter im Sinne des SGB VII ist. Neben den beispielhaft genannten Vorschriften gibt es noch eine Fülle weiterer Bestimmungen innerhalb und außerhalb des BGB, die dem noch nicht geborenen Kind Rechte einräumen. Die Rechtsordnung erkennt dem *Nasciturus* damit, ohne es ausdrücklich zu normieren, praktisch eine beschränkte Rechtsfähigkeit zu.[479]

Ebenso zwangsläufig gilt es das Problem zu diskutieren, inwieweit neben einer beschränkten Rechtsfähigkeit, die bereits vor der Geburt besteht, eine über den Tod hinausgehende Rechtsfähigkeit bestehen kann. Ausgangspunkt ist hierbei die These, dass das allgemeine Persönlichkeitsrecht über das Lebensende hinaus schutzbedürftig ist. Die Menschenwürde und die freie Entfaltung der Persönlichkeit gemäß Art. 1 Abs. 1, Art. 2 Abs. 1 GG zu Lebzeiten sind nur dann hinreichend gewährleistet, wenn der Mensch auf den Schutz seines Schaffens wenigstens gegen ehrverletzende Angriffe nach dem Tod vertrauen kann. Somit wird auch dem Verstorbenen eine auf den Schutz des allgemeinen Persönlichkeitsrechts beschränkte Rechtsfähigkeit zugesprochen.[480]

Fraglich ist, ob die beschriebenen beschränkt-partiellen Arten der Rechtsfähigkeit von dem Grundsatz des abstrakt-generellen Maßstabes der Rechtsfähigkeit einer natürlichen Person abweichen. Dies wäre der Fall, wenn es sich um Ausformungen relativer Rechtsfähigkeit handelt. Die Beschränkung der Rechtsfähigkeit des *Nasciturus* und des Verstorbenen äußert sich aber darin, dass nur im Hinblick auf manche Tatbestände und Situationen die Rechtsfähigkeit zuerkannt wird. So steht dem *Nasciturus* zum Beispiel entweder immer oder niemals die Erbfähigkeit gemäß § 1923 Abs. 2 BGB zu. Diese Fähigkeit ist nicht in dem Sinne relativierbar, dass er im Wege der gesetzlichen Erbfolge in dem einen Fall Erbe sein kann, während ihm in einem anderen dieses Recht aberkannt wird. Die Erbfähigkeit steht ihm unabhängig von körperlichen, geistigen oder anderen Aspekten zu. Geht man hingegen von einer relativen Rechtsfähigkeit aus, müsste die Erbfähigkeit jeweils nach den Umständen des Einzelfalls bestimmt werden. Die Existenz der Erbfähigkeit würde von Fall zu Fall variieren. Gleiches gilt für das allgemeine Persönlichkeitsrecht des Verstorbenen, welches nur ganz oder gar nicht – freilich immer in Abwägung mit den Grundrechten anderer Betroffener – geschützt werden kann. Folglich entspricht die partielle

---

[479] MüKo/*Schmitt* § 1 BGB Rn 31; Palandt/*Heinrichs* § 1 BGB Rn 7; Staudinger/*Weick* § 1 BGB Rn 15.

[480] BGH v. 20.3.1968, BGHZ 50, 133 (139); MüKo/*Schmitt* § 1 BGB Rn 50, 55.

pränatale oder postmortale nicht einer denkbaren relativen Rechtsfähigkeit. Mithin durchbricht die Figur der partiellen Rechtsfähigkeit nicht die Doktrin des abstrakt-generellen Maßstabs.

bb) Rechtsfähigkeit der juristischen Person und Personengesellschaft

Nach dem Blick auf die Rechtsfähigkeit der natürlichen Personen ist das Augenmerk nun auf die Rechtsfähigkeit der juristischen Personen und Personengesellschaften zu richten. Das Gesetz hat für die juristischen Personen eindeutige und strikte Regelungen getroffen. Auf der einen Seite gibt es den rechtsfähigen Verein gemäß §§ 21, 22 BGB als Urtyp jeder juristischen Person und auf der anderen seinen Konterpart den nicht rechtsfähigen Verein gemäß § 54 BGB. Also ist eine juristische Person nach der Konzeption des Gesetzes entweder rechtsfähig oder nicht. Ein Blick in andere Vorschriften wie zum Beispiel § 13 GmbHG oder § 1 AktG bestätigt, dass für eine Relativierung kein Raum verbleibt.

Anders sieht es bei dem Recht der Personengesellschaften aus. Hier existieren, ausgelöst durch die neuere Rechtsprechung zur Gesellschaft bürgerlichen Rechts, näher zu untersuchende Grauzonen zwischen bestehender und fehlender Rechtsfähigkeit. Nach der neueren Rechtsprechung des Bundesgerichtshofs ist die Gesellschaft bürgerlichen Rechts teilrechtsfähig, soweit sie durch die Teilnahme am Rechtsverkehr eigene Rechte und Pflichten begründet.[481] Dies gilt nach der Auffassung des Bundesgerichtshofs aber nur für die Fälle, in denen die bisherige Rechtsprechung der Gesellschaft bürgerlichen Rechts die Fähigkeit zugebilligt habe, eigene Rechte und Pflichten zu begründen. Deshalb stehe die Arbeitgebereigenschaft der Gesellschaft bürgerlichen Rechts noch nicht fest. Ebenso wenig sei geklärt, ob die Gesellschaft bürgerlichen Rechts Unternehmer im sozialrechtlichen Sinne sein könne.[482] Ersteres wurde vom Bundesarbeitsgericht[483], zweites vom Bundessozialgericht[484] bisher verneint. Die Folge dieser einschränkenden Sichtweise des Bundesgerichtshofs ist, dass die Rechtsfähigkeit der Gesellschaft bürgerlichen Rechts nur grundsätzlich besteht. Sobald spezielle Gesichtspunkte der Eigenart des Rechtsverhältnisses dieser Annahme entgegenstehen, ist die Rechtsfähigkeit zu verneinen. Insofern ist im Grundsatz nur von einer potentiellen Teilrechtsfähigkeit der Gesellschaft bürgerlichen Rechts auszugehen.

---

[481] BGH v. 29.1.2001, BGHZ 146, 341 (342 ff.).

[482] BGH v. 18.2.2002, NJW 02, 1207 (1208).

[483] BAG v. 6.7.1989, NJW 89, 3034 (3035).

[484] BSG v. 12.11.1986, AP Nr. 2 zu § 705 BGB.

Im Anschluss an die grundlegende Entscheidung des Bundesgerichtshofs ist beispielsweise die Grundbuchfähigkeit der Gesellschaft bürgerlichen Rechts streitig. Das Bayrische Oberste Landesgericht hat sie verneint.[485] Der Bundesgerichtshof hat diese Frage offen gelassen und lediglich bestimmt, dass die Eintragung aller Gesellschafter mit dem Vermerk „als Gesellschafter bürgerlichen Rechts“ eigenes Eigentum der Gesellschaft begründe.[486]

Somit ist die Rechtsfähigkeit der Gesellschaft bürgerlichen Rechts im Einzelfall und bezogen auf den speziellen Sachverhalt zu beurteilen. Mit anderen Worten handelt es sich derzeit bei der Gesellschaft bürgerlichen Rechts anders als bei der beschränkten pränatalen oder postmortalen Rechtsfähigkeit natürlicher Personen um eine relative Rechtsfähigkeit, weil das Bestehen der Rechtsfähigkeit für die Vornahme jedes Rechtsgeschäfts im Einzelfall geprüft werden muss. Ob die weitere Entwicklung der Rechtsprechung der einzelnen Fachgerichte dazu führen wird, dass der Gesellschaft bürgerlichen Rechts eines Tages die abstrakt-generelle Rechtsfähigkeit zuzusprechen ist, kann dahin stehen. Nach der momentanen Situation wird der Grundsatz des abstrakt-generellen Verständnisses der Rechtsfähigkeit durch die Entwicklung der Rechtsprechung zur Gesellschaft bürgerlichen Rechts durchbrochen. Wenn der Gedanke einer relativierbaren Rechtsfähigkeit der Rechtsordnung aber nicht vollkommen fremd ist, spricht nichts dagegen für die Bestimmung der Tariffähigkeit nicht auf einen absoluten, sondern auf einen relativen Maßstab abzustellen.

cc) Rechtsfähigkeit des Betriebsrats

Auch im Arbeitsrecht selbst könnte die Idee der relativen Rechtsfähigkeit bereits Einzug gehalten haben. Zu denken ist dabei an die Frage, ob der Betriebsrat Träger von Rechten und Pflichten sein kann. Dabei besteht in Rechtsprechung und Literatur grundsätzlich Einigkeit darüber, dass der Betriebsrat außerhalb seines gesetzlichen Wirkungsbereichs nicht rechtsfähig ist. Anders ist die Sachlage nur zu beurteilen, soweit der Betriebsrat innerhalb seines gesetzlichen Wirkungsbereichs tätig wird. Wenn das Gesetz dem Betriebsrat ausdrücklich Rechte zuerkennt oder Pflichten auferlegt, ist er diesbezüglich rechtsfähig.[487] Hierbei handelt es sich aber lediglich um eine partielle betriebsverfassungsrechtliche Rechtsfähigkeit im Sinne einer Teilrechtsfähigkeit und nicht um eine relative Rechtsfähigkeit. Wie bei den

---

485 BayObLG v. 31.10.2002, NJW 03, 70 (71).

486 BGH v. 25.09.2006, NJW 06, 3716 ff.

487 BAG v. 24.6.1986, AP Nr. 7 zu § 87 BetrVG Sozialeinrichtung; DKK/*Wedde* Einleitung Rn 122 f.; *Fitting* § 1 BetrVG Rn 194 f.; GK – BetrVG/*Kraft/Franzen* § 1 BetrVG Rn 72; Richardi/*Richardi* Einleitung BetrVG Rn 108 ff.; Wlotzke/Preis/*Preis* § 1 BetrVG Rn 44.

Fragen zur Rechtsfähigkeit einer natürlichen Person steht dem Betriebsrat sein Recht entweder immer oder nie zu. Seine Teilrechtsfähigkeit kann niemals von der Tragweite des Rechtsgeschäfts abhängen. Somit lassen sich aus der partiellen Rechtsfähigkeit des Betriebsrats keine Rückschlüsse auf die Idee der relativen Rechts- bzw. Tariffähigkeit ziehen.

dd) Geschäftsfähigkeit

Da die Figur der relativen Rechtsfähigkeit bisher nur im Zusammenhang mit der Rechtsprechung zur Gesellschaft bürgerlichen Rechts und gegebenenfalls nur zeitlich begrenzt in Erscheinung getreten ist, lohnt es sich, zu prüfen, ob es sich hierbei um einen Einzelfall handelt oder ob weitere Ausnahmen von der Regel des abstrakt-generellen Bewertungsmaßstabs in Verbindung mit dem Rechtsinstitut der Geschäftsfähigkeit existieren.

Die Geschäftsfähigkeit richtet sich nach den §§ 104 ff. BGB. Gemäß § 104 BGB ist ein Mensch nur dann geschäftsunfähig, wenn er entweder das siebente Lebensjahr nicht vollendet hat oder sich in einem dauerhaften die freie Willensbestimmung ausschließenden Zustand krankhafter Störung der Geistestätigkeit befindet. Rechtsfolge der Geschäftsunfähigkeit ist nach § 105 Abs. 1 BGB die Nichtigkeit der Willenserklärung. So stellt sich die Frage, ob es zwischen den beiden Extremen der vollständigen beziehungsweise fehlenden Geschäftsfähigkeit auch eine partielle Geschäftsunfähigkeit gibt. Die Fragestellung geht dahin, ob einem Menschen, dessen geistige Störungen sich nur auf einzelne abgrenzbare Lebensgebiete beziehen, die Geschäftsfähigkeit nur für diese Bereiche abgesprochen werden kann, während sie im übrigen unberührt bleibt.

Bestätigt wird die Annahme einer auf einzelne Lebensbereiche abgegrenzte Geschäftsfähigkeit durch den Zweck von § 104 Nr. 2 BGB. Es ist denkbar, dass es der betroffenen Person infolge einer krankhaften Geistesstörung nicht möglich ist, in einem Lebensbereich ihren Willen frei und unbeeinflusst von der vorliegenden Störung zu bilden, während das für andere Lebensbereiche nicht zutrifft. Insofern muss sich der in § 104 Nr. 2 BGB genannte Zustand nicht notwendig auf sämtliche Lebensbereich beziehen.[488] Im Gegenteil kommt dieses Verständnis dem verfassungsrechtlichen Verhältnismäßigkeitsgrundsatz entgegen,[489] weil es die freie Entfaltung der geistig verwirrten Person nur in einem oder wenigen Teilbereichen anstatt in ihrer Gänze einschränkt. Folglich ist die auf einzeln von einander abgrenzbare

---

[488] BGH v. 19.6.1970, NJW 70, 1680 (1681); *Larenz/Wolf* § 6 Rn 24; Staudinger/*Knothe* § 104 BGB Rn 14.

[489] *Larenz/Wolf* § 6 Rn 24; Staudinger/*Knothe* § 104 BGB Rn 14.

Lebensbereiche beschränkte Geschäftsfähigkeit allgemein anerkannt.[490] Hierbei handelt es sich jedoch nur um die Figur der partiellen Geschäftsfähigkeit, wie sie auch für die pränatale und postmortale Rechtsfähigkeit anerkannt ist.

Neben dieser Begrenzung der Geschäftsunfähigkeit in gegenständlicher Sicht ist auch eine Beschränkung bezogen auf den Schwierigkeitsgrad des Rechtsgeschäfts denkbar, was einer relativen Geschäftsfähigkeit entspricht, da hier grundsätzlich in jedem Einzelfall geprüft werden müsste, ob die Person intellektuell in der Lage ist, die Auswirkungen des zu tätigenden Rechtsgeschäfts vollumfänglich zu erfassen. Obwohl die oben dargestellte partielle Rechtsfähigkeit allgemein bejaht wird, findet die relative Geschäftsfähigkeit nur teilweise Zustimmung.[491]

Nach der Gegenauffassung[492] würde eine relative Geschäftsfähigkeit zu einer für den Rechtsverkehr schwer erträglichen Rechtsunsicherheit führen. Nach dieser Ansicht lässt sich bei Annahme einer relativen Geschäftsfähigkeit keine klare Grenze mehr zwischen Geschäftsfähigkeit und -unfähigkeit ziehen. Schon die geistigen Fähigkeiten einer Person werden von verschiedenen Beurteilern je nach den Anforderungen, die sie stellen, unterschiedlich bewertet. So wäre eine Entscheidung über die Wirksamkeit einer Willenserklärung davon abhängig, welche Schwierigkeiten dem Rechtsgeschäft und welches Maß an Einsichtsfähigkeit dem Erklärenden beizumessen sind.[493] Deshalb hat der Gesetzgeber zur Bestimmung der Rechtsfähigkeit mit Absicht auf verständliche abstrakte und leicht feststellbare Umstände – wie zum Beispiel das Lebensalter – abgestellt und damit die Rechtssicherheit in den Vordergrund gerückt.[494]

Diese Meinung übersieht, dass das Gesetz bereits jetzt Rechtsunsicherheiten in Kauf nimmt. Zum einen ist ein Rechtsgeschäft wirksam, dass der

---

[490] BVerfG v. 18.12.2002, NJW 03, 1382 (1383); BGH v. 19.6.1970, NJW 70, 1680 (1681); BAG v. 11.6.1963, RdA 63, 398 (398); Erman/*Palm* § 104 BGB Rn 5; *Larenz/Wolf* § 6 Rn 24; MüKo/*Schmitt* § 104 BGB Rn 16 f.; Palandt/*Heinrichs* § 104 BGB Rn 6; Soergel/*Hefermehl* § 104 BGB Rn 7; Staudinger/*Knothe* § 104 BGB Rn 14.

[491] RG v. 21.3.1938, JW 38, 1590 (1591); OLG Köln v. 29.1.1960, NJW 60, 1389 (1389); Erman/*Holzhauer* § 1896 BGB Rn 34; *Flume* II § 13, 5.; *Lipp* FamRZ 03, 721 (729); *Pawlowski* Rn 198 f.; *Pawlowski* JZ 03, 66 (72); Soergel/*Zimmermann* § 1896 BGB Rn 34; Staudinger/*Bienwald* § 1903 BGB Rn 35.

[492] BGH v. 19.6.1970, NJW 70, 1680 (1681); BayObLG NJW 89, 1678 (1679); Erman/*Palm* § 104 BGB Rn 5; Jauernig/*Jauernig* § 105a BGB Rn 2; *Larenz/Wolf* § 6 Rn 25; MüKo/*Schmitt* § 104 BGB Rn 18; Palandt/*Heinrichs* § 104 BGB Rn 6; Soergel/*Hefermehl* § 104 BGB Rn 7; Staudinger/*Knothe* § 104 BGB Rn 15.

[493] BGH v. 19.6.1970, NJW 70, 1680 (1681); Erman/*Palm* § 104 Rn 5; Jauernig/*Jauernig* § 105a BGB Rn 2; *Larenz/Wolf* § 6 Rn 25; Staudinger/*Knothe* § 104 BGB Rn 15.

[494] *Schleef/Oetker* S. 81; dem folgend *Doerlich* § 14 I. 4. b) bb) (3).

Geschäftsunfähige in Augenblicken des vollen geistigen Bewusstseins – den so genannten *lucida intervalla* – tätigt. Zum anderen sind nach § 105 Abs. 2 BGB auch diejenigen Willenserklärungen nichtig, die während einer vorübergehenden Störung der Geistestätigkeit abgegeben wurden. Wann eine Geisteskrankheit durch *lucida intervalla* unterbrochen bzw. wann der umgekehrte Fall einer kurzzeitigen Störung des Normalzustandes vorliegt, muss keines Falls klar und leicht zu beurteilen sein. Betrachtet man die damit einhergehenden Rechtsunsicherheiten, überzeugt es nicht, sich gegen die Anerkennung der relativen Geschäftsfähigkeit auf das Argument der Rechtssicherheit zu berufen.[495]

Als weiteres Argument stützt sich die ablehnende Ansicht darauf, dass über die Beurteilung der Geschäftsfähigkeit gemäß § 104 Nr. 2 BGB weniger die verständige Einsichtsfähigkeit als die Freiheit des Willensentschlusses entscheide. Ausschlaggebend sei, ob eine freie Entscheidung auf Grund einer Abwägung des Für und Wider einer sachlichen Prüfung der in Betracht kommenden Gesichtspunkte möglich sei oder ob von einer freien Willensbildung nicht mehr gesprochen werden könne, weil die Willensbildung durch unkontrollierbare Triebe und Vorstellungen ausgelöst werde. Die intellektuellen Fähigkeiten einer Person sollten dagegen nicht berücksichtigt werden.[496]

Auch dies ist abzulehnen. Es geht bei der Geschäftsfähigkeit nicht nur um das Willensmoment, sondern insgesamt um das geistig-willentliche Vermögen. Treffend definiert § 2229 Abs. 4 BGB für die Testierfähigkeit – einem Unterfall der allgemeinen Geschäftsfähigkeit[497], dass derjenige, der wegen krankhafter Störung der Geistestätigkeit, wegen Geistesschwäche oder wegen Bewusstseinsstörungen nicht in der Lage ist, die Bedeutung einer von ihm abgegebenen Willenserklärung einzusehen und nach dieser Einsicht zu handeln, kein Testament errichten kann. An dieser Stelle macht der Gesetzeswortlaut unmissverständlich klar, dass es für die Testierunfähigkeit auf die Komponenten der Willens- und Einsichtsfähigkeit gleichermaßen ankommt. Einerseits muss die Person in der Lage sein, ihren Willen unbeachtlich anderer Einflüsse frei zu bilden, andererseits muss sie im Stande sein, die Tragweite der Bedeutung der von ihr abgegebenen Willenserklärung richtig zu erfassen. Nur dadurch wird die Einheit von Willen und Intellekt ausreichend gewürdigt. Letztlich geht es also im Sinne von § 2229 Abs. 4 BGB um das Vermögen, die Bedeutung einer abgegebenen Willenserklärung

[495] *Flume* II § 13, 5.

[496] RG v. 19.1.1922, RGZ 103, 399 (401); RG v. 6.10.1930, RGZ 130, 69 (71); BGH v. 19.6.1970, NJW 70, 1680 (1681); BayObLG v. 24.11.1988, NJW 89, 1678 (1679); BayObLG v. 5.12.1991, NJW 92, 2100 (2101).

[497] Palandt/*Edenhofer* § 2229 BGB Rn 1.

einzusehen und nach dieser Einsicht zu handeln.[498] Somit widerspricht es nicht den Gesetzesvorgaben, wenn die Geschäftsfähigkeit mit Hilfe der Willens- und der Einsichtsfähigkeit bestimmt wird.

Darüber hinaus ist es vorstellbar, dass ein Mensch, der in seiner Geistestätigkeit krankhaft gestört ist, in der Lage ist, Geschäfte des täglichen Lebens vorzunehmen, deren Erledigung keiner gedanklichen Anstrengung bedürfen, dass aber infolge seiner geistigen Schwäche seine freie Willensbestimmung ausgeschlossen ist, sobald es sich um ein Rechtsgeschäft handelt, dessen Abschluss die Abwägung der dafür und dagegen sprechenden Beweggründe verlangt. Eine gedankenlose Betätigung des täglichen Lebens steht letztlich auf einer anderen Stufe als ein Rechtsgeschäft, zu dem eigene freie Erwägungen angestellt werden müssen.[499] Die Gegenansicht beurteilt hingegen die Fähigkeit zum Kauf einer Zeitschrift nicht anders als die Fähigkeit, ein großes Unternehmen zu führen.[500]

Ein weiteres Argument für die Existenz der relativen Geschäftsfähigkeit lässt sich möglicherweise auch aus § 1903 Abs. 3 Satz 2 BGB gewinnen. Gemäß § 1896 Abs. 1 Satz 1 BGB kann das Vormundschaftsgericht einen Betreuer bestellen, wenn ein Volljähriger auf Grund seiner psychischen Krankheit oder einer körperlichen, geistigen oder seelischen Behinderung seine Angelegenheiten ganz oder teilweise nicht besorgen kann. Im Rahmen des Betreuungsverhältnisses kann das Gericht gemäß § 1903 Abs. 1 Satz 1 BGB anordnen, dass der Betreute zu einer Willenserklärung die Einwilligung des Betreuers bedarf. Soweit nichts anderes angeordnet ist, greift dieser Betreuungsvorbehalt jedoch nach § 1903 Abs. 3 Satz 2 BGB nicht, wenn die Willenserklärung eine geringfügige Angelegenheit des täglichen Lebens betrifft. Wörtlich lautet § 1903 Abs. 3 BGB: „Ist ein Einwilligungsvorbehalt angeordnet, so bedarf der Betreute dennoch nicht der Einwilligung seines Betreuers, wenn die Willenserklärung dem Betreuten lediglich einen rechtlichen Vorteil bringt. Soweit das Gericht nichts anderes anordnet, gilt dies auch, wenn die Willenserklärung eine geringfügige Angelegenheit des täglichen Lebens betrifft." Der geschlossene Vertrag ist von Anfang an wirksam. Somit räumt diese Vorschrift dem Betreuten eine auf Angelegenheit des täglichen Lebens bezogene relative Geschäftsfähigkeit ein, da der Betreute bestimmte Handlungen ohne Einwilligung des gesetzlichen Vertreters unabhängig davon, ob er geschäftsfähig oder -unfähig ist,

---

[498] OLG Saarbrücken v. 12.8.1998, NJW 99, 871 (872); *Flume* II § 13, 3. und 5.; *Larenz/Wolf* AT § Rn 18; Staudinger/*Knothe* § 104 BGB Rn 11.

[499] RG v. 21.3.1938, JW 38, 1590 (1591); OLG Köln v. 29.1.1960, NJW 60, 1389 (1389).

[500] Erman/*Holzhauer* § 1896 Rn 34.

vornehmen kann.[501] § 1903 Abs. 3 Satz 2 BGB erkennt also die relative Geschäftsfähigkeit des Betreuten für geringfügige Angelegenheiten des täglichen Lebens an.

Neben diesen Überlegungen anhand einfachen Gesetzesrechts streitet auch die Verfassung für die Annahme einer relativen Geschäftsfähigkeit. § 1903 Abs. 3 Satz 2 BGB dient dazu, die rechtliche Stellung Geschäftsunfähiger zu verbessern. Durch den völligen Ausschluss von jeder Teilnahme am Rechtsgeschäftsverkehr wird der Geschäftsunfähige in einer von dem Schutzzweck des Geschäftsfähigkeitsrechts nicht gebotenen Weise diskriminiert und damit letztlich in seiner Menschenwürde gemäß Art. 1 Abs. 1 GG und seinem Recht auf freie Entfaltung der Persönlichkeit nach Art. 2 Abs. 1 GG verletzt. Deswegen muss versucht werden, eine möglichst weite Emanzipation der Person von allen Formen der Fremdbestimmung zu erreichen. Mit diesen Vorschriften soll daher dem volljährigen Geschäftsunfähigen in gewissem Umfang eine selbständige Teilnahme am Rechtsverkehr eröffnet werden.[502] Folglich wird nicht nur die partielle, sondern auch die relative Geschäftsfähigkeit dem Verhältnismäßigkeitsgrundsatz besser gerecht, als eine absolute und strikte Verneinung der Geschäftsfähigkeit auf allen Gebieten.

Dieser Gedanke trägt auch die Idee der relativen Tariffähigkeit. Auch sie soll dazu führen, dass dem Verhältnismäßigkeitsprinzip besser gerecht wird. Auch kleinere Gewerkschaften sollen ihren Rechten aus Art. 9 Abs. 3 GG nachgehen und sich als Koalition ebenso weit wie möglich entfalten können, wie eine geschäftsunfähige Person sich als Individuum selbst bestimmen können soll. Beiden Rechtsinstituten wird eine strikte absolute Sichtweise letztlich nicht gerecht. Daher erscheint eine relative Betrachtung vorzugswürdig.

ee) Zwischenergebnis

Im Ergebnis konnte die Behauptung, dass sowohl die Rechtsfähigkeit, als auch die Geschäftsfähigkeit nur ganz oder gar nicht vorliegen können, widerlegt werden. Eine Relativierung im Hinblick auf den Vertragspartner bei der Rechts- und Geschäftsfähigkeit ist der Rechtsordnung im Rahmen der Rechtsprechung zur Teilrechtsfähigkeit der Gesellschaft bürgerlichen Rechts und im familienrechtlichen Betreuungsrecht bekannt. Da somit bei den Instituten der Rechts- und Geschäftsfähigkeit nicht immer notwendigerweise auf einen abstrakt-generellen Maßstab abzustellen ist, muss dieser Maßstab auch für die Tariffähigkeit nicht zwingend gelten. Die Gegenüberstellung der Tariffähig-

---

[501] Erman/*Holzhauer* § 1896 Rn 34; *Lipp* FamRZ 03, 721 (724, 729); *Pawlowski* Rn 198 f.; *Pawlowski* JZ 03, 66 (69); Soergel/*Zimmermann* § 1896 Rn 34; Staudinger/*Bienwald* § 1903 Rn 35.

[502] Wie hier im Zusammenhang mit § 105a BGB Staudinger/*Knothe* § 105a BGB Rn 1.

keit mit der Rechts- und Geschäftsfähigkeit führt mithin zu dem Ergebnis, dass bei allen drei untersuchten Rechtsinstituten eine Relativierung grundsätzlich denkbar und möglich ist.

f) Fazit

So wie bereits die in der Systematik des Tarifvertragsgesetzes verankerten Argumente gegen die Rechtsprechung zur sozialen Mächtigkeit nicht durchgreifen, ist auch die Kritik an der relativen Tariffähigkeit, die sich auf vermeintliche Widersprüche im Tarifvertragsgesetz stützt, nicht haltbar. Argumente, die sich aus dem Gewerkschaftsbegriff anderer Gesetze speisen, können auf Grund der abzulehnenden Einheitlichkeit des Gewerkschaftsbegriffs ebenfalls nicht fruchtbar gemacht werden. Zudem trifft die Behauptung, sowohl Rechts-, als auch Geschäftsfähigkeit könnten nur ganz oder gar nicht vorliegen, so dass auch die Tariffähigkeit nur ganz oder gar nicht vorliegen könne, nicht zu. Dagegen spricht die prozessuale Systematik nach §§ 2a Abs. 1 Nr. 4, 97 ArbGG für die Idee der relativen Tariffähigkeit.

Das schlagende Argument für die Annahme einer relativen Tariffähigkeit ergibt sich aber aus dem Tarifsystem selbst. Wie erwähnt, räumt auch das Bundesarbeitsgericht ein, dass das Konzept der relativen Tariffähigkeit das Prinzip, Tariffähigkeit nur dort anzuerkennen, wo sie mit entsprechender Mächtigkeit der Arbeitnehmervereinigung verbunden ist, am konsequentesten umsetzt.[503]

4. Teleologische Auslegung

Nach der systematischen Auslegung ist im nächsten Schritt zu prüfen, ob die Idee der relativen Tariffähigkeit mit Sinn und Zweck der Tariffähigkeit im Rahmen von § 2 Abs. 1 TVG zu vereinbaren ist.

a) Rechtssicherheit

Ein prägendes Ziel der Rechtsprechung ist, die Funktionsfähigkeit des Tarifsystems zu erhalten und eine sinnvolle Ordnung des Arbeitslebens zu gewährleisten. Das nur durchsetzungsfähige Gewerkschaften in der Lage sein sollen, die Arbeitsbedingungen ihrer Mitglieder normativ zu regeln, ist somit insbesondere der Rechtssicherheit geschuldet. Ein unübersichtliches Durcheinander und verwirrendes „Gewimmel" kleiner Verbände könnte dem abträglich sein.[504]

Daher verwundert es nicht, dass die Mehrzahl der Kritiker der relativen Tariffähigkeit ihre Ablehnung nicht auf eine eventuelle Fehlerhaftigkeit des

---

[503] BAG v. 28.3.2006, AP Nr. 4 zu § 2 TVG Tariffähigkeit.

[504] *Hanau* NZA 03, 128 (128).

Konzepts, sondern auf die Gefahr der Beeinträchtigung der Rechtssicherheit stützt. Die im Interesse der Rechtssicherheit anzustrebende Einheitlichkeit der Bewertung stehe nach dieser Meinung einer aufgesplitterten Bewertung der Durchsetzungsfähigkeit einer Koalition entgegen.[505] Wäre die Tariffähigkeit eines Verbandes jeweils nach Region oder Branche unterschiedlich zu beurteilen, entstünde eine die Funktionsfähigkeit der Tarifautonomie ernsthaft gefährdende Unsicherheit. Es würde sich bei jedem Tarifvertrag die Frage stellen, ob die ihn abschließende Koalition im jeweiligen fachlichen oder räumlichen Bereich Durchsetzungskraft und damit relative Tariffähigkeit besitze. Der soziale Gegenspieler müsse aber ohne Schwierigkeiten erkennen können, ob sein Kontrahent die Befugnis innehabe, Tarifverträge abzuschließen. Andernfalls würden die Vertragsparteinen Gefahr laufen, dass der Tarifvertrag nichtig sei.[506]

Deshalb stellt sich die Frage, ob die Annahme einer relativen Tariffähigkeit diesem Telos weniger gerecht wird, als die abstrakte Feststellung der Tariffähigkeit.

aa) Arbeitskampfrecht

Nach der Auffassung der Kritiker der relativen Tariffähigkeit bestehe gerade auf Grund des Arbeitskampfrechts, wonach es erlaubt sei, in die Rechtsgüter des Gegenspielers einzugreifen, und trotzdem vertragliche und deliktische Ansprüche der Beteiligten untereinander ausgeschlossen seien, ein großes Bedürfnis für eine klare Rechtslage. Müsste bei jedem Streik erst im Rahmen eines gerichtlichen Verfahrens geprüft werden, ob die Gewerkschaft sozial mächtig sei, wären Gegenmaßnahmen kaum sinnvoll einsetzbar.[507]

Ein Blick ins Arbeitskampfrecht zeigt jedoch, dass auch bei bestehenden Unsicherheiten über die Tariffähigkeit einer Gewerkschaft, Gegenmaßnahmen ergriffen werden können. Sollte sich bei der Prüfung der Rechtmäßigkeitsvoraussetzungen die Unwirksamkeit des Arbeitskampfes herausstellen, weil die Gewerkschaft nicht durchsetzungsfähig und somit tarifunfähig ist, werden anders als beim rechtmäßigen Arbeitskampf die Hauptpflichten des Arbeitsverhältnisses nicht suspendiert. Zwar werden Ansprüche des Arbeitgebers gegen die einzelnen Arbeitnehmer aus Vertrag oder Delikt wegen mangelnden Verschuldens der einzelnen Arbeitnehmer, die auf die

---

[505] BAG v. 28.3.2006, AP Nr. 4 zu § 2 TVG Tariffähigkeit; LAG Hamburg v. 13.12.1995, Az.: <8 TaBV 8/95 S. 14> (nicht veröffentlicht); *Beneke* SAE 98, 60 (65 f.); *Bayreuther* BB 05, 2633 (2638); *Doerlich* § 14 I. 4. b) bb) (3); ErfK/*Franzen* § 2 TVG Rn 13; HWK/*Hergenröder* Art. 9 GG Rn 52; *Kissel* § 9 Rn 34; *Oetker* Anm. zu BAG AP Nr. 4 zu § 97 ArbGG unter III.; *Schleef/Oetker* S. 81 ff.; Wiedemann/*Oetker* § 2 TVG Rn 394.

[506] BAG v. 28.3.2006, AP Nr. 4 zu § 2 TVG Tariffähigkeit.

[507] *Schleef/Oetker* S. 81 ff.; dem folgend *Doerlich* § 14 I. 4. b) bb) (3).

Rechtmäßigkeit des gewerkschaftlich organisierten Streiks vertrauen durften, ausgeschlossen sein,[508] jedoch kommt regelmäßig eine Haftung der Koalition, die unrechtmäßig zum Streik aufgerufen hatte, aus vertraglichen Schadensersatzansprüchen nach § 280 Abs. 1 BGB und unerlaubter Handlung wegen eines Eingriffs in das Recht am eingerichteten und ausgeübten Gewerbebetrieb gemäß § 823 Abs. 1 BGB in Betracht.[509]

Im Gegensatz zur Gewerkschaft müssen die Arbeitgeber, die sich gegen die rechtswidrigen Arbeitskampfmaßnahmen wehren, keine Sanktionen fürchten. Da eine Aussperrung selbst bei einem rechtmäßigen Streik zulässig ist, kann der Arbeitgeber nach ganz überwiegender Auffassung auf die rechtswidrige Kampfmaßnahme erst recht mit der Aussperrung – zumindest der rechtswidrig streikenden Arbeitnehmer – antworten, ohne dass die betroffenen Arbeitnehmer oder ihre Verbände Ansprüche gegen ihn geltend machen können.[510] Das volle Risiko des rechtswidrigen Arbeitskampfes auf Grund mangelnder Tariffähigkeit trägt demnach die Gewerkschaft. Insofern gehen Rechtsunsicherheiten immer zu ihren Lasten und Gegenmaßnahmen sind einsetzbar, solange sie selbst die Grundsätze des Arbeitskampfrechts achten. Folglich wird die Rechtssicherheit bei Annahme einer relativen Tariffähigkeit mit Blick auf die Grundzüge des Arbeitskampfrechts nicht stärker beeinträchtigt, als bei Annahme der absoluten Tariffähigkeit.

Wird der Grundsatz der relativen Tariffähigkeit konsequent angewandt, besteht aber die Gefahr, dass die wachsende Zahl der Gewerkschaften, die berechtigt sind, einen Tarifvertrag zu vereinbaren, zu einem Wettlauf der Gewerkschaften um *höhere* Tarifentgelte führen könnte, der den Arbeitgeber mit extremen Kosten belastet.[511] Die Gefahr eines derartigen Wettlaufs besteht aber nur in Bezug auf hoch spezialisierte Spartengewerkschaften. Nur Angestelltengruppen wie Piloten, Lokomotivführern, Ärzten oder Computerspezialisten, die ausnahmslos Schlüsselstellungen einnehmen, können es sich erlauben, gruppenegoistische Forderungen von Gehaltssteigerungen in Höhe

---

[508] Vgl. zur individualrechtlichen Rechtsfolge des rechtswidrigen Streiks statt aller BAG v. 7.6.1988, AP Nr. 106 zu Art. 9 GG Arbeitskampf; ErfK/*Dieterich* Art. 9 GG Rn 226 ff.; *Kissel* § 47 Rn 63 ff.

[509] Vgl. zur kollektivrechtlichen Rechtsfolge des rechtswidrigen Streiks statt aller BAG v. 21.6.1988, AP Nr. 108 zu Art. 9 GG Arbeitskampf; ErfK/*Dieterich* Art. 9 GG Rn 218 ff.; *Kissel* § 47 Rn 13 ff.

[510] Statt aller: BAG v. 27.9.1957, AP Nr. 6 zu Art. 9 GG Arbeitskampf; BAG v. 25.1.1963, AP Nr. 24 zu Art. 9 GG Arbeitskampf; BAG GS v. 21.4.1971, AP Nr. 43 zu Art. 9 GG Arbeitskampf; *Hueck/Nipperdey* § 47 B. VI. 4. a); *Söllner/Waltermann* Rn 313; *Zöllner/Loritz* § 40 IX 3.; ablehnend gegenüber Aussperrung nicht streikender Arbeitnehmer: *Brox/Rüthers/Schlüter/Jülicher* Rn 217; *Kissel* § 53 Rn 31 ff.

[511] *Bayreuther* BB 05, 2633 (2640 f.).

von 30 % oder mehr zu verlangen.[512] Solchen Spartengewerkschaften, die ausschließlich Schlüsselkräfte repräsentieren, billigt die Rechtsprechung aber selbst die Tariffähigkeit zu.[513] Im Gegensatz zu den Forderungen der Spartengewerkschaften fallen insbesondere die christlichen Gewerkschaften eher durch Tarifforderungen auf, die mit dem Ziel der Beschäftigungssicherung hinter denjenigen der etablierten Gewerkschaften des Deutschen Gewerkschaftsbundes zurückbleiben.[514]

Allenfalls könnte es daher zwischen den Gewerkschaften zu einem Wettlauf um *niedrigere* Tarifentgelte kommen, wie es in der Zeitarbeitsbranche bereits ansatzweise Geschehen ist.[515] Nur solchen Gewerkschaften würde das Eingreifen in die Tarifverhandlungen in Abkehr von der bisherigen Rechtsprechung durch die Idee der relativen Tariffähigkeit regional und sektoral erleichtert. Von einem Wettlauf auf Kosten der Arbeitgeber kann also wohl nicht gesprochen werden.

Nicht von der Hand zu weisen ist allerdings die abstrakte Gefahr, dass eine größere Zahl tarifschließender Parteien zu einer vermehrten Zahl von Arbeitskämpfen führen könnte. Dennoch ist es kontraproduktiv kleineren Gewerkschaften das Streikrecht zu versagen, wenn im Betrieb bereits eine funktionsfähige Tarifordnung besteht, da das Problem der Anerkennung einer Koalition als tariffähige Gewerkschaft so nur von der Ebene der Tariffähigkeit auf die Ebene des Arbeitskampfes verschoben wird.[516] Im Ergebnis könnten die Minderheitsgewerkschaften dann weiterhin nicht in das Tarifgeschehen eingreifen. Ihnen würde zwar anders als bisher pro forma das Recht zustehen, einen Tarifvertrag zu schließen, sie könnten einen solchen Abschluss aber nicht mit einem Arbeitskampf erzwingen.

Die abstrakte Gefahr vermehrter Arbeitskämpfe ist daher hinzunehmen. Ob sich diese abstrakte Gefahr tatsächlich verstärkt realisiert, muss aber bezweifelt werden. Bis dato ist die Zahl der Arbeitskämpfe, die von kleineren Gewerkschaften geführt wurden gering.[517] Somit ist bei Annahme der relativen Tariffähigkeit keine gravierende Beeinträchtigung des sozialen Friedens und der Rechtssicherheit durch eine gesteigerte Streikhäufigkeit ersichtlich.

---

[512] Vgl. *Bayreuther* BB 05, 2633 (2640); zu Berufsgewerkschaften siehe S. 20 ff.

[513] BAG v. 15.3.1977, AP Nr. 24 zu Art. 9 GG; BAG v. 16.11.1982, AP Nr. 32 zu § 2 TVG; BAG v. 14.12.2004, AP Nr. 1 zu § 2 TVG Tariffähigkeit.

[514] z.B. *Martin* AuR 04, 247 (249) (Gegenüberstellung Tarifverträge in der Zeitarbeitsbranche); Westdeutsche Zeitung v. 20.10.2005 (Firmentarif Nexan).

[515] *Martin* AuR 04, 247 (247 ff.).

[516] So aber *Bayreuther* BB 05, 2633 (2641).

[517] Vgl. zu bisherigen Streikaufrufen von Spartengewerkschaften LAG Frankfurt v. 2.5.2003, BB 03, 1229; LAG Mainz v. 22.6.2004, AP Nr. 169 zu Art. 9 GG.

bb) Prozessrecht

Nach der Auffassung der Kritiker der relativen Tariffähigkeit komme dem Ansinnen nach einer besonders hoch zu veranschlagenden Rechtssicherheit innerhalb des Tarifrechts das Gesetz auch in verfahrensrechtlicher Hinsicht nach. So sei § 97 ArbGG gewiss nur für Ausnahmefälle gedacht.[518] Zudem bestehe gemäß § 97 ArbGG nicht nur ein eigenständiges Beschlussverfahren für die Feststellung der Tariffähigkeit und -zuständigkeit, sondern nach § 97 Abs. 5 ArbGG sogar eine Aussetzungspflicht eines Rechtsstreits, in dem die Tariffähigkeit oder -zuständigkeit einer Gewerkschaft inzident in Frage stehe. Der im Beschlussverfahren gemäß § 83 Abs. 1 ArbGG geltende Amtsermittlungsgrundsatz garantiere zudem, dass die Entscheidung des Gerichts auf einer möglichst vollständigen Tatsachengrundlage basiere. Außerdem werde die Rechtssicherheit durch die Mitteilungspflicht an die zuständigen Landes- und Bundesbehörden und durch die Rechtskrafterstreckung des Beschlusses auf am Verfahren nicht beteiligte Dritte gemäß § 97 Abs. 3 i.V.m. § 63 ArbGG i.V.m. § 9 TVG analog noch erhöht.[519]

Die Rechtssicherheit fördernden prozessualen Grundsätze nach § 97 ArbGG werden durch die relative Tariffähigkeit aber nicht weiter beeinträchtigt. Wie schon dargestellt, bezieht sich das Verfahren nach § 97 ArbGG immer auf einen konkreten Tarifvertrag.[520] So setzt das Verfahren nach § 97 ArbGG keine universelle Tariffähigkeit voraus, sondern lässt sich ohne weiteres auf einen bestimmten Bereich begrenzen.[521] Insofern ergibt sich kein prozessualer Unterschied zwischen der relativen und absoluten Tariffähigkeit, wenn festgestellt werden soll, ob beispielsweise die Christliche Gewerkschaft Metall zum Abschluss eines Tarifvertrages für Informatiker im Bezirk Küste fähig ist.

Bei Annahme der relativen Tariffähigkeit wäre darauf abzustellen, ob die Christliche Gewerkschaft Metall für die Informationstechnologiebranche im Bezirk Küste durchsetzungsfähig ist, während nach heute vorherrschendem Verständnis zu prüfen wäre, ob die Christliche Gewerkschaft Metall bundesweit und für alle Branchen durchsetzungsfähig ist, obwohl in dem konkreten Gerichtsverfahren nur die Durchsetzungsfähigkeit innerhalb der Informationstechnologiebranche im Bezirk Küste streitig ist. Überschaubarer und somit rechtssicherer wäre der Ansatz der Relativität, da der soziale Gegenspieler die Situation für seine eigene Branche innerhalb der eigenen Region viel leichter einschätzen kann, als sich – um wieder an dem Beispiel anzuknüpfen – als IT-

---

[518] *Hümmerich/Holthausen* NZA 06, 1070 (1074).

[519] *Schleef/Oetker* S. 81 ff.; dem folgend *Doerlich* § 14 I. 4. b) bb) (3).

[520] Zur Vereinbarkeit mit §§ 2a Abs. 1 Nr. 4, 97 ArbGG siehe S. 149 f.

[521] BAG v. 25.9.1996, AP Nr. 4 zu § 97 ArbGG; *Henssler* S. 58.

Unternehmen in Kiel Gedanken darüber zu machen, ob die Christliche Gewerkschaft Metall auch genügend Kfz-Mechaniker in Sachsen zu ihren Mitgliedern zählt.

Auf Grund der konkreten Tarifbezogenheit des Beschlussverfahrens nach § 97 ArbGG bestehen auch keine weiteren verfahrensrechtlichen Unterschiede zwischen den beiden Ansätzen, so dass die Aussetzungspflicht nach § 97 Abs. 5 ArbGG, der Amtsermittlungsgrundsatz nach § 83 Abs. 1 ArbGG, die Mitteilungspflicht und die Rechtskrafterstreckung gemäß § 97 Abs. 3 ArbGG i.V.m. § 63 ArbGG i.V.m. § 9 TVG analog der Rechtssicherheit auch dann noch dienen, wenn man die Tariffähigkeit nur bezogen auf Branche oder Region verlangt.

b) Problem der Tarifpluralität

Das Telos der Rechtsprechung zur sozialen Mächtigkeit – ein rechtssicheres und funktionsfähiges Tarifsystem durch klare und einheitliche Tarifstrukturen zu garantieren – kommt im Tarifrecht auch bei der Behandlung des Problems der Tarifpluralität zum Tragen. Regeln zwei Tarifverträge unterschiedliche Gesichtspunkte – einer justiert zum Beispiel vermögenswirksame Leistungen, während der andere Bestimmungen über Arbeitszeitmodelle beinhaltet – tritt ein Tarifvertrag neben den anderen.[522] Tarifpluralität liegt hingegen vor, wenn zwei verschiedene Gewerkschaften mit demselben Arbeitgeberverband oder einem einzelnen Arbeitgeber einen Tarifvertrag mit identischem Regelungsinhalt abschließen oder wenn ein Tarifvertrag kraft Tarifbindung mit einem allgemeinverbindlichen Tarifvertrag konkurriert.[523] Nach der Auffassung des Bundesarbeitsgerichts ist das Phänomen der Tarifpluralität mit Hilfe des Spezialitätsprinzips als Normenkollisionsregel zu lösen. Im Sinne des Spezialitätsprinzips kommt dann nur der speziellere von den beiden um dieselbe Materie konkurrierenden Tarifverträgen zum Zuge.[524]

Wenn nun nach dieser Rechtsprechung letzten Endes ohnehin nur der jeweils speziellere Tarifvertrag Anwendung findet, könnte man die rechtlichen und tatsächlichen Schwierigkeiten, die sich bei der Bestimmung einer tariffähigen Gewerkschaft ergeben, von vornherein umgehen, indem nur einer

---

[522] *Gamillscheg* § 17 III. c) (2) (c).

[523] *Hanau* NZA 03, 128 (131); *Jacobs* S. 99 f. & 334 f.; Wiedemann/*Wank* § 4 TVG Rn 280.

[524] BAG v. 14.6.1989, AP Nr. 16 zu § 4 TVG Tarifkonkurrenz; BAG v. 5.9.1990, AP Nr. 19 zu § 4 TVG Tarifkonkurrenz; BAG v. 20.3.1991, AP Nr. 20 zu § 4 TVG Tarifkonkurrenz; BAG v. 4.12.2002, AP Nr. 28 zu § 4 TVG Tarifkonkurrenz; zustimmend *Buchner* BB 03, 2121 (2128); *Buchner* ZfA 04, 229 (246 ff.); *Buchner* in FS 50 Jahre BAG, S. 631 (637); *Hromadka* in GS Heinze, S. 383 (387 ff.); *Säcker/Oetker* ZfA 93, 1 (9 ff.).

Gewerkschaft der Abschluss von Tarifverträgen für einen Wirtschaftszweig oder eine Tarifregion erlaubt wird.

Das Bundesarbeitsgericht führt dazu aber aus, dass das Prinzip der Tarifeinheit im Betrieb nicht dafür herhalten könne, einer Arbeitnehmervereinigung die Gewerkschaftseigenschaft abzusprechen, um dem Phänomen der Tarifpluralität vorzubeugen. Es sei gerade verfehlt, den Grundsatz der Tarifeinheit im Betrieb als Argument gegen gewerkschaftliche Konkurrenz zu bemühen. Dieser Grundsatz stehe einem Nebeneinander mehrerer konkurrierender Gewerkschaften nicht entgegen, weil Tarifpluralität erst durch die Existenz mehrerer Gewerkschaften in Erscheinung trete. Dementsprechend sei es einer Koalition unbenommen, sich um den Abschluss eines spezielleren Tarifvertrags zu bemühen, der einen anderen konkurrierenden Tarifvertrag verdränge. Tarifpluralität könne dagegen nicht dadurch vermieden werden, dass einer konkurrierenden Koalition die Gewerkschaftseigenschaft versagt werde. Dies wäre mit Art. 9 Abs. 3 GG unvereinbar.[525] Gleiches gilt nach der Auffassung des Hessischen Landesarbeitsgerichts für das Führen von Arbeitskämpfen. Der Grundsatz der Tarifeinheit im Betrieb könne überhaupt nur bei der Existenz zweier Tarifverträge zur Anwendung kommen. Deshalb sei ein Arbeitskampf nicht per se unter Berufung auf den Grundsatz der Tarifeinheit unverhältnismäßig.[526] Folglich führt der Grundsatz der Tarifeinheit im Betrieb niemals zum Ausschluss der Tariffähigkeit oder der Unzulässigkeit eines Streiks. Daher kann dieser Grundsatz nicht gegen die relative Tariffähigkeit und die damit wachsende Zahl tariffähiger Gewerkschaften und ihrer Tarifabschlüsse angeführt werden.

Trotzdem bleibt beim Festhalten an dem Grundsatz der Tarifeinheit im Betrieb die Frage bestehen, worin der Zugewinn für eine Gewerkschaft liegt, wenn sie zwar tariffähig ist, ihre Tarifverträge aber im Falle der Spezialität verdrängt werden. Zwar bietet die Tarifeinheit im Betrieb größere Rechtssicherheit, jedoch wird der durch Art. 9 Abs. 3 GG gebotene und durch die Idee der relativen Tariffähigkeit forcierte Koalitionspluralismus konterkariert und durch einen Verdrängungswettbewerb der einzelnen Koalitionen ersetzt. Deshalb ist zu prüfen, ob die Rechtsprechung zur Tarifeinheit im Betrieb aufgegeben werden muss.

---

525 BAG v. 14.12.2004, AP Nr. 1 zu § 2 TVG Tariffähigkeit.

526 LAG Frankfurt v. 2.5.2003, BB 03, 1229 (1230 f.); dagegen sind *Bayreuther* BB 05, 2633 (2640 f.); *Buchner* in FS 50 Jahre BAG, S. 631 (642 f.); *Hromadka* in GS Heinze, S. 383 (389) der Ansicht, einer kleinen Gewerkschaft sei zwar nicht von vornherein der Abschluss eines Tarifvertrages zu versagen, jedoch sei der Minderheitengewerkschaft das Recht abzuerkennen, einen Arbeitskampf zur Durchsetzung der eigenen tarif-politischen Vorstellungen zu führen.

aa) Grundsatz der Tarifeinheit im Betrieb

Das Bundesarbeitsgericht begründet seine Auffassung zur Maxime der Tarifeinheit im Betrieb zunächst mit den übergeordneten Prinzipien der Rechtssicherheit und Rechtsklarheit. Nur die Geltung eines Tarifwerks gewährleiste eine praktisch handhabbare und durchschaubare Regelung der Arbeitsbedingungen im einzelnen Arbeitsverhältnis. Für den Arbeitgeber bedeute es eine große Erleichterung, nur einen Tarifvertrag anwenden zu müssen. Die Tarifbindung des Arbeitgebers als Anknüpfungspunkt garantiere eine vom Wechsel der Arbeitnehmer und vom Zufall unabhängige betriebseinheitliche Anwendung desjenigen Tarifvertrags, der den Erfordernissen des Betriebs und der beschäftigten Arbeitnehmer entspreche. Rechtliche und tatsächliche Unzulänglichkeiten, die sich aus einem Nebeneinander von Tarifverträgen ergäben, würden dadurch vermieden.[527] Gälten für verschiedene Arbeitnehmer verschiedene Tarifverträge müsste eine rechtlich nicht begründbare und tatsächlich nicht durchsetzbare Pflicht zur Offenbarung der Gewerkschaftszugehörigkeit gegenüber dem Arbeitgeber verlangt werden.[528] Hilfsweise stützt das Bundesarbeitsgericht seine pragmatischen Überlegungen auf eine Regelungslücke innerhalb des Tarifvertragsgesetzes, die mittels des Prinzips der Tarifeinheit im Betrieb zu schließen sei.[529]

In zwei Fallgruppen hat das Bundesarbeitsgericht den eigenen Grundsatz der Tarifeinheit im Betrieb allerdings für nicht anwendbar erklärt. Die erste Konstellation betrifft das Nebeneinander eines geltenden und eines nachwirkenden Tarifvertrages.[530] Die zweite Fallgruppe hat mit dem Nebeneinander eines geltenden Tarifvertrages und denjenigen Tarifnormen zu tun, die gemäß § 613a Abs. 2 BGB Inhalt eines Arbeitsverhältnisses geworden sind.[531] Die im Schrifttum vertretene Ansicht, das Bundesarbeitsgericht werde daher von dem Grundsatz der Tarifeinheit gänzlich abrücken,[532] hat sich indessen bisher nicht bestätigt,[533] da die höchstrichterliche Rechtsprechung

---

[527] BAG v. 14.6.1989, AP Nr. 16 zu § 4 TVG Tarifkonkurrenz.

[528] BAG v. 5.9.1990, AP Nr. 19 zu § 4 TVG Tarifkonkurrenz.

[529] BAG v. 20.3.1991, AP Nr. 20 zu § 4 Tarifkonkurrenz.

[530] BAG v. 28.5.1997, AP Nr. 26 zu § 4 TVG Tarifkonkurrenz.

[531] BAG v. 19.11.1996, AP Nr. 153 zu § 613a BGB.

[532] *Dauner-Lieb* SAE 99, 47 (50); *Friedrich* in FS Schaub, S. 193 (203); *Hromadka* in GS Heinze, S. 383 (383); Kempen/Zachert/*Wendeling-Schröder* § 4 TVG Rn 153; *Löwisch/Rieble* § 4 TVG Rn 132.

[533] So auch *Henssler* S. 64.

grundsätzlich weiterhin an der Maxime der Tarifeinheit im Betrieb festhält.[534] So entschied der zehnte Senat des Bundesarbeitsgerichts explizit, dass er seine Rechtsprechung aufrecht erhalte, wonach auch bei einer Tarifpluralität nur der Tarifvertrag auf den gesamten Betrieb anwendbar sei, der ihm räumlich, betrieblich, fachlich und persönlich am nächsten sei, also spezieller sei.[535] Allerdings weist das Bundesarbeitsgericht auch in seiner Entscheidung über die Tariffähigkeit der Christlichen Gewerkschaft Metall erneut darauf hin, dass die von ihm *bislang* vertretene Lehre von der Tarifeinheit verfassungsrechtlich umstritten sei.[536] Ob das Bundesarbeitsgericht schließlich doch seine Rechtsprechung zum Grundsatz der Tarifeinheit im Betrieb aufgibt, darf daher weiterhin mit Spannung erwartet werden.

bb) Kritik am Grundsatz der Tarifeinheit im Betrieb

Die ganz überwiegend im Schrifttum und von den Instanzgerichten vertretene Auffassung lehnt die vom Bundesarbeitsgericht avisierte Lösung der Tarifpluralität mittels des Grundsatzes der Tarifeinheit im Betrieb nicht nur für spezielle Fallgruppen, sondern insgesamt entschieden ab.[537]

Zwar leuchtet es ein, dass für ein einzelnes Arbeitsverhältnis nur ein Tarifvertrag einheitlich gelten kann; denn Tarifverträge sind regelmäßig nach dem Willen der Tarifparteien als ein einheitliches Verhandlungsergebnis gewollt. Ihr Kompromisscharakter gebietet, dass sie insgesamt gelten und eine Spaltung des Inhalts im Sinne einer „Rosinentheorie" ausgeschlossen ist.[538] Jedoch kann dies nur für die Fälle von Normenkollision im einzelnen

---

[534] BAG v. 24.1.2001, AP Nr. 173 zu § 1 TVG Tarifverträge: Metallindustrie; BAG v. 25.7.2001, AP Nr. 242 zu § 1 TVG Tarifverträge: Bau; BAG v. 4.12.2002, AP Nr. 28 zu § 4 TVG Tarifkonkurrenz; BAG v. 14.12.2004, AP Nr. 1 zu § 2 TVG Tariffähigkeit.

[535] BAG v. 4.12.2002, AP Nr. 28 zu § 4 TVG Tarifkonkurrenz.

[536] BAG v. 28.3.2006, AP Nr. 4 zu § 2 TVG Tariffähigkeit.

[537] LAG Hannover v. 14.6.1990, LAGE Nr. 1 zu § 4 TVG Tarifpluralität; LAG Bremen v. 28.8.1990, LAGE Nr. 2 zu § 4 TVG Tarifpluralität; LAG Hannover v. 12.11.1999, LAGE Nr. 3 zu § 4 TVG Tarifpluralität; LAG Frankfurt v. 2.5.2003, BB 03, 1229 (1230 ff.); *Bayreuther* BB 05, 2633 (2640); *Däubler* Rn 1502 ff.; Däubler/*Zwanziger* § 4 TVG Rn 943; ErfK/*Dieterich* Art. 9 GG Rn 82; ErfK/*Franzen* § 4 TVG Rn 71 f.; *Hanau/Adomeit* Rn 209; *Hanau/Kania* Anm. zu BAG AP Nr. 20 zu § 4 TVG Tarifkonkurrenz; HWK/*Henssler* § 4 TVG Rn 47 f.; *Henssler* S. 64 f.; *Hohenstatt* DB 92, 1678 (1681); *Jacobs* S. 411 & 461 f.; *Kempen* in FS 50 Jahre BAG S. 733 (741 f.); Kempen/Zachert/*Wendeling-Schröder* § 4 TVG Rn 156 ff.; *Kraft* RdA 92, 161 (168); *Löwisch/Rieble* § 4 TVG Rn 132 ff.; MüArbR/*Löwisch/Rieble* § 276 Rn 17 ff.; *Preis* § 101 II.; *Reuter* JuS 92, 105 (106 ff.); *Rieble* BB 04, 885 (888); *Söllner/Waltermann* Rn 449; Wiedemann/*Wank* § 4 TVG Rn 287; *Zöllner/Loritz* § 37 V. 2.

[538] *Kraft* RdA 92, 161 (165); *Preis* § 101 II.

Arbeitsverhältnis und nicht für die Fälle einer Normenkollision im Betrieb gelten.[539]

Einigkeit besteht darüber, dass das Prinzip der Tarifeinheit nicht im Gesetz verankert ist.[540] Seine Anwendung wird vom Bundesarbeitsgericht vielmehr mit Zweckmäßigkeitsüberlegungen sowie den Prinzipien der Rechtssicherheit und Rechtsklarheit begründet. Dahinter verbirgt sich die Idee, dass ohne Tarifeinheit keine einheitliche Personalpolitik betrieben werden kann. So misst das Bundesarbeitsgericht dem Grundsatz der Tarifeinheit Normqualität bei, die einem Rechtsprinzip nicht zukommt, weil Rechtsprinzipien nur Auslegungsmittel zur Rechtsfortbildung oder Lückenfüllung sind, aber keine eigenständigen Rechtsnormen, die dem geschriebenen Recht vorgehen.[541] Daher kann von vornherein nur die Hilfsbegründung die Auffassung des Bundesarbeitsgerichts stützen.

Zu Recht wird dagegen vorgebracht, dass im Tarifvertragsgesetz gar keine planwidrige Regelungslücke besteht. Von einer solchen Lücke kann nur ausgegangen werden, wenn das Gesetz eine Frage nicht regelt, die nach der gesetzesimmanenten Regelungsabsicht eigentlich einer Regelung bedarf.[542] In §§ 3 Abs. 1, 4 Abs. 1 TVG ist aber eine abschließende Regelung enthalten. Wenn die Normen eines Tarifvertrags, die den Inhalt, den Abschluss oder die Beendigung von Arbeitsverhältnissen ordnen, unmittelbar und zwingend zwischen den beiderseits tarifgebundenen Parteien gelten, folgt daraus die Anwendbarkeit mehrerer Tarifverträge im Betrieb, wenn der Arbeitgeber an mehrere Tarifverträge gebunden ist.[543] Der Umstand, dass die im Tarifvertragsgesetz geregelten Fälle der Tarifpluralität, die letztlich aus dem in Art. 9 Abs. 3 GG angelegten Koalitionspluralismus resultieren, nach Meinung des Bundesarbeitsgerichts zu nicht zweckgemäßen Ergebnissen führen, reichen hingegen nicht, um das Vorliegen einer Regelungslücke zu begründen.[544]

---

539 A.A. *Hromadka* in GS Heinze, S. 383 (387 f.) weil ein Nebeneinander mehrerer Tarifverträge die Systemgerechtigkeit des Entgeltsystems störe.

540 Zuletzt: BAG v. 14.12.2004, AP Nr. 1 zu § 2 TVG Tariffähigkeit; Kempen/Zachert/*Wendeling-Schröder* § 4 TVG Rn 157.

541 *Hanau/Kania* Anm. zu BAG AP Nr. 20 zu § 4 TVG Tarifkonkurrenz unter II. 2. a); *Kraft* RdA 92, 161 (166); *Larenz* V. 4. c); ebenso sogar *Säcker/Oetker* ZfA 93, 1 (6 f.).

542 *Larenz* V. 2. a).

543 *Däubler* Rn 1503; *Hanau/Kania* Anm. zu BAG AP Nr. 20 zu § 4 TVG Tarifkonkurrenz unter II. 2. a); *Kraft* RdA 92, 161 (166); *Löwisch/Rieble* § 4 TVG Rn 137; Wiedemann/*Wank* § 4 TVG Rn 287; a.A. *Säcker/Oetker* ZfA 93, 1 (7 f.).

544 *Jacobs* S. 411; *Kraft* RdA 92, 161 (166); Wiedemann/*Wank* § 4 TVG Rn 287.

Dabei stoßen bereits die Zweckmäßigkeitsüberlegungen auf Bedenken.[545] Bislang konnte der Nachweis, dass eine Tarifmehrheit im Betrieb eine praktisch handhabbare und durchschaubare Regelung der Arbeitsverhältnisse erschwere und ein rechtssicheres und funktionierendes Tarifsystem störe, nicht erbracht werden.[546] Darüber hinaus ist die Frage, welcher Tarifvertrag spezieller ist, oft nur schwer zu entscheiden. Es erscheint auch geradezu widersinnig, einen Arbeitgeberverband oder einen einzelnen Arbeitgeber, der wissentlich mit zwei verschiedenen Gewerkschaften gleichwertige Tarifverträge abgeschlossen hat, damit gerade beide Tarifverträge anwendbar sind, anzuhalten, aus Praktikabilitätsgründen nur den spezielleren Tarifvertrag anzuwenden. Insofern verbleibt allein die Schwierigkeit, die Gewerkschaftszugehörigkeit der Arbeitnehmer festzustellen. Dieser Schwierigkeit kann allerdings auf drei verschiedenen Arten begegnet werden: Entweder könnte dem Arbeitgeber nach Abschluss des Arbeitsvertrages ein Fragerecht eingeräumt werden, da nach erfolgter Einstellung die Gefahr der Ablehnung des Arbeitnehmers angesichts seiner Gewerkschaftszugehörigkeit gebannt ist,[547] der Arbeitnehmer, der sich auf seinen eigenen Tarifvertrag berufen will, muss seine Gewerkschaftszugehörigkeit preis geben[548] oder dem Arbeitgeber wird gestattet, den Arbeitnehmer, dessen Gewerkschaftszugehörigkeit unklar ist, wie einen nichtorganisierten Arbeitnehmer zu behandeln.[549]

Darüber hinaus ist auch die Feststellung des Bundesarbeitsgerichts, eine vertragliche Inbezugnahme könne zur Tarifpluralität führen, für deren Lösung auch das Prinzip der Tarifeinheit maßgeblich sein soll,[550] mit dem geltenden Recht unvereinbar. Obwohl einzelvertraglich ausdrücklich die Geltung eines bestimmten Tarifs vereinbart wurde, sind dessen Bestimmungen nach der Rechtsprechung des Bundesarbeitsgerichts unanwendbar, weil er auf Grund der Tarifeinheit im Betrieb keine Anwendung findet, falls ein speziellerer

---

[545] *Däubler* Rn 1504; *Hanau/Kania* Anm. zu BAG AP Nr. 20 zu § 4 TVG Tarifkonkurrenz unter II. 2. a); *Löwisch/Rieble* § 4 TVG Rn 138; *Reuter* JuS 92, 105 (106); Wiedemann/*Wank* § 4 TVG Rn 287.

[546] *Bayreuther* BB 05, 2633 (2640); Däubler/*Zwanziger* § 4 TVG Rn 944 und Kempen/Zachert/*Wendeling-Schröder* § 4 TVG Rn 161 weisen daraufhin, dass mit der elektronischen Datenverarbeitung die Probleme gelöst werden können und sogar *Hromadka* in GS Heinze, S. 383 (387) räumt ein, dass sich mit Hilfe eines guten Juristen und einer guten Software die meisten Problem lösen ließen.

[547] *Hanau/Kania* Anm. zu BAG AP Nr. 20 zu § 4 TVG Tarifkonkurrenz unter II. 2. a); MüArbR/*Buchner* § 41 Rn 119 ff.; Staudinger/*Richardi* § 611 BGB Rn 150.

[548] Kempen/Zachert/*Wendeling-Schröder* § 4 TVG Rn 162.

[549] *Däubler* Rn 1504; *Reuter* JuS 92, 105 (106 f.); Wiedemann/*Wank* § 4 TVG Rn 287.

[550] BAG v. 20.3.1991, AP Nr. 20 zu § 4 TVG Tarifkonkurrenz.

Tarifvertrag vorliegt. Folglich führt diese Feststellung des Bundesarbeitsgerichts zu einem rechtswidrigen Eingriff in die Privatautonomie.[551]
Ebenso kollidiert die Ansicht des Bundesarbeitsgerichts mit einer durch Allgemeinverbindlichkeitserklärung gemäß § 5 Abs. 4 TVG entstehenden Tarifpluralität. Die Allgemeinverbindlichkeitserklärung dient der lückenlosen Erfassung der Arbeitsverhältnisse eines Industriezweigs, um den nicht tarifgebundenen Arbeitnehmer angemessene Arbeitsbedingungen zu sichern.[552] Wird der allgemeinverbindliche Tarif durch einen spezielleren Tarif verdrängt, entfällt die lückenlose Erfassung aller Arbeitsverhältnisse. Der durch die Allgemeinverbindlichkeitserklärung erreichte Schutz der Arbeitnehmer würde so aufgehoben und die Arbeitnehmer schutzlos gestellt.[553]

Letztlich ist auch die Lösung des Bundesarbeitsgerichts der speziellen Fallgruppe des Nebeneinanders eines geltenden und eines nachwirkenden Tarifvertrages inkonsequent. Ein lediglich nachwirkender Tarifvertrag wird so stärker geschützt, da er nicht verdrängt wird, als ein geltender Tarifvertrag, der verdrängt wird.[554]

Folge der Rechtsprechung des Bundesarbeitsgerichts zur Maxime der Tarifeinheit im Betrieb ist sowohl ein Eingriff in die individuelle, als auch in die kollektive Koalitionsfreiheit. Der Eingriff in die individuelle Koalitionsfreiheit der einzelnen Arbeitnehmer besteht darin, dass diejenigen Arbeitnehmer, die unter den Geltungsbereich des verdrängten Tarifvertrages fallen, tariflos gestellt werden. Sie werden auf den Status von Nichtorganisierten zurückgeworfen. Dies sei nach der Auffassung des Bundesarbeitsgerichts auf Grund der im Vordergrund stehenden Sicherung der Funktionalität des Tarifsystems hinzunehmen. Den schutzlos gestellten Arbeitnehmern stehe es frei, der Gewerkschaft beizutreten, die den für den Betrieb anwendbaren Tarifvertrag abgeschlossen hat.[555] Somit entzieht das Bundesarbeitsgericht mit dieser Rechtsprechung den Arbeitnehmern ihr in Art. 9 Abs. 3 GG verankertes Recht, sich frei für eine Koalition und deren Verhandlungsergebnisse in Form von Tarifverträgen zu entscheiden, wenn sie ihren Tarifschutz nicht

---

[551] *Hanau/Kania* Anm. zu BAG AP Nr. 20 zu § 4 TVG Tarifkonkurrenz unter II. 2. d); *Kraft* RdA 92, 161 (167).

[552] BVerfG v. 3.11.1988, AP Nr. 23 zu § 5 TVG; Wiedemann/*Wank* § 5 TVG Rn 2.

[553] *Hanau/Kania* Anm. zu BAG AP Nr. 20 zu § 4 TVG Tarifkonkurrenz unter II. 2. c); *Hohenstatt* DB 92, 1678 (1682); *Löwisch/Rieble* § 4 TVG Rn 136; Wiedemann/*Wank* § 4 TVG Rn 287; nach a.A. von *Säcker/Oetker* ZfA 93, 1 (18) ist dies hinzunehmen.

[554] *Dauner-Lieb* SAE 99, 47 (50).

[555] BAG v. 5.9.1990, AP Nr. 19 zu § 4 TVG Tarifkonkurrenz; zustimmend *Buchner* in FS 50 Jahre BAG, S. 631 (637); *Säcker/Oetker* ZfA 93, 1 (10 ff.).

preisgeben wollen.[556] Eindeutig ist auch der Eingriff in die kollektive Koalitionsfreiheit derjenigen Gewerkschaft, deren Tarifvertrag verdrängt wird. Wird die Anwendung eines Tarifs einer Gewerkschaft verdrängt, wird der betroffenen Gewerkschaft der Abschluss von Tarifverträgen für ihre Mitglieder in Betrieben, die von einem spezielleren Tarifvertrag erfasst werden, unmöglich gemacht. So wird jener Gewerkschaft der Zugang zu einem Unternehmen oder gar zu einem ganzen Wirtschaftszweig versperrt. Im Ergebnis wird damit gerade für kleine Gewerkschaften neben dem Kriterium der sozialen Mächtigkeit eine weitere Betätigungsschranke aufgestellt, die mit dem Erhalt der Funktionalität des Tarifsystems nicht gerechtfertigt werden kann.[557]

cc) Zwischenergebnis

Folglich ist in Übereinstimmung mit den Kritikern des Bundesarbeitsgerichts der Grundsatz der Tarifeinheit im Betrieb bereits im Allgemeinen abzulehnen.

Im Besonderen ist er mit Blick auf die relative Tariffähigkeit zu verneinen, da seine Anwendung zu einem Verdrängungswettbewerb zwischen den Gewerkschaften anstatt zu einer Stärkung der Vielfalt sozial- und gesellschaftspolitischer Ideen führen würde. Keinesfalls dürfen praktische Probleme, die durch das Nebeneinander von Tarifverträgen entstehen können und von der Rechtsprechung durch die Tarifeinheit vermieden werden sollen, über eine Einschränkung der Tariffähigkeit gelöst werden. Sonst würde ein bestehender Verfassungsverstoß auf der Suche nach einem schlüssigen Tarifsystem durch einen anderen, noch massiveren Verfassungsverstoß ersetzt, da das gänzliche Versagen der Tariffähigkeit einen weitaus schwereren Eingriff in die Koalitionsfreiheit darstellt, als das Verdrängen eines einzelnen Tarifvertrages.[558]

Die Aufgabe des Grundsatzes der Tarifeinheit im Betrieb käme aber auch den Kritikern der Rechtsfigur der relativen Tariffähigkeit entgegen. Obwohl eine entsprechende Änderung der Rechtsprechung einer stärkeren Aus-

---

[556] *Däubler* Rn 1505; *Hanau/Kania* Anm. zu BAG AP Nr. 20 zu § 4 TVG Tarifkonkurrenz unter II. 2. b); *Henssler* S. 64; *Jacobs* S. 461 f.; *Kraft* RdA 92, 161 (168); Kempen/Zachert/*Wendeling-Schröder* § 4 TVG Rn 167 ff.; *Löwisch/Rieble* § 4 TVG Rn 132; *Preis* § 101 II.; *Reuter* JuS 92, 105 (107 f.); Wiedemann/*Wank* § 4 TVG Rn 287.

[557] LAG Frankfurt v. 2.5.2003, BB 03, 1229 (1231); *Däubler* Rn 1505; *Hanau/Kania* Anm. zu BAG AP Nr. 20 zu § 4 TVG Tarifkonkurrenz unter II. 2. b); *Jacobs* S. 461 f.; Kempen/Zachert/*Wendeling-Schröder* § 4 TVG Rn 171 ff.; *Kraft* RdA 92, 161 (169); *Löwisch/Rieble* § 4 TVG Rn 132; *Preis* § 101 II.; *Reuter* JuS 92, 105 (108); Wiedemann/*Wank* § 4 TVG Rn 287; a.A. *Buchner* BB 03, 2121 (2128); *Buchner* ZfA 04, 229 (246 ff.); *Buchner* in FS 50 Jahre BAG, S. 631 (637); *Hromadka* in GS Heinze, S. 383 (387 ff.); *Säcker/Oetker* ZfA 93, 1 (9 ff.).

[558] *Henssler* S. 65.

prägung der Gewerkschaftsvielfalt zugute käme, könnte zugleich der von einer kleinen Gewerkschaft ausgehandelte spezieller Tarifvertrag den Tarifvertrag einer etablierten Gewerkschaft nicht mehr verdrängen. Ein von den Kritikern der relativen Tariffähigkeit befürchteter Verdrängungswettbewerb zu Lasten der etablierten Gewerkschaften wäre somit ebenfalls ausgeschlossen.

c) Auswirkung auf die Tariffähigkeit etablierter Gewerkschaften

Neben dem befürchteten Verdrängungswettbewerb zu Lasten der großen Gewerkschaften wird an der Idee der relativen Tariffähigkeit die Tatsache, dass die Tariffähigkeit der etablierten Großgewerkschaften selbst streitig werden könnte, kritisch gesehen. In Wirtschaftszweigen oder Regionen, in denen ihr Organisationsgrad bisher sehr gering ist, müssten etablierte Gewerkschaften um ihre bisher nie in Frage gestellte Tariffähigkeit fürchten. Dadurch würde zum einen in die kollektive Koalitionsfreiheit gemäß Art. 9 Abs. 3 GG eingegriffen, weil die etablierten Gewerkschaften keine Tarifverträge mehr zum Schutz ihrer in diesen Branchen oder Regionen tätigen Mitarbeiter schließen könnten. Zum anderen würde dadurch die Attraktivität eines Gewerkschaftsbeitritts erheblich verringert, weil die Gewerkschaft eine ihrer Hauptaufgaben, Mindestarbeitsbedingungen per Tarifvertrag zu setzen, nicht erfüllen kann.[559]

Dies ist aber letztlich nur konsequent. So wenig wie die Pilotenvereinigung Cockpit außerhalb der Luftfahrt mangels sozialer Macht Tariffähigkeit beanspruchen kann, so wenig kann sich die Industriegewerkschaft Metall in der Informationstechnologiebranche durchsetzen, wenn sie dort keine Mitglieder hat.[560] Da die Industriegewerkschaft Metall ohne Mitglieder in dieser Branche nicht in der Lage ist, Druck auf den Gegenspieler auszuüben, muss ihr im Sinne der Mächtigkeitslehre auch das Recht aberkannt werden, dort Tarifverträge zu schließen. Im Sinne der Gerechtigkeit werden kleine und große Gewerkschaften gleich behandelt. Nicht nur die kleinen Gewerkschaften müssen den Nachweis erbringen, dass sie beispielsweise in den neuen Bundesländern ausreichend Mitglieder repräsentieren, um soziale Macht entfalten zu können, sondern auch die etablierten Gewerkschaften. Nur so wird der Intention der Mächtigkeit konsequent genüge getan.

Dabei treffen die Auswirkungen der relativen Tariffähigkeit die etablierten Gewerkschaften weniger hart, als es dem ersten Anschein nach der Fall zu sein scheint. Tarifauseinandersetzungen werden typischerweise in Pilotbezirken geführt und dann auf andere Bezirke übertragen. Ebenso gilt der

---

[559] LAG Stuttgart v. 1.10.2004, NZA-RR 05, 85 (89); dahingehend auch BAG v. 28.3.2006, AP Nr. 4 zu § 2 TVG Tariffähigkeit.

[560] *Rieble* BB 04, 885 (887 f.).

erste für einen Wirtschaftszweig ausgehandelte Tarifvertragsabschluss oft als Fingerzeig für weitere Tarifabschlüsse anderer Branchen. Die relative Schwäche einer etablierten Gewerkschaft in einer Region oder Branche kann daher durch ihre relative Stärke in einer anderen Region oder Branche ausgeglichen werden, wenn der Arbeitskampf dort erfolgreich geführt wurde und das Verhandlungsergebnis im Wesentlichen nur noch übertragen wird.[561]

Selbst in dem Bereich der Leiharbeit, in dem der Organisationsgrad insgesamt traditionell gering ist, sind alle Gewerkschaften durch die gesetzliche Anordnung des „*equal pay*" als Mindestarbeitsbedingung in der Lage, die Arbeitgeberseite unter Druck zu setzen, wenn diese von dem Grundsatz des „*equal pay*" tariflich abweichen will. Dies kompensiert grundsätzlich die Organisationsschwächen der Gewerkschaften im Bereich der Leiharbeit.[562] Darüber hinaus bleibt den Mitgliedsgewerkschaften des Deutschen Gewerkschaftsbundes der Boykott als Kampfmittel. Sie können durch ihren Einfluss auf die Betriebsräte der Entleiherbetriebe darauf hinwirken, nicht mit denjenigen Zeitarbeitsfirmen zusammenzuarbeiten, die Tarifverträge anderer Gewerkschaften anwenden. Dieses Vorgehen wird bereits von der Broschüre des Deutschen Gewerkschaftsbundes „Ratgeber Zeitarbeit – Handlungshilfen für Betriebs- und Personalräte" empfohlen. Zwar kann der Betriebsrat den Einsatz von Zeitarbeitnehmern letztlich nicht verhindern, jedoch dürfte das Interesse der Unternehmen, seine Personalpolitik mit Hilfe von Gerichtsurteilen gegen den Betriebsrat durchzusetzen, gering sein.[563]

Folglich verbleiben den etablierten Gewerkschaften auch bei Annahme der relativen Tariffähigkeit genügend Alternativen, um ihre soziale Mächtigkeit weiter unter Beweis zu stellen, so dass die Auswirkungen der Relativität auf die bislang anerkannten Gewerkschaften nicht gravierend sein dürften. Darüber hinaus kommt der in einem Verfahren festgestellten Tariffähigkeit möglicherweise eine gewisse Indizwirkung für weitere Verfahren zu. Trotzdem zu Lasten der großen Gewerkschaften auftretende negative Auswirkungen, sind von ihnen ebenso wie von den kleinen Verbänden zu tolerieren. Um dies zu vermeiden, könnte aber auch *de lege ferenda* an eine unwiderlegbare gesetzliche Vermutung der Durchsetzungsfähigkeit derjenigen Gewerkschaften gedacht werden, die Mitglieder im Deutschen

---

[561] *Löwisch/Rieble* § 2 TVG Rn 42; *Kocher* DB 05, 2816 (2820).

[562] *Ankersen* NZA 03, 421 (424); *Böhm* DB 04, 137 (137); *Schöne* DB 04, 136 (137); zur Problematik innerhalb des Arbeitnehmerüberlassungsgesetzes siehe auch S. 92 ff.

[563] *Böhm* DB 03, 2598 (2598); *Böhm* DB 04, 137 (137); *Schüren/Behrend* NZA 03, 521 (525); *Schüren/Riederer von Paar* AuR 04, 241 (243).

Gewerkschaftsbund sind, so dass diese ohne jeden Nachweis als tariffähig gelten.[564]

d) Zwischenergebnis

Trotz der teleologisch orientierten Kritik ist festzuhalten, dass die teleologische Auslegung nicht gegen die Annahme einer relativen Tariffähigkeit spricht. Das Argument, die relative Tariffähigkeit leugne das Ziel der Mächtigkeitslehre, Gewähr für ein geordnetes rechtssicheres Tarifsystem zu leisten, ist nicht haltbar. Letztlich birgt die relative Tariffähigkeit nicht mehr Rechtsunsicherheiten als eine universelle Sichtweise. Ebenso würde es der von Art. 9 Abs. 3 GG gewährleisteten Koalitionsfreiheit zuwiderlaufen, die relative Tariffähigkeit mit dem Prinzip der Tarifeinheit im Betrieb zu verneinen. Letztlich ist es auch nur konsequent, etablierte Gewerkschaften nicht anders zu behandeln, als neu gegründete Verbände. Jede Gewerkschaft muss sich immer wieder die Frage gefallen lassen, ob sie zum Abschluss eines Tarifvertrages in einem Sektor oder einer Region berechtigt ist. Nur so kann das Ziel eines effektiven Koalitionspluralismus, der einen Wettbewerb der Ideen um die Neujustierung der Erfüllung sozialpolitisch, gesellschafts- und gemeinnütziger Aufgaben garantiert, erreicht werden.

5. Europarechtliche Auslegung

In einem letzten Auslegungsschritt nach den vier klassischen juristischen Auslegungsmethoden soll auch hier geprüft werden, ob sich dem europäischen und internationalen Recht Anhaltspunkte für die relative Tariffähigkeit entnehmen lassen.

a) Vertrag der Europäischen Gemeinschaft und Vertrag der Europäischen Union

Die europäischen Verträge definieren die Eigenschaften der Sozialpartner nicht.[565] Nach der herrschenden Meinung spielt der Aspekt der Repräsentativität, der in seinen Grundzügen mit dem Kriterium einer abgeschwächten Durchsetzungsfähigkeit auf nationaler Ebene vergleichbar ist, bei der Be-

---

[564] *Gamillscheg* § 9 IV. 3. g) (3) mit Verweis auf die Rechtslage in Frankreich, wo eine solche gesetzliche Vermutung besteht, welche die Gewerkschaften in zwei Klassen unterteilt.

[565] *Bödding* S. 83; Calliess/Ruffert/*Krebber* Art. 138 EGV Rn 4; Groeben/Schwarze/*Rust* Art. 138 EGV Rn 129; *Hanau/Steinmeyer/Wank* § 12 Rn 118; *Heinze* ZfA 97, 505 (510); *Konzen* EuZW 95, 39 (46); MüArbR/*Löwisch/Rieble* § 242 Rn 64; *Schwarze* EAS B 8100 Rn 16.

urteilung der Handlungskompetenzen eines Sozialpartners jedoch mit Recht ein maßgebliches Einschränkungskriterium dar.[566]

Dabei fehlen nicht nur hinsichtlich des erforderlichen Grades – wie bereits ausgeführt wurde –, sondern auch hinsichtlich der Frage, ob die Repräsentativität absolut oder relativ bestimmt werden muss, jegliche Anhaltspunkte in den Vertragstexten. Um der europarechtlichen Dimension gerecht zu werden, ist jedoch in Bezug auf die räumliche Verteilung wegen des grenzüberschreitenden Elements eine Repräsentativität in mindestens zwei Mitgliedstaaten zu fordern.[567] Der Gedanke, dass die Sozialpartner nicht europaweit vertreten sein müssen, stützt die Annahme einer regionalen relativen Tariffähigkeit. Wenn aus europäischer Sicht eine Gewerkschaft zwar in mehreren Mitgliedstaaten präsent sein kann, jedoch in nur wenigstens zwei Mitgliedstaaten Repräsentativität erlangen muss, kann dies als Indiz dafür herangezogen werden, dass eine nationale Gewerkschaft zwar in mehreren Bundesländern, Regionen oder Kommunen präsent sein kann, jedoch nur in einigen wenigen sozial mächtig sein muss.

Ungeklärt ist auch, ob im Rahmen des europäischen sozialen Dialoges nur branchenübergreifende Organisationen oder auch solche Verbände, die nur eine sektor- oder berufsspezifische Struktur aufweisen, als Sozialpartner anerkannt werden können. Eine sektor- oder berufsspezifische Struktur könnte zwar zu Problemen bei der Umsetzung der Beschlüsse des Europäischen Rates gemäß Art. 139 Abs. 2 EGV führen, weil ein ausschließlich sektoral oder berufsspezifisch repräsentativer Sozialpartner eine Umsetzung nur in den von ihm repräsentierten Sektoren oder Berufen erreichen könnte.[568] Jedoch spricht sowohl die historische Entwicklung des sozialen Dialogs als auch seine Funktion für die Anerkennung branchenspezifischer Sozialpartner. Bereits bei der Entwicklung der heutigen Fassung des Vertrages der Europäischen Gemeinschaft existierten sektorspezifische Vereinbarungen zwischen den Sozialpartnern.[569] Zudem wird der von dem Europäischen Gerichtshof erster Instanz geforderten Legitimationsfunktion der Repräsentativität auch dann genüge getan, wenn branchenspezifische Organisationen bei der Umsetzung einer branchenspezifischen Regelung beteiligt werden, da die

---

566 ArbG Stuttgart NZA-RR 04, 540 (542); *Blanpain/Schmidt/Schweibert* Rn 28; *Birk* EuZW 97, 453 (455); *Bödding* S. 86 ff.; *Buchner* RdA 93, 193 (202 f.); Calliess/Ruffert/*Krebber* Art. 138 EGV Rn 15; Däubler/*Schiek* Einleitung TVG Rn 764 ff.; *Deinert* AuR 04, 212 (214); Groeben/Schwarze/*Rust* Art. 138 EGV Rn 140 ff.; *Kocher* DB 05, 2816 (2817); *Konzen* EuZW 95, 39 (46); *Schwarze* EAS B 8100 Rn 16; siehe auch S. 102 ff.

567 Calliess/Ruffert/*Krebber* Art. 138 EGV Rn 15; zur Frage der Intensität der Repräsentativität siehe S. 102 ff.

568 Calliess/Ruffert/*Krebber* Art. 138 EGV Rn 16.

569 Däubler/*Schiek* Einleitung TVG Rn 762.

Verhandlungen auf Branchenebene am ehesten den Interessen der Beteiligten und dem europäischen Subsidiaritätsprinzip gerecht werden.[570] Dementsprechend wird die Kommission in der Regel nur branchenübergreifende Verbände an dem sozialen Dialog beteiligen, wenn sie branchenübergreifende europaweite Regelungen plant. Dagegen wird sie die Branchenverbände anhören, wenn lediglich sektoral begrenzte Regelungen in Abrede stehen.[571]

Somit lassen sich dem gemeinschaftsrechtlichen Begriff der Repräsentativität im Sinne der europäischen Verträge Indizien für die Voraussetzungen der relativen Tariffähigkeit gewinnen. Rechtsfolge ist freilich auch auf euro.-päischer Ebene, dass ein lediglich lokal oder sektoral repräsentativer Sozialpartner nur lokal oder sektoral gültige Vereinbarungen treffen kann.

b) Weitere europarechtliche Bestimmungen

Zur Untermauerung dieses Ergebnisses sollen im Folgenden die weiteren europäischen und völkerrechtlichen Normen berücksichtigt werden.

Der Europäischen Menschenrechtskonvention lassen sich keine Anhaltspunkte zugunsten einer relativen Tariffähigkeit entnehmen, weil die Ausführungen der Konvention zur Koalitionsfreiheit hinter dem Grundrechtsschutz gemäß Art. 9 Abs. 3 GG zurückbleiben. So weist der Europäische Gerichtshof für Menschenrechte mehrfach darauf hin, dass der Abschluss eines Tarifvertrags nur ein Ausdruck der Koalitionsfreiheit unter vielen anderen möglichen sein kann. Ein Recht auf den Abschluss eines Tarifvertrages steht den Gewerkschaften nach Art. 11 EMRK nicht zu. Da der Schutzbereich der Menschenrechtskonvention also nur Koalitionen aber keinen Gewerkschaften erfasst, lassen sich ihr keine Argumente für die Diskussion der Tariffähigkeit fruchtbar machen.[572]

Die Vertragsparteien der Europäischen Sozialcharta sind gemäß Art. 5 Satz 1 ESC verpflichtet, durch innerstaatliches Recht oder dessen Anwendung, die Freiheit der Arbeitnehmer, örtliche, nationale oder internationale Organisationen zu bilden und diesen Organisationen beizutreten, nicht zu beeinträchtigen. Also hat sich auch der deutsche Staat verpflichtet, neben den nationalen auch örtliche Organisationen zu tolerieren. Weil es sich hierbei nicht zwingend um Gewerkschaften handeln muss, sondern zum Beispiel auch Betriebsräte von Art. 5 Satz 1 ESC erfasst werden, kommt Deutschland dieser Verpflichtung ohne weiteres nach. Darüber hinaus werden auch lokale oder sektorale Gewerkschaften anerkannt, wenn sie ihrer Satzung nach auf eine Region oder Branche beschränkt sind und darüber hinaus keine

---

[570] Däubler/*Schiek* Einleitung TVG Rn 762.

[571] *Schwarze* EAS B 8100 Rn 66.

[572] Zur Europäischen Menschenrechtskonvention siehe auch S. 104 f.

Mächtigkeit für andere Bereiche anstreben. Art. 5 Satz 1 ESC schweigt über die Rechte eines Arbeitnehmerzusammenschlusses. Das auch ein lediglich lokal tätige Gruppierung zum Abschluss eines Tarifvertrags berechtigt sein muss, lässt sich Art. 5 Satz 1 ESC nicht entnehmen. Folglich steht es den Vertragsstaaten frei, die Voraussetzungen, die zur Tariffähigkeit führen, selbst festzulegen. Somit kann auch die Interpretation von Art. 5 ESC die Argumentation aus den europäischen Verträgen nicht stützen.[573]

Art. 28 der Charta der Grundrechte der Europäischen Union spricht grundsätzlich gegen die Annahme einer irgendwie gearteten Abhängigkeit der Tariffähigkeit von Mindestmitgliederzahlen der Verbände. Darüber hinaus geht Art. 28 GRCharta von der geeigneten Ebene aus, auf der die Tarifverträge ausgehandelt werden sollen. Dabei verweist die Bezugnahme auf die geeignete Ebene auf diejenigen Ebenen, die nach dem Gemeinschaftsrecht und den Vorschriften der Mitgliedstaaten vorgesehen sind. Demnach kann mit geeigneter Ebene grundsätzlich ein Unternehmen insgesamt, eine Unternehmensgruppe oder eine Branche gemeint sein.[574] Dem steht aber die bisherige Auffassung einer absoluten sozialen Mächtigkeit verknüpft mit einer generell-einheitlichen Tariffähigkeit nicht entgegen. Auch in Deutschland können bislang sowohl Firmen-, als auch Branchentarife abgeschlossen werden. Schließlich kann ein Firmen- oder Branchentarif sowohl von einer absolut, als auch von einer relativ sozial mächtigen Gewerkschaft vereinbart werden. Somit stützt auch Art. 28 GRCharta nicht die Annahme der relativen Tariffähigkeit.[575]

Ebenso lassen sich den völkerrechtlichen Abkommen der Internationalen Arbeitnehmer Organisation keine schlagenden Anhaltspunkte bezüglich einer relativen Tariffähigkeit gewinnen.

IV. Fazit

Sowohl die Voraussetzungen, als auch die Rechtsfolge der relativen Tariffähigkeit stehen im Einklang mit der geltenden Rechtsordnung. Als Voraussetzung der Feststellung der sozialen Mächtigkeit in einer Region oder Branche kann auf die bewährten Kriterien der Mitgliederzahl, dem Eingreifen in Tarifverhandlungen in dieser Region oder Branche, die organisatorische Leistungsfähigkeit sowie die errungenen Betriebs- und Aufsichtsratsmandate innerhalb der Gebiete oder Wirtschaftssektoren abgestellt werden.

---

[573] Zur Europäischen Sozialcharta siehe auch S. 106 ff.

[574] Meyer/*Riedel* Art. 28 GRCharta Rn 26.

[575] Zur Charta der Grundrechte der Europäischen Union siehe auch S. 108 ff.

Auch die Rechtsfolge der relativen Tariffähigkeit – die regional oder sektoral begrenzte Tariffähigkeit bei gleichzeitiger regionaler oder sektoraler Tarifunfähigkeit, sowohl kleiner, als auch der etablierten Gewerkschaften – ist mit der Rechtsordnung vereinbar. Das Festhalten an dem formalen Gesichtspunkt der satzungsinternen Tarifzuständigkeitserklärung ist zu Gunsten einer Überprüfung, die sich allein an den tatsächlichen Voraussetzungen orientiert, aufzugeben. Nur so wird dem Gedanken der sozialen Mächtigkeit genüge getan. Der relativen Sichtweise steht weder ein allgemeines zivilrechtliches Dogma der Unteilbarkeit der Rechts- oder Geschäftsfähigkeit entgegen, noch verbirgt sich darin eine erhebliche Steigerung der Rechtsunsicherheit. Damit der theoretische Vorteil der relativen Tariffähigkeit auch einen praktischen Nutzen nach sich zieht, ist der Grundsatz der Tarifeinheit im Betrieb aufzugeben.

Will man die Starrheit des Tarifsystems aufbrechen und den Weg von der heutigen faktischen Gewerkschaftseinheit zur tatsächlichen Gewerkschaftsvielfalt mit einem lebendigen Koalitionspluralismus beschreiten, bietet die relative Tariffähigkeit eine Möglichkeit, die weder die Stabilität und Funktionsfähigkeit des Tarifsystems zur Sicherung des sozialen Friedens, noch das Interesse der Arbeitnehmer an einem Ausgleich der Disparität des Arbeitsrechts preisgibt.

Das „Alles-oder-Nichts-Prinzip“ der Mächtigkeitslehre wird den immer stärker ausgeprägten Partikularinteressen der Arbeitnehmer nicht mehr gerecht. Dem Mitgliederschwund der etablierten deutschen Gewerkschaften und der steigenden Zahl von Arbeitnehmern ohne Tarifbindung kann durch eine Stärkung kleinerer Verbände entgegengetreten werden, um den Wettbewerb um die beste Erfüllung der sozialpolitischen, gesellschafts- und gemeinnützigen Aufgaben durch die Gewerkschaften zu fördern. Dabei sind Region und Branche mit der Rechtsordnung vereinbare Bezugspunkte der partiellen Bewertung der sozialen Mächtigkeit. Dies wird gerade dann augenscheinlich, wenn zukünftig Tarifverträge über die Grenzen der Nationalstaaten – beispielsweise für EUREGIOS oder für die europäische Luft- und Raumfahrt – hinaus geschlossen werden könnten. Das Erfordernis einer europa- oder gar weltweiten Durchsetzungsfähigkeit dürfte selbst für heute unbestritten sozial mächtige Verbände eine zu große Herausforderung sein.

G. Zusammenfassung in Thesen

1. Die seit der Gründung der Bundesrepublik Deutschland als Einheitsgewerkschaften im Industrieverbandsprinzip organisierten Mitgliedsverbände des Deutschen Gewerkschaftsbundes haben nach vielen Jahrzehnten erfolgreicher Interessenvertretung in den letzten 15 Jahren zahlreiche Mitglieder verloren. Die gewerkschaftliche Krise lässt sich teilweise an der zunehmenden Flexibilisierung und Individualisierung der Arbeitnehmerschaft sowie dem Druck der Globalisierung festmachen.
2. Während die etablierten Gewerkschaften versucht haben, durch einen Konzentrationsprozess der Situation Herr zu werden und ihre Schlagkraft zu bündeln, sind vor allem alte Tarifkooperationen gekündigt und neue Gewerkschaften gegründet worden, weil sich deren Mitglieder nicht mehr zufrieden stellend von den Großgewerkschaften repräsentiert fühlten.
3. Rechtstatsächlich erscheint die Teilhabe der kleinen Status-, Richtungs- und Berufsgewerkschaften an der Tarifautonomie wünschenswert, da sie Ideen entwickeln und vertreten, die von den Vorstellungen der anerkannnten Gewerkschaften abweichen und sich nicht als reine Gefälligkeiten für die Arbeitgeber darstellen, sondern als echte Interessenvertretung der Arbeitnehmer anzusehen sind.
4. Will eine neu gegründete Arbeitnehmervereinigung zu einer tariffähigen Gewerkschaft erstarken, muss sie zunächst den Voraussetzungen von Art. 9 Abs. 3 GG gerecht werden. Eine arbeitsrechtliche Koalition muss aus einem freiwilligen Zusammenschluss von Arbeitnehmern hervorgehen und darf nicht nur vorübergehend Bestand haben. Ihre Struktur muss eine organisierte Willensbildung der Mitglieder ermöglichen und ihr Hauptzweck muss sich in der Wahrung und Förderung der Arbeits- und Wirtschaftsbedingungen ihrer Mitglieder erschöpfen. Darüber hinaus muss die Koalition sowohl gegnerunabhängig und überbetrieblich organisiert als auch unabhängig von Dritten wie Staat, Partei, Kirche sowie Medien sein. Diese maßgeblich von der Rechtsprechung entwickelten Kriterien zur Bestimmung der Koalitionseigenschaft erlangen ihre Berechtigung aus dem Legitimationsinteresse der Verbandsmitglieder und aus dem Staatsinteresse an einem gerechten Interessenausgleich der sozialen Kräfte des Arbeits- und Wirtschaftslebens.
5. Bei der großen Bedeutung, die den Gewerkschaften als bestimmender Faktor im Arbeits-, Wirtschafts- und Sozialleben zukommt, kann aber nicht jede arbeitsrechtliche Koalition als tariffähige Gewerkschaft

anerkannt werden. Gemäß § 2 Abs. 1 TVG sind nicht Koalitionen, sondern Gewerkschaften tariffähig, so dass der Gewerkschaftsbegriff gegenüber dem Begriff der Koalition enger gefasst ist. Nur an ihn knüpft die Tariffähigkeit an, während diese für die Anerkennung als arbeitsrechtliche Koalition nicht erforderlich ist. Infolgedessen wird eine Koalition nur als Gewerkschaft anerkannt, wenn sie den Merkmalen der demokratischen Willensbildung, Anerkennung des geltenden Tarif- und Schlichtungsrechts sowie der Tarifwilligkeit gerecht wird.

6. Neben die drei genannten Kriterien tritt nach der Aufgabe des Aspekts der Arbeitskampfbereitschaft das umstrittene Erfordernis der sozialen Mächtigkeit. Mit Hilfe dieses Merkmal ist sichergestellt, dass nur solche Koalitionen an der Tarifautonomie teilhaben, welche die tarifrechtlichen Aufgaben sinnvoll erfüllen können. Der von der staatlichen Rechtsetzung frei gelassene Raum des Arbeitslebens kann nur dann durch Tarifverträge sinnvoll geordnet werden, wenn beide Tarifparteien fähig sind, im Rahmen der Rechtsordnung wirkungsvollen Druck und Gegendruck auszuüben, um den sozialen Gegenspieler zur Aufnahme von Tarifverhandlungen zu zwingen. Die soziale Mächtigkeit ist im Einzelfall anhand der Durchsetzungsfähigkeit – ermittelbar mit Hilfe der Mitgliederzahl des Verbandes und seiner Teilnahme an Tarifverhandlungen –, der organisatorischen Leistungsfähigkeit und der Anzahl der gewonnenen Betriebs- und Aufsichtsratsmandate zu beurteilen.
7. Dadurch dass die Rechtsprechung zur Durchsetzungsfähigkeit insbesondere das staatliche Interesse an der reibungslosen Funktionsfähigkeit und der Effizienz des Tarifvertragssystems und die Übersichtlichkeit der Strukturen betont, führt das Selbstentfaltungsinteresse der einzelnen Koalitionen und ihrer Mitglieder nur ein Schattendasein. Daher gibt es trotz einer rechtlichen Gewerkschaftsvielfalt de facto eine Gewerkschaftseinheit. So kommt viel Starrheit ins Tarifrecht. Weil Gewerkschaften aber eben nicht nur staatsentlastend, sondern gerade als Vertreter ihrer Mitglieder agieren, muss der Freiheitsgedanke des Art. 9 Abs. 3 GG durch einen verstärkten Koalitionspluralismus und einen Wettstreit um die erfolgreichste Interessenvertretung der Arbeitnehmerschaft akzentuiert werden, ohne den gewerkschaftlichen Schutz der Arbeitnehmer zu gefährden.
8. Bisher muss auf Grund des absoluten Gewerkschaftsbegriffs eine Gewerkschaft, selbst wenn sie nur in Ausübung ihrer prozess-, betriebsverfassungs-, mitbestimmungs- und sozialrechtlichen Sekundärrechte handelt, sozial mächtig sein. Dies widerspricht dem Übermaßverbot. Der Schutz der Funktionsfähigkeit des Tarifsystems

rechtfertigt keinen Eingriff in die außerhalb des Tarifrechts liegenden gewerkschaftlichen Sekundärrechte.

9. Der Abkehr von dem absoluten Gewerkschaftsbegriff widerspricht weder die Einheit der Rechtsordnung, da ein- und derselbe Begriff je nach dem konkreten Zusammenhang, in dem er vom Gesetzgeber benutzt wird, einen unterschiedlichen Inhalt haben kann, noch der im Gesetz parallel verwandte Begriff der selbständigen Vereinigungen von Arbeitnehmern mit sozial- oder berufspolitischer Zwecksetzung, solange garantiert ist, dass der Umschreibung der sonstigen Vereinigungen eine eigenständige Bedeutung verbleibt. Dagegen gebietet insbesondere die teleologische Auslegung die Abkehr von dem absoluten Gewerkschaftsbegriff, weil die absolute Sichtweise beispielsweise dazu führt, dass nicht der Sachverstand des vor Gericht agierenden Verbandsvertreters, sondern die soziale Mächtigkeit des Verbandes über die Postulationsfähigkeit entscheidet. Ebenso steht die betriebsverfassungs- und mitbestimmungsrechtliche Kooperation der tarif-rechtlichen Konfrontation unversöhnlich gegenüber. Da so der Zusammenhang zwischen den Normvoraussetzungen und ihrer Rechtsfolge missachtet wird, sind anstatt des absoluten Verständnisses die Anforderungen an Rechte und Pflichten einer Gewerkschaft relativ gemäß Sinn und Zweck jeder einzelnen Norm zu bestimmen. Dadurch wird Raum für weitere sozialpolitische, gesellschafts- und gemeinnützige Angebote geschaffen.
10. Die derzeitige Ausprägung des Kriteriums der sozialen Mächtigkeit statuiert eine exklusive Zugangsschranke zu dem zentralen gewerkschaftlichen Handlungsfeld der Tarifautonomie. Dennoch gebietet die Gesetzesauslegung grundsätzlich das Festhalten an dem Kriterium der sozialen Mächtigkeit.
11. Weil in der Weimarer Republik die Unabhängigkeit der Gewerkschaften – im Gegensatz zum heutigen Verbands- und Arbeitskampfrecht – gerade keine tragende Rolle spielte, ist das Erfordernis sozialer Macht auch eine Konsequenz der geschichtlichen Entwicklung.
12. Es ist systematisch nicht verfehlt, die dem Gesetz in § 12 TVG geläufige Differenzierung der wesentlichen Bedeutung in Form der sozialen Mächtigkeit auch in § 2 Abs. 1 TVG vorzunehmen, weil beide Vorschriften nicht denselben Normzweck verfolgen. Erstens spricht § 12 TVG von Spitzenorganisationen und nicht von Gewerkschaften. Zweitens besteht dank des gesetzlichen Einschubs § 12 TVG unbeschadet der Regelung von § 2 TVG. Drittens beschränkt § 12 TVG nur den Kreis der gemäß §§ 5, 11 TVG zu beteiligenden Organisationen. Weil nach der Intention des Gesetzes auf Seiten der Arbeitgeber immer ein Tarifpartner zur Verfügung stehen soll, beruht die fehlende Voraussetzung der sozialen Mächtigkeit für die Tariffähigkeit der Arbeitgeberseite auf einem

sachlichen Grund. Die Arbeitgeber bedürfen nicht desselben Schutzes wie die Arbeitnehmer. Sie besitzen durch ihre Verfügungsmacht über die Produktionsmittel und ihrem Recht zur Organisation des Arbeitsprozesses per se ein Übergewicht an Überlegenheit gegenüber den Arbeitnehmern.

13. Der Mächtigkeitslehre widersprechen keine wettbewerbsrechtlichen Bedenken. Die koalitionsspezifische Betätigung als solche und damit auch die gegenseitige gewerkschaftliche Konkurrenz steht außerhalb des Kartell- und Wettbewerbsrechts. Das Bündeln, Wahren und Fördern der Arbeitnehmerinteressen durch die Gewerkschaften ist keine Handlung im Sinne des Kartell- oder Wettbewerbsrechts, da es sich um die Ausübung sozialpolitischer, gesellschafts- und gemeinnütziger Tätigkeiten handelt.
14. Der typologische Vergleich der staatsentlastenden Gewerkschaften mit den staatstragenden politischen Parteien führt nicht zur Aufgabe des Kriteriums der Durchsetzungsfähigkeit, da trotz der Gemeinsamkeiten die divergierenden Zweckbestimmungen zu gravierenden Unterschieden führen. Auch im Parteinrecht wird die Funktions- und Entscheidungsfähigkeit des Parlaments durch die Fünfprozenthürde in § 6 Abs. 6 Satz 1 BWahlG geschützt. Da die Rechtsfolgen eines Partei- oder Vereinsverbots sich erheblich von den Rechtsfolgen der Mächtigkeitslehre und dem Verfahren nach § 97 ArbGG unterscheiden, trifft der Vergleich mit einem Parteiverbot nicht zu.
15. Da der Gesetzgeber in großen Bereichen auf eine gesetzliche Regelung der Arbeits- und Wirtschaftsbedingungen – insbesondere auf eine Ausgestaltung der Lohnhöhe – bisher verzichtet hat, muss dem Staat zugestanden werden, seine Kompetenzen nur zugunsten derjenigen Organisationen aufzugeben, die eine Garantie für die ausgewogene Repräsentanz aller beteiligten gegenläufigen Interessen übernehmen können. Das völlige Fehlen staatlicher Regelungen und die vermehrte Zahl tarifdispositiver Normen führen dazu, dass nur sozial mächtige Organisationen dem staatlichen Auftrag, diese Lücke zu füllen, gerecht werden können. Andererseits wäre der Gesetzgeber gezwungen, nicht nur durch eine Ausweitung des Arbeitnehmerentsendegesetzes auf alle Berufsbereiche, sondern auch durch das staatliche Festlegen von Mindestarbeitsbedingungen und Mindestlöhnen in das Arbeits- und Wirtschaftsleben einzugreifen.
16. Auch auf der Ebene des Primärrechts der Europäischen Gemeinschaften wird eine gewisse Repräsentativität der Sozialpartner als maßgebliches Einschränkungskriterium vorausgesetzt. Darunter ist eine schwächere Ausformung der Durchsetzungsfähigkeit zu verstehen. Dem stehen die Wertungen weiterer europarechtlicher Rechtsquellen nicht entgegen. Nach der Europäischen Menschenrechtskonvention ist das Recht,

Tarifverträge abzuschließen, für eine wirksame Gewerkschaftsarbeit nicht unabdingbar. Selbst wenn ein Staat den Abschluss von Tarifverträgen als Mittel der kollektiven Interessenvertretung billigt, ist es rechtmäßig, nur Tarifabschlüsse repräsentativer Gewerkschaften anzuerkennen, um einer „gewerkschaftlichen Anarchie" vorzubeugen. Da die Europäische Sozialcharta nur von Kollektivverhandlungen spricht, worunter auch Betriebsvereinbarungen fallen, sind ihr keine tiefer gehenden Beschränkungen der gesetzgeberischen Freiheit zu entnehmen als der Menschenrechtskonvention. Dem Art. 12 Abs. 1 und Art. 28 der Charta der Grundrechte der Europäischen Union lässt sich zwar eine Liberalisierung des Verbänderechts entnehmen, jedoch wird dies durch die Orientierung an den einzelstaatlichen Vorschriften und Gepflogenheiten nivelliert.

17. Das Kriterium der Durchsetzungsfähigkeit kann demzufolge nicht durch ein freies Spiel der Kräfte ersetzt werden. Aufgabe der Tarifautonomie ist gerade, durch Bildung eines Gegengewichts die Schwäche des Arbeitsvertrages zu kompensieren und dem einzelnen Arbeitnehmer kollektiven Schutz zu gewähren. Ziel der Rechtsprechung zur Durchsetzungsfähigkeit ist es, das Machtungleichgewicht der individualvertraglichen Ebene nicht auf der kollektiven Ebene fortzusetzen. Gewerkschaften haben durch tarifdispositives Gesetzes- und Richterrecht im Gegensatz zu den einzelnen Arbeitnehmern die Möglichkeit, nicht nur eine Besser-, sondern auch eine Schlechterstellung der Arbeitnehmer gegenüber den gesetzlichen Regelungen zuzulassen. §§ 3 Abs.1 Nr. 3, 9 Nr. 2 AÜG lassen sogar ausschließlich Raum für eine tarifliche Regelung zu Lasten der Arbeitnehmer. Deshalb ist es ein erheblicher Unterschied, ob ein Arbeitnehmer im Zuge seiner negativen Koalitionsfreiheit ganz auf gewerkschaftlichen Schutz verzichtet oder ob er sich für einen schwachen Verband entscheidet. Die Arbeitnehmer bedürfen daher auch Schutz vor schwachen Verbänden, die Geschenke an die Gegenseite verteilen.
18. Das Erfordernis der Durchsetzungsfähigkeit kann *de lege lata* nicht durch eine Inhaltskontrolle der Tarifverträge ersetzt werden. Durch die Fassung von § 310 Abs. 4 Satz 1 BGB hat der Gesetzgeber seine eindeutige Ablehnung einer Inhaltskontrolle von Tarifverträgen zum Ausdruck gebracht und Tarifverträge ausdrücklich keiner Inhaltskontrolle unterstellt. Dies beruht auf der gesetzgeberischen Vorstellung, dass Tarifverträge von gleichberechtigten Partnern ausgehandelt werden. Die so getroffenen ausgewogenen und angemessenen Verhandlungsergebnisse entziehen sich der gerichtlichen Kontrolle, so dass Tarifverträgen eine Richtigkeitsgewähr immanent ist, die eine Inhaltskontrolle obsolet macht.

19. Keinen probaten Ersatz für das Kriterium der Druckausübungsfähigkeit bietet die Umkehr des Regel-Ausnahmeverhältnisses in Kombination mit einer Missbrauchskontrolle. Zwar ist überzeugend, dass eine Gewerkschaft solange tariffähig ist, bis die von ihr vereinbarten Tarifverträge konkrete Anhaltspunkte, wie zum Beispiel die absichtliche Umgehung von Schutzvorschriften zu Lasten der Arbeitnehmer, eine missbräuchliche Rechtsausübung erkennen lassen. Jedoch lässt sich der durch die anschließende Missbrauchskontrolle angestrebte Arbeitnehmerschutz durch kleinste Zugeständnisse aushebeln, wenn nur geprüft wird, ob überhaupt ausgleichende Arbeitnehmerrechte vereinbart wurden. Zudem unterscheidet sich eine restriktive Anwendung Mächtigkeitslehre kaum von einer Missbrauchskontrolle, da missbräuchliche Schein- und Gefälligkeitstarifverträge seit je her ein Indiz fehlender Durchsetzungsfähigkeit sind.
20. Schließlich kann der Aspekt der sozialen Mächtigkeit nicht durch einen Verhandlungsanspruch der Gewerkschaften ersetzt werden. Die Teilnahme an Tarifverhandlungen kann nicht erklagt, sondern nur erstreikt werden. Anders als im Betriebsverfassungsrecht sind die Mitbestimmungsrechte der Gewerkschaften bezüglich Lohnhöhe oder anderer materieller Arbeitsbedingungen nicht gesetzlich fixiert. Das Tarifrecht kennt auch kein gesetzliches System der Konfliktlösung zur Durchsetzung eines Verhandlungsanspruchs. Das Einigungsstellenverfahren des Betriebsverfassungsrechts sichert ausgewogene Regelungen. Diese fehlende Zwangsschlichtung im Tarifsystem führt dazu, dass eine Gewerkschaft die Interessen der Arbeitnehmer in Tarifabschlüssen nur dann repräsentieren kann, wenn sie wirkungsvoll Druck auf den sozialen Gegenspieler ausüben kann.
21. Die hohen Anforderungen der Durchsetzungsfähigkeit führen zu einem stabilen, aber unflexiblen Tarifsystem, welches das Mitwirken neuer Gewerkschaften nahezu ausschließt. Damit wird das Grundrecht aus Art. 9 Abs. 3 GG stark eingeschränkt. Der Einzelne kann nur noch über seine Mitgliedschaft in einer bestehenden Organisation entscheiden. Weit dürfen die Anforderungen an das Erreichen des Gewerkschaftsstatus dagegen zum Schutz der Arbeitnehmer nicht abgesenkt werden. Schrankenlos kann die Tariffähigkeit also nicht gewährt werden.
22. Der Ausgleich der gegensätzlichen Standpunkte kann durch die Aufgabe des „Alles-oder-Nichts-Prinzips" der bisherigen Rechtsprechung und die Annahme einer segmentierten Durchsetzungsfähigkeit mit der Folge einer relativen Tariffähigkeit herbeigeführt werden.
23. Untaugliche Anknüpfungspunkte der relativen Tariffähigkeit sind einzelne Sachthemen, einzelne Normen, Konkurrenzgewerkschaften und soziale Gegenspieler. Die Anknüpfung der Relativität an einzelne

Sachthemen und einzelnen Normen scheitert in erster Linie daran, dass wie bei der Tarifwilligkeit eine Koalition nicht befugt ist, einzelne Sachthemen aus ihrem Tätigkeitsbereich auszuklammern, um sich unerwünschten Regelungsgegenständen nicht verschließen zu können.

24. Die Erfordernisse der Tariffähigkeit können auch nicht anhand der Voraussetzungen bestimmt werden, welche die etablierten nationalen Gewerkschaften verwirklichen, weil gemessen an den Mitgliedsgewerkschaften des Deutschen Gewerkschaftsbundes alle anderen Verbände klein erscheinen. Daher muss jeder Verband, nur in der Lage sein, soziale Macht im Interesse seiner Mitglieder auszuüben, wogegen keine Tarifabschlüsse erzielt werden müssen, die denjenigen der etablierten Gewerkschaften ebenbürtig sind.
25. Obwohl gegenüber einem schwachen sozialen Gegenspieler auch eine schwache Arbeitnehmervereinigung stark ist, verbietet sich der Rekurs der Tariffähigkeit auf den Gegenspieler bei Abschluss eines Firmentarifes. Andernfalls könnte bei einer Übertragung der Durchsetzungsfähigkeit auf die betriebliche Ebene die Arbeitgeberseite der Gewerkschaft durch organisatorische Betriebsänderungen die Tariffähigkeit nehmen. Daraus folgt letztlich der Verlust der Gegnerunabhängigkeit. Die kumulative Anwendung der relativen Tariffähigkeit würde diesem Phänomen zwar zuvorkommen, jedoch würde dann eine zusätzliche Voraussetzung geschaffen, welche die bestehenden Probleme der Mächtigkeitslehre noch vervielfachen würde.
26. Taugliche Anknüpfungspunkte bei Abschluss eines Flächentarifvertrages sind dagegen Region und Branche. Eine Gewerkschaft kann im Saarland über die notwendige Mächtigkeit verfügen, während sie ihr in Hessen fehlt. Gleichermaßen kann einer Gewerkschaft, der es an einer größeren Zahl von Mitgliedern in der Automobilindustrie mangelt, die Tariffähigkeit für diese Branchen fehlen, während sie gegenüber den Innungen und Verbänden der Kfz-Handwerksbetrieben tariffähig ist, weil sie in diesem Sektor viele Mitglieder zählt. Die Anforderungen an die Tariffähigkeit können von Region zu Region bzw. von Branche zu Branche unterschiedlich ausfallen, weil einmal harte und langwierige Arbeitskämpfe übliche sind, während sie in anderen Gegenden oder in anderen Wirtschaftszweigen undenkbar sind. Außerdem können auch gesetzliche Rahmenbedingungen mangelnde gewerkschaftliche Organisation in manchen Sektoren kompensieren, wie § 3 Abs. 1 AÜG und die Drohung mit dem Gleichbehandlungsgrundsatz in der Leiharbeitsbranche zeigen.
27. Zur Bestimmung der relativen Tariffähigkeit kann, wie bisher, auf die Kriterien der Mitgliederzahl, der organisatorischen Leistungsfähigkeit, dem Eingreifen in Tarifverhandlungen und der Anzahl gewonnener Betriebs- und Aufsichtsratsmandate zurückgegriffen werden.

28. Das Kriterium der Arbeitskampfbereitschaft spricht zwar grundsätzlich für die relative Tariffähigkeit, weil ein Arbeitskampf immer nur zur Durchsetzung eines bestimmten Tarifvertrages in einem bestimmten Tarifbezirk geführt werden kann und mit dem beabsichtigten Tarifvertrag zugleich der relative personelle, gegenständliche und räumliche Geltungsbereich des Arbeitskampfes abgesteckt wird, jedoch ist die Arbeitskampfbereitschaft gerade kein zulässiges Kriterium zur Bestimmung der absoluten sozialen Mächtigkeit, so dass sie auch zur Bestimmung der partiellen Tariffähigkeit nicht herangezogen werden kann.
29. Weder die grammatikalische noch die historische Auslegung sprechen gegen eine gespaltene Bewertung der Tariffähigkeit, angelehnt an die Kategorien Region und Branche. In Bezug auf den Gesetzeswortlaut verwundert dies nicht, da er auch keine Anhaltspunkte für die Voraussetzungen der absoluten Tariffähigkeit enthält. Eine relative Sichtweise der Tariffähigkeit wird auch in den historischen Quellen nicht in Erwägung gezogen. Auch dies ist nicht erstaunlich, war doch das Kriterium der sozialen Mächtigkeit unbekannt.
30. Es überzeugt nicht, einer Gewerkschaft die Mächtigkeit für alle Branchen und Gebiete zu- oder abzusprechen, nur weil sich dies aus der satzungsinternen Zuständigkeitsbestimmung ergibt. Ist eine Koalition mangels Mitgliederstärke für eine Region oder Branche nicht tariffähig, geht auch eine satzungsgemäß hierfür beansprucht Tarifzuständigkeit ins Leere. Grundsätzlich kann eine Gewerkschaft zwar ihre Satzung den tatsächlichen Gegebenheiten anpassen und sich nur dort für zuständig erklären, wo sie über genügend soziale Mächtigkeit verfügt, jedoch würde sich ein Verband durch die Selbstbeschränkung des Zuständigkeitsbereiches seiner Entwicklungschancen berauben, da er auf Grund des *Ultra-vires*-Grundsatzes nicht mehr befugt wäre, über seinen in der Satzung festgelegten Tätigkeitsbereich hinaus Tarifverträge abzuschließen.
31. Die Annahme der relativen Tariffähigkeit kommt dem gerichtlichen Verfahren zur Feststellung der Tariffähigkeit einer Gewerkschaft gemäß §§ 2a Abs. 1 Nr. 4, 97 ArbGG entgegen, weil für die Durchführung dieses Beschlussverfahrens wie bei jeder Feststellungsklage das Feststellungsinteresse der beantragenden Arbeitnehmervereinigung vorliegen muss. Ein solches Feststellungsinteresse kann nur die fachlich und räumlich konkurrierende Gewerkschaft haben, da im Rahmen eines Verfahrens nach §§ 2a Abs. 1 Nr. 4, 97 ArbGG immer von einer konkret tarifbezogenen – also regional und auf einen Wirtschaftszweig beschränkten – Tariffähigkeitsfeststellung auszugehen ist.

32. Die relative Tariffähigkeit wird der Grundüberlegung der Mächtigkeitslehre – Tariffähigkeit nur dort zu gewähren, wo der Verband die Gegenseite wirkungsvoll unter Druck setzen kann – besser gerecht, als die universelle Tariffähigkeit, die einen Verband selbst dann für insgesamt tariffähig hält, wenn er in Teilbereichen die Voraussetzungen sozialer Macht nicht erfüllt.
33. Die Parallelen zwischen Tarif-, Rechts- und Geschäftsfähigkeit zeigen, dass auch bei den Instituten der Rechts- und Geschäftsfähigkeit nicht immer auf einen abstrakt-generellen Maßstab abzustellen ist. Entgegen anderweitiger Ansichten erlaubt das Gesetz eine Relativierung dieser Rechtsinstitute. Auch der Gesellschaft bürgerlichen Rechts wird bislang im Ergebnis nur eine relative Rechtsfähigkeit zuerkannt. Sobald spezielle Gesichtspunkte der Eigenart des Rechtsverhältnisses der Annahme der Rechtsfähigkeit entgegenstehen, ist ihre Rechtsfähigkeit zu verneinen. Darüber hinaus ist auch die Begrenzung der Geschäftsunfähigkeit bezogen auf den Schwierigkeitsgrad des Rechtsgeschäfts, was einer relativen Geschäftsfähigkeit entspricht, anzuerkennen. Ansonsten wäre der Kauf einer Zeitschrift nicht anders zu beurteilen, als die Fähigkeit, ein großes Unternehmen zu führen. Die Annahme der relativen Geschäftsfähigkeit fußt zudem auf § 1903 Abs. 3 BGB, der die relative Geschäftsfähigkeit des Betreuten für geringfügige Angelegenheiten des täglichen Lebens anerkennt.
34. Die relative Tariffähigkeit beeinträchtigt entgegen der Auffassung der Kritiker die Rechtssicherheit nicht stärker als die Mächtigkeitslehre. Selbst im Arbeitskampfrecht besteht keine Gefahr für die Rechtssicherheit. Regelmäßig haftet die mangels Tariffähigkeit rechtswidrig streikende Gewerkschaft, während die Arbeitgeber, die sich gegen die rechtswidrigen Arbeitskampfmaßnahmen wehren, keine Sanktionen fürchten müssen. Risiken, die sich aus der relativen Tariffähigkeit ergeben, gehen daher stets zu Lasten der Gewerkschaften.
35. Die abstrakte Gefahr vermehrter Arbeitskämpfe durch eine höhere Zahl potentieller Tarifpartner ist zumindest solange hinzunehmen, wie sich diese Gefahr nicht konkretisiert. Von einem generellen Wettlauf der Gewerkschaften um höhere Tarifentgelte und eine damit einhergehende Mehrbelastung der Arbeitgeber kann bisher nicht gesprochen werden, da nur Gewerkschaften, die Schlüsselkräfte repräsentieren, in der Lage sind, hohe Gehaltssteigerungen durchzusetzen. Solchen Gewerkschaften verleiht das Bundesarbeitsgericht aber bereits heute die Tariffähigkeit.
36. Das eigenständige Verfahren gemäß §§ 2a Abs. 1 Nr. 4, 97 ArbGG trägt mit Hilfe der Aussetzungspflicht nach § 97 Abs. 5 ArbGG, dem Amtsermittlungsgrundsatz nach § 83 Abs. 1 ArbGG, der Mitteilungspflicht an die Bundes- und Landesbehörden und der Rechtskrafterstreckung gemäß

§ 97 Abs. 3 ArbGG i.V.m. § 63 ArbGG i.V.m. § 9 TVG analog sowohl bei einer absoluten, als auch bei Annahme einer relativen Tariffähigkeit zur Rechtssicherheit bei.

37. Der Grundsatz der Tarifeinheit im Betrieb, den das Bundesarbeitsgericht bislang noch, steht dem durch die relative Tariffähigkeit ausgelösten Nebeneinander mehrerer konkurrierender Gewerkschaften nicht entgegen, weil Tarifpluralität erst durch die Existenz mehrerer Gewerkschaften in Erscheinung tritt. Tarifpluralität kann nicht dadurch vermieden werden, dass einer konkurrierenden Koalition die Gewerkschaftseigenschaft versagt wird. Dies ist mit Art. 9 Abs. 3 GG unvereinbar. Dennoch ist der Grundsatz der Tarifeinheit im Betrieb abzulehnen, weil ansonsten kein Zugewinn für die kleineren Gewerkschaften auszumachen ist. Sie wären zwar tariffähig, ihre Tarifverträge dürften aber nicht angewandt werden. Zugleich könnten ihre Tarifverträge aber dann auch keine Tarifverträge der Großgewerkschaften verdrängen.

38. Es ist konsequent, etablierte Gewerkschaften nicht anders zu behandeln als neu gegründete Verbände. Zu Lasten der großen Gewerkschaften auftretende negative Auswirkungen der relativen Tariffähigkeit, sind von ihnen ebenso wie von den kleinen Verbänden zu tolerieren. Jede Gewerkschaft muss sich die Frage gefallen lassen, ob sie zum Abschluss eines Tarifvertrages in einem Wirtschaftszweig oder in einer Region berechtigt ist. Dabei kann die relative Schwäche einer etablierten Gewerkschaft in einer Region oder Branche durch die relative Stärke in einer anderen Region oder Branche ausgeglichen werden, da ein Pilotabschluss ein Fingerzeig für andere Tarifverhandlungen ist und die für einen Bereich festgestellte Tariffähigkeit Indizwirkung für weitere Verfahren hat.

39. Auf europäischer Ebene genügt Repräsentativität des Sozialpartners in zwei Mitgliedstaaten der Gemeinschaft. Dies ist ein Indiz dafür, dass die regionale Betätigung eines Verbandes auch auf nationaler Ebene für die Erlangung des Gewerkschaftsstatus ausreichen muss. Ebenso können am europäischen sozialen Dialog Verbände teilhaben, die nur eine sektor- oder berufsspezifische Struktur aufweisen. So beteiligt die Kommission in der Regel nur branchenübergreifende Verbände an dem sozialen Dialog, wenn sie branchenübergreifende europaweite Regelungen plant. Dagegen hört sie die Branchenverbände an, wenn lediglich sektoral begrenzte Regelungen in Abrede stehen. Also sind auch auf nationaler Ebene Verbände, die sich auf einen Wirtschaftszweig konzentrieren als Gewerkschaften anzuerkennen.

40. Das Ergebnis der relativen Tariffähigkeit ist, dass jede Koalition in dem Bereich zu einer tariffähigen Gewerkschaft erstarkt, in dem sie sozial mächtig ist, während sie dort, wo sie sich nicht durchzusetzen vermag,

tarifunfähig ist. Will man die Grundidee der sozialen Mächtigkeit konsequent umsetzen und gleichzeitig die Starrheit des Tarifsystems aufbrechen, um die Entwicklung von der heutigen faktischen Gewerkschaftseinheit hin zur tatsächlichen Gewerkschaftsvielfalt zu ermöglichen, wird so eine Möglichkeit geboten, die weder die Stabilität und Funktionsfähigkeit des Tarifsystems zur Sicherung des sozialen Friedens noch das Interesse der Arbeitnehmer an einem Ausgleich der Disparität des Arbeitsrechts aufgibt.

Schriften zum Deutschen und Europäischen Arbeits- und Sozialrecht

Herausgegeben von Ulrich Preis

Band 1 Ulrich Preis / Felipe Temming: Die Urlaubs- und Lohnausgleichskasse im Kontext des Gemeinschaftsrechts. 2006.

Band 2 Einiko B. Franz: Der Abschluss eines Aufhebungsvertrags. Schutz des Arbeitnehmer-Verbrauchers und seine Grenzen. Insbesondere das Widerrufsrecht gem. §§ 312, 355 BGB. 2006.

Band 3 Klaus Tenbrock: Die betriebliche Altersversorgung im Betriebsübergang bei konkurrierenden Versorgungszusagen. 2006.

Band 4 Christoph Nießen: Fehlerhafte Betriebsratswahlen. Eine am Gang des Wahlverfahrens orientierte Untersuchung der Folgen von Rechtsverstößen bei der Betriebsratswahl unter besonderer Berücksichtigung deren Relevanz für die Gewährung von einstweiligem Rechtsschutz zur Verhinderung einer fehlerhaften Betriebsratswahl. 2006.

Band 5 Klaus Linde: Übertragung von Aufgaben des Betriebsrats auf Arbeitsgruppen gemäß § 28a BetrVG. 2006.

Band 6 Petra M. Knorr: Der Vergleich der Invaliditätsrenten in Deutschland und den Niederlanden. 2006.

Band 7 Jan Botterweck: Gewerkschaftspluralismus im Betrieb. 2007.

Band 8 Patrizia Chwalisz: Die Transformation des polnischen Arbeitsrechts und die Gewerkschaften. Eine Analyse aus dem Blickwinkel des Arbeitsrechts der ehemaligen Deutschen Demokratischen Republik und der Bundesrepublik Deutschland. 2007.

Band 9 Wiebke Brose: Der präventive Kündigungsschutz bei betriebsbedingten Kündigungen. Vergleich von Entwicklung und Stellenwert im deutschen und französischen Kündigungsrecht. 2007.

Band 10 Oliver Reinartz: Der Firmentarifvertrag als Flexibilisierungsinstrument. Unter besonderer Berücksichtigung des sogenannten tariflichen Sozialplans. 2008.

Band 11 Sebastian Maiß: Die Entsendung von Arbeitnehmern aus den MOE-Staaten auf Werkvertragsbasis nach der EU-Osterweiterung. Eine Untersuchung der grenzüberschreitenden Beschäftigungsmöglichkeiten von Staatsangehörigen aus den Beitrittsstaaten – insbesondere im Baugewerbe – im Kontext der Übergangsbestimmungen. 2008.

Band 12 Tilman Isenhardt: Relative Tariffähigkeit. 2008.

www.peterlang.de

Peter Lang · Internationaler Verlag der Wissenschaften

Olaf Meisen

Koalitionsfreiheit, Tarifvorrang und Tarifvorbehalt

Zum Direktionsgehalt des Art. 9 Abs. 3 GG für eine Deregulierung

Frankfurt am Main, Berlin, Bern, Bruxelles, New York, Oxford, Wien, 2007.
XXII, 212 S.
Europäische Hochschulschriften: Reihe 2, Rechtswissenschaft. Bd. 4567
ISBN 978-3-631-56588-9 · br. € 42.50*

Die anhaltend hohe Arbeitslosigkeit in Deutschland führt zu einer immer wiederkehrenden Diskussion um eine Deregulierung des Arbeitsrechts durch Verlagerung von koalitionären Regelungsbefugnissen auf die Betriebsvereinbarungsparteien. Aus verfassungsrechtlicher Sicht stellt sich die Frage, inwiefern der Gesetzgeber zu den geforderten Deregulierungen befugt ist. Am Beispiel der Aufhebung des Tarifvorbehalts (§ 77 Abs. 3 BetrVG) und des Tarifvorrangs (§ 4 Abs. 3 TVG) wird der der Politik angesichts der grundrechtlichen Gewährleistungen des Art. 9 Abs. 3 GG verbleibende Gestaltungsfreiraum näher bestimmt. Dabei stehen die unterschiedlichen Gewährleistungsdimensionen der Koalitionsfreiheit und die Wirkformen des Gesetzgebers (Ausgestaltung und Eingriff) im Mittelpunkt der Betrachtung.

Aus dem Inhalt: Schutzbereich der Koalitionsfreiheit · Wirkformen des Gesetzgebers im Rahmen der Koalitionsfreiheit · Deregulierungsbestrebungen als Ausgestaltung der Koalitionsfreiheit · Aufhebung des § 77 Abs. 3 BetrVG als verfassungsgemäße Ausgestaltung · Aufhebung des § 4 Abs. 3 TVG als verfassungswidrige Ausgestaltung

FSC
www.fsc.org
MIX
Papier | Fördert
gute Waldnutzung
FSC® C083411

Kolibri 360 GmbH
Ferdinand-Jühlke-Straße 7
99095 Erfurt, Deutschland
produktsicherheit@kolibri360.de

Druck:
CPI Druckdienstleistungen GmbH
im Auftrag der
Kolibri 360 GmbH
Ferdinand-Jühlke-Str. 7
99095 Erfurt